英语教师专业发展教程

高惠蓉 ◎ 编著

华东师范大学出版社
·上海·

图书在版编目(CIP)数据

英语教师专业发展教程/高惠蓉编著. —上海:华东师范大学出版社,2022
华东师范大学教材出版基金
ISBN 978-7-5760-3469-1

Ⅰ.①英… Ⅱ.①高… Ⅲ.①英语—师资培养—高等学校—教材 Ⅳ.①H319.3

中国版本图书馆 CIP 数据核字(2022)第 227821 号

华东师范大学教材出版基金
华东师范大学精品教材建设专项基金

英语教师专业发展教程

编　　著　高惠蓉
责任编辑　皮瑞光
特约审读　翁晓玲
责任校对　曹一凡　时东明
装帧设计　俞　越

出版发行　华东师范大学出版社
社　　址　上海市中山北路 3663 号　邮编 200062
网　　址　www.ecnupress.com.cn
电　　话　021-60821666　行政传真 021-62572105
客服电话　021-62865537　门市(邮购)电话 021-62869887
地　　址　上海市中山北路 3663 号华东师范大学校内先锋路口
网　　店　http://hdsdcbs.tmall.com

印 刷 者　常熟市文化印刷有限公司
开　　本　787 毫米×1092 毫米　1/16
印　　张　18.5
字　　数　342 千字
版　　次　2023 年 3 月第 1 版
印　　次　2023 年 3 月第 1 次
书　　号　ISBN 978-7-5760-3469-1
定　　价　55.00 元

出 版 人　王　焰

(如发现本版图书有印订质量问题,请寄回本社客服中心调换或电话 021-62865537 联系)

参与本书编写的主要作者

(按姓氏笔画排序)

石志坚　任　媛　全建强　庄钰蕊
孙　镠　芦　婧　李　程　杨　洋
何　欢　单　婧　胡　婧　袁　冰
高惠蓉　郭姝娟　龚滕灵　彭佳妍
温碧姗　廖炜春

前　言

本教程的编写，依据我国英语课程改革的时代发展需要，基于我国英语教学与研究的探索经验，尝试为学习者提供一本系统全面且体现中国特色的英语学科教学论书籍，从而让他们能将课程与教学的一般理论应用到英语学科，特别是在中小学英语课堂教学中进行实践应用。

本教程具有以下特色：第一，紧密对标新课程时代师范生教学技能培养的新要求。本教程的编写以新一轮课改为背景，通过对新课程核心概念的解读，帮助学习者理解与实践新时代的新要求。本教程以落实学科核心素养为目标，强调英语学科的育人价值，解析英语学科最新教研成果，切实帮助师范生及一线英语教师提升教学能力。

第二，紧紧围绕英语学科新课程的六要素，即：主题语境、语篇类型、语言知识、文化知识、语言技能、学习策略展开。从教学目标定位、教学内容分析、教学环节设计、教学评价设计、教学技术应用等重要课堂元素出发，结合丰富的实例，帮助英语教师掌握基于英语学科核心素养发展的教学原则、规范和技巧。

第三，深入开展基于新版教材案例的教学方法指导。2020年以来，各地高中陆续使用新版的统编教材。本教程的案例和解析主要基于新版教材，对如何把握新课程的要求，基于主题语境进行单元整体教学设计，基于新技术开发和应用教学资源，以及基于"教—学—评一体化"开展教学评价与反思等给予指导。

最后，充分挖掘我国本土英语教学实践的优良传统与经验，探索中国特色的外语教师专业能力发展。本教程内容扎根于中国本土英语教学理论与实践，体现中国特色英语教学研究的经验与智慧。本教程汇集了大量体现新课程的教学案例，既反映英语学科专业最新教改教研成果，又能理论结合实际、注重运用知识解决实际问题，有助于切实提升英语教师教学能力。

具体内容如下：

本教程的第一篇对中国特色英语教学的新元素展开学习，解析了新时期英语教学改革的新要求与新概念。第一章对新课标的目标、内容、实施与评价等各环节展开分析，强调英语新课程以促进发展学生的核心素养为目标，具有工具性和人文性融合统一的特点。第二章基于英语学科如何实现育人价值展开。英语学科的育人价值首先应该立足于英语课堂，牢牢把握社会主义建设新时代特征与要求，根据英语学科的教学内容与特点，开展学科德育，积极发挥学科协同培育学生良好品德的重任。

本教程的第二篇基于单元整体教学的理念，对新课程背景下的英语教学设计的原则、方法展开学习与讨论，并通过案例具体探讨如何针对不同教学板块与技能开展教学设计。第三章对语音教学的基本原则及方法展开了系统阐述。第四章基于听说教学的一般原则和方法，重点解析了新课程强调的"主题""语篇"与"看"等新理念。从"输入"与"输出"两个视角，结合实例探讨听说教学设计。第五章介绍了教师如何基于"主题语境"和"英语学习活动观"开展阅读教学设计，并根据不同环节及教学侧重点提出不同的教学策略与方法。第六章强调写作教学设计要从增强学生综合语言运用能力转向培养学生的英语学科核心素养。第七章从词汇教学内容的选择、教学原则的运用以及教学方法的实施等几方面阐释如何进行英语词汇教学设计。第八章从语法教学内容、教学设计原则以及教学方法等方面阐释了如何紧扣单元主题、结合真实语境进行英语语法教学设计。

本教程的第三篇学习如何在英语课堂教学中落实学科核心素养，即通过精心设计课堂教学活动并在教学实施中深化落实。第九章基于英语课堂学习活动观介绍了英语课堂学习活动的定义、分类、原则和基本要素等，并结合案例从英语学科四大核心素养的角度解读相关概念与原则。第十章主要介绍了如何基于核心素养培养学生学习能力，分别为学生学习能力的概念、培养学生学习能力的原则与方法，也提供了相关案例及解析。第十一章结合实例详细介绍了英语教学评价的定义、目的、意义、分类、原则和方法。第十二章介绍了英语教学反思的定义、分类、内容及方法。第十三章主要讨论了现代信息技术下的英语学科教学，包括三个部分：现代信息技术下的英语教学、现代信息技术在英语学科的资源应用和现代信息技术下的英语教学活动的案例与解析。

本教程主要为英语师范生而编写，也可供其他有志于从事英语教育的学习者选读，期待在职业表现上有所提升的在职英语教师也可参考使用。本教程基于新课程背景，旨在帮助英语教师在英语教学中，以学科核心素养为目标，遵循教学原则，恪守教学规范，并不断提高英语教学技能。新课程背景下的英语教师专业技能的提升方法多元多样，本教程提供的方法、路径及案例也只是编写团队的一些尝试,意在抛砖引玉,引发英语教师们的新思考与新探索。期待广大职前职后英语教师和教研人员及本教程的其他读者能够对本教程提出批评与建议,以便我们能进一步修订完善,从而积极推进英语学科教学论的本土探索与发展。

高惠蓉

2023 年 2 月于华东师范大学

目　录

第一篇　中国特色英语教学新元素

第一章　新课标新在哪里　/3
　　第一节　确立发展英语学科核心素养的课程育人目标　/4
　　第二节　基于主题和情景的结构化课程内容　/13
　　第三节　实现"教—学—评一致性"　/17
　　第四节　利用现代技术的英语课程实施　/19

第二章　英语学科如何实现育人价值　/23
　　第一节　什么是英语学科的育人价值？　/24
　　第二节　英语学科育人的独特优势　/26
　　第三节　英语学科育人的实践路径　/27

第二篇　基于新课标的英语教学设计

第三章　基于新课标的语音教学设计　/35
　　第一节　新课程标准下的语音教学　/36
　　第二节　语音教学设计原则与方法　/39
　　第三节　案例与解析　/42

第四章　基于新课标的听说教学设计　/51
　　第一节　新课程标准下的听说教学　/52
　　第二节　听说教学设计原则与方法　/55
　　第三节　案例与解析　/60

第五章　基于新课标的阅读教学设计　/69

　　第一节　新课程标准下的阅读教学　/70

　　第二节　阅读教学设计原则与方法　/72

　　第三节　案例与解析　/77

第六章　基于新课标的写作教学设计　/84

　　第一节　新课程标准下的写作教学　/85

　　第二节　写作教学设计原则与方法　/87

　　第三节　案例与解析　/92

第七章　基于新课标的词汇教学设计　/100

　　第一节　新课程标准下的词汇教学　/101

　　第二节　词汇教学设计原则与方法　/104

　　第三节　案例与解析　/120

第八章　基于新课标的语法教学设计　/129

　　第一节　新课程标准下的语法教学　/130

　　第二节　语法教学设计原则与方法　/133

　　第三节　案例与解析　/144

第三篇　落实学科核心素养的英语教学

第九章　基于新课标的课堂学习活动设计　/156

　　第一节　新课程标准下的学习活动观　/157

　　第二节　学习活动的设计原则与方法　/161

　　第三节　案例与解析　/164

第十章　基于新课标的学生学习能力培养　/169

　　第一节　新课标下的学生学习能力　/170

　　第二节　培养学生学习能力的原则与方法　/172

第三节 案例与解析 /177

第十一章 基于新课标的教学评价 /182

第一节 新课程标准下的教学评价 /183

第二节 教学评价的原则与方法 /188

第三节 案例与解析 /213

第十二章 基于新课标的课堂教学反思 /218

第一节 新课程标准下的课堂教学反思 /219

第二节 课堂教学反思的原则与方法 /222

第三节 案例与解析 /229

第十三章 现代信息技术下的英语学科教学 /235

第一节 现代信息技术下的英语教学 /236

第二节 现代信息技术在英语学科的资源应用 /240

第三节 案例与解析 /250

附录 参考答案 /255

第一篇 中国特色英语教学新元素

本篇包括两个章节，分别从《普通高中英语课程标准（2017年版2020年修订）》（以下简称"新课标"）以及英语学科的育人价值两个方面，介绍说明了中国特色英语教学中的新元素，并为英语教师在新课程背景下开展教学设计与实践提供新思路。各章主要内容如下：

第一章为"新课标新在哪里"。新课程重点强调了应以培养全面发展的人为核心，发展英语学科核心素养为课程育人目标，关注教育本身和人与社会和谐统一发展。英语核心素养包括语言能力、文化品格、思维品质和学习能力，这四要素紧密相关，互相影响。新课程还提出了英语课程内容要素相关的新概念，包括主题语境、语篇类型、语言技能之"看"和主题引领的英语学习活动观，以及新型教学和评价方式，分别是教—学—评一致性以及以网络和多媒体为核心的信息技术与英语课程整合。

第二章为"英语学科如何实现育人价值"。英语学科教师在培养学生语言能力的同时，充分挖掘学科德育元素，鼓励学生在中西方语言和文化的学习和对比中，树立文化自信，培养文化意识，提升批判性思维。英语教师还需要落实"讲好中国故事、传播中国声音、培养文化自信"的任务，实现"无痕"的价值塑造，从而使学生合理看待西方文化，坚持文化自信，实现英语学科立德树人的新时代价值。

第一章
新课标新在哪里

Chapter 1

本章内容概览

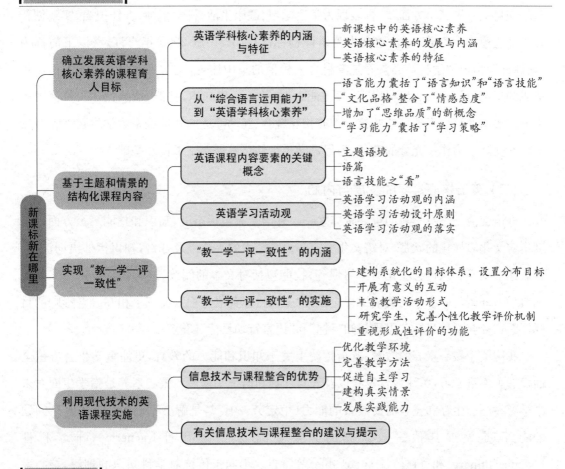

课前思考

英语新课程提出全面发展学生的英语学科核心素养的课程目标,可见课程标准改革促使英语教学采用新的教学模式。那么,同学们思考一下,英语学科核心素养的内涵是什么?新课程又提出了哪些有关英语课程内容的新概念?本章将详细解读基于新课标的英语教学基础知识,并提出教师应该主动采取的教学应对措施。

第一节　确立发展英语学科核心素养的课程育人目标

一、英语学科核心素养的独特内涵与特征

（一）新课标中的英语核心素养

2016年9月，教育部公布的《中国学生发展核心素养》指出：中国学生发展核心素养以民族性、时代性和科学性为基本原则，以培养"全面发展的人"为核心，分为社会参与、文化基础和自主发展三个方面，综合表现为学会学习、健康生活、科学精神、责任担当、实践创新和人文底蕴六大素养。《普通高中英语课程标准（2017年版2020年修订）》（以下简称为"新课标"）指出："学科核心素养是学科育人价值的集中体现，是学生通过学科学习而逐步形成的正确价值观念、必备品格和关键能力，是关于学生知识、技能、情感、态度、价值观等多方面要求的综合表现。"这些核心素养相互融合、互动渗透的和谐关系为学生在多元背景下提升交际能力作了充分的准备，为促进学生个性化发展奠定了良好基础。

（二）英语核心素养的发展与内涵

外语交流是终身学习的重要素养之一。外语交流包括态度、知识和技能三个方面。态度指对文化多样化的欣赏、对跨文化交流和语言艺术的兴趣以及好奇；知识指外语词汇、语言表达形式、语法、社会文化习俗习惯等；技能包括对文本的阅读、理解、会话，使用工具如词典学习外语。中小学的英语课程应设置"多元目标英语课程"，即三个相互融合影响的目标体系，"社会文化目标""思维认知目标"和"语言行动目标"（龚亚夫，2015）。

我国关于核心素养的教育，既指传统上关于知识和能力的教育，更注重学生各方位全面发展和终身学习，关注教育本身以及人与社会和谐统一发展。核心素养是指学生面对未来学习、发展、生存和竞争需要具备的能力（束定芳，2017），是解决不确定情境中复杂问题的能力，是发展其他一般素养的必要基础，具有通用性（generic）、非学科性（nondisciplinary）和可移植（transferable）等特点。不同于传统对学科知识的理解，核心素养是知识、技能、态度、价值观等的综合体。国内外学者提出过很多核心素养模型，一般都包括批判性思维能力、解决问题能力、交流与合作能力、信息素养、自我发展与管理能力、学习能力等。语言能力是基础要素，文化意识是价值取向，思维品质是心智特征，学习能力是发展条件，四要素相互渗透、融合互动，协调发展，共同服务于英语课程总目标（梅德明，2018）。这四个英语核心素养紧密联系，互相影响，内容甚至有交叉或者重叠的部分。

综合新课标及以上学者的观点,核心素养背景下的英语教育工作者和广大教师应该以"培养全面发展的人"为目标,在基础教育阶段更加关注教学本身,将英语学习进一步发展为通过英语这门语言来进行学习。英语教师还应将课堂情景与生活联系起来,培养学生的思维能力,使其关注真实的生活,帮助学生提高个人学习能力的同时为促进社会发展作充分的准备。

(三) 英语核心素养的特征

英语学科四个核心素养都拥有其独特的特征,综合作用于英语教育的整个过程。英语教师应基于核心素养的英语课程理念,根据英语的工具性和英语学科的人文性设置英语学科教学的总目标。

英语学科核心素养具有如下特征:

1. 整体性

英语学科核心素养是由情感态度、自我认知、语言文化、学习能力统一构成的整体,是一种综合性的高度复杂的胜任能力,其强调应用知识和技能、解决问题的态度和道德伦理的影响。

2. 渗透性

四个核心素养相互促进融合,迁移渗透。学生在通过英语知识进行理解、表达、沟通的过程中必然加入了思维和情感态度的活动。思想文化和情感意识是英语交际认知活动的主体内容,伴随着语言策略和情感态度。

3. 阶段性

个体不同教育阶段(小学、初中、高中、大学等)对不同核心素养的接受敏感度也不同。在特定阶段进行该种教育可能会取得更好的培养效果,这为核心素养的培养提供了有利条件。

4. 终身性

核心素养的获取和发展是循序渐进的,并具有终身的连续性。学生在受教育的过程中逐渐获取并锻炼使用这种能力,这种能力可持续发展并且终身受用。学生一旦形成核心素养,会在他们之后的学习和发展中拥有持续深远的影响。

二、从"综合语言运用能力"到"英语学科核心素养"

2003年版的《普通高中英语课程标准(实验)》中指出,通过英语学习"一方面可以促进心智、情感、态度与价值观的发展和综合人文素养的提高;另一方面,掌握一门国际通用语种可以为学习国外先进的文化、科学、技术和进行国际交往创造条件"。新课标更加深入地说明并强调了英语课程具有"工具性和人文性融合统一的特点",并且明确指出"评价应聚焦并促进学生英语学科核心素养的形成及发展","着重评价学生的学科核心素养发展状况,以核心素养的内涵与水平为依据"。

英语课程一方面需提高"人文性",即学生情感、态度、心智、价值观和综合人文素养的发展;同时发展"工具性",即学生通过掌握一门国际通用语学习国外先进的科学技术和文化艺术。新修订的课程标准进一步从"求知"发展到了"育人"。"立德树人"理念的重大发展,体现了新课标对以往课程目标的继承和超越。

其次,新课标不仅限于传授知识和技能,更是将学生能力的培养与发展纳入框架。新提出的思想品质内容,体现了对于"人"思想正确性、全面性、思辨性和人文素养的发展。这些发展具有重要意义,不仅提高学生的学习兴趣,帮助学生培养优良习惯,同时使学生对英语国家的文化了解程度逐步加深。

表1-1对比了新课标所依照的英语学科核心素养与2003年《普通高中英语课程标准(实验)》所提倡的综合语言运用能力。英语学科核心素养的四个维度是英语学科教学"工具性"和"人文性"的融合:语言能力是英语学科素养的基础维度;文化品格对学生发展完善的人生观和价值观具有良好的促进和指引作用;思维品质和学习能力对语言能力进行延伸的同时,反向巩固提升学生原有的语言能力,有益于生成更高级的语言能力。

表1-1 "综合语言运用能力"与"英语学科核心素养"的比较

综合语言运用能力	英语学科核心素养
	思维品质 ● 理性表达;辨析;概括;建构;分析;推断;分类;评判 ● 思维的逻辑性;创新性;批判性
语言知识 ● 语音;词汇;语法;功能;话题	**语言能力** ● 听;说;读;看;写 ● 人际交流 ● 语篇 ● 英语语感;语言意识 ● 语言知识;整合;语境
语言技能 ● 听;说;读;写	
学习策略 ● 认知策略;资源策略;交际策略;调控策略	**学习能力** ● 学习效率;学习渠道;学习策略 ● 学习时间;策略和方法;目标意识;学习兴趣;学习资源;学习任务 ● 调整和评价学习;反思;监控

续表

综合语言运用能力	英语学科核心素养
情感态度 • 祖国意识；合作精神；意志；自信；兴趣；国际视野动机 **文化意识** • 跨文化交际意识和能力；文化理解；文化知识	**文化品格** • 道德情感；价值观念 • 文化内涵；文化知识；文化精华；文化异同 • 行为取向；人文修养；知识素质 • 传播中华优秀文化；跨文化沟通

（一）"语言能力"囊括了"语言知识"和"语言技能"

新课标的"语言能力"囊括了原有的"语言知识"和"语言技能"，这是学生所应具备的基础英语语言核心能力。语言能力是英语学科核心素养的"核心"能力和最基本的维度，它指在社会情境中，学生能整合语言技能，并在一定语境和语篇中对语言知识进行理解、表达和运用以及进行人际交流的能力。

1. 语言知识和语言技能

语言知识是语篇呈现的表层信息，包括词汇、语音、语法、语篇和语用等方面知识。词汇、语音和语法构成了语言知识的直线形态；语篇将词汇、语音和语法整合到同一平面，构建立体化的语言知识结构。除了"听、说、读、写"四项基本语言技能外，新课标还另外补充添加了"看"。这要求学生在大数据、多模态的信息化背景中通过这种方式去更好地理解信息和阐述想法。运用"看"的能力去获取各种表格、数据信息所反映的意义；不仅促进学生使用"语感"进行信息整合的能力的提升，也加强了他们的"语用"意识。

2. 语言能力的功能

具体而言，语言能力拥有如下五个功能（程晓堂、赵思奇，2016）：

（1）拥有对英语和英语学习的语言意识，比如对学习英语有何重要价值和意义的认识，对英语与文化和英语与思维之间的联系的认识，对英语是一门国际通用语言的认识；

（2）对英语这一语言知识的掌握情况，尤其是应用英语语言知识建构和表达意义的能力；

（3）理解关于英语不同体裁和题材的书面以及口语语篇的能力；

（4）运用英语进行口语和书面表达的能力；

（5）运用英语进行建构交际身份和人际关系的能力。

(二)"文化品格"整合了"情感态度"

新课标将"情感态度"和"文化意识"整合到了"文化品格"中,体现了核心素养具有人文性融合的特点,其要求学生不仅应该学习语言相关的文化知识,并且能够在特定语境及情境中理解、体会文化现象,应用文化知识进行独立思考,形成正确恰当的文化观念和文化认同感。

1. 文化品格的内涵

21世纪公民的必备素养包括国际理解能力和跨文化交流能力。英语学科核心素养特别强调多元文化意识的渗透。学生在英语学习的过程中会接触到大量的英语口语和书面语篇,进而了解大量的英语国家文化背景和社会现象。文化品格核心素养不仅指在全球化背景下,学生通过对中外文化现象、情感态度和价值观的理解和认知,表现出知识、观念、态度和行为的品质;还包括其分析、评价、解释和归纳语篇展现的社会文化现象和文化传统,进而拥有自己的文化立场和态度、文化鉴别能力和文化认同感。

2. 文化品格的培养

教师可以在日常教学中要求学生对信息增加思考,对不同的文化现象进行合理的阐释说明。学生通过对不同外来文化进行异同比较和内涵分析,吸收外来文化的精华,丰富自身知识信念系统,在自尊、自信、自强的价值观下完成跨文化沟通。教师在进行教学时需以"培养学生成为有文化素养的人"为主要目标,在发展其文化意识的同时,形成自身的文化品格。

(三)增加了"思维品质"的新概念

1. 思维品质的内涵

"思维品质"是英语学科核心素养新提出的理念,是学科素养层次最高的一个品质,体现了学生的个性发展,反映了个体思维活动中智力特征的差异和一个人的思维发展程度水平。语言能力的发展有益于思维能力的提升,拥有良好的思维品质,学生能够对事物和现象产生精确正确的认知,并能提高自身的批判性思维和解决问题的能力。思维品质包含了思维逻辑性、批判性、深刻性、灵活性、独创性、敏捷性、系统性和创新性的特点。思维品质要求学生能合理辨析不同语言文化背景下产生的现象;理解和概括信息,分类建构自己的认知结构和概念;阐明观点,逻辑推断,正确评价不同思想观念,客观表达所持观点;拥有应用英语进行独立多元思考的能力。

与英语学习相关的思维品质是独特的,比如:理解掌握英语概念性词汇的内涵和外延;将英语概念性词组与生活联系起来;将已知信息中事物的共同特征归纳概括,运用英语形成新的概念知识,对世界的理解认识提升;运用所学概念性英语词组和表达方式,从不同思维角度思考和解决问题。语言与思维密不可分,思维贯穿了英语学习的整个过程。英语语言的学习同时也促进了思维发展和心智成熟,因此学习英语的学生能形成特有的思维方式和思维能力。结合英语的特点和英语学习过程的特点,英语学习可以促进发展十种思维能力,即批判思维能力、逻辑思维能力、比较与分析能力、信息记忆与转换能力、概念建构能力、创新思维能力、观察与发现能力、时空判断能力、认识周围世界的能力以及严密思维能力。以往的课标只在"认知策略"的内容中对"思维"稍有提及,学科教学知识单向化,而新课标将"思维品质"提升为四大英语核心素养之一,重视程度大大提高,是"立德树人"价值观的体现。

2. 学习语言创新思维能力(LTA)模型

英语学科的"思"是指学习语言创新思维能力(language thinking ability,LTA),LTA的结构体系为"语言创新思维结构图",该图底面的各个角代表:①逻辑性思维;②批判性思维;③创造性思维。这三者构成的三角环路是三种思维的序列关系;环路上的双向箭头表示三种思维互相影响,共同作用;顶端即构成语言创新思维能力;三条向上延伸至顶点的线中间是隔断的,说明三种思维的组合具有个体差异,每个人会形成不同的思维能力。每个维度有四类八个思维技能,每一类有两个在同一思维层级对应的技能。从思维内容上看,包括批判性思维、创造性思维和逻辑性思维。批判性思维包含判断推理、质疑解惑、求同辨异、评价预测等技能;创造性思维包含纵横思维、联想想象、隐喻通感、模仿创生等技能;逻辑性思维包含分析综合、分类比较、归纳演绎、抽象概括等技能(如图1-1所示)。

3. 如何培养和发展思维品质

(1) 思维品质目标的设置与分级

英语教师需要结合英语语言和英语学习的特点思考如何在教学过程中锻炼和提升学生的思维品质。首先,设置思维品质培养目标是落实思维品质培养的基础步骤。思维品质的培养需要循序渐进,做好完善的培养计划和规章安排,并且必须长期按照计划实施。

首先,教师可以通过"总一分"结合的形式设定思维品质培养目标,即设置总目标和分级目标或者分学段目标。思维目标是将思维能力的培养加到中学英语课程的目标体系中,如在指导文学阅读过程中培养思维能力。综合思维能力是指综合运用三维语言创新各项

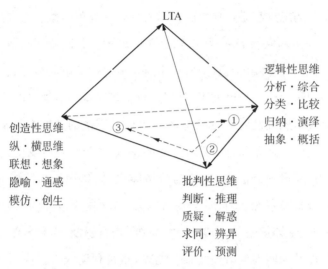

图1-1 语言创新思维结构图

思维方法的能力,基础思维能力是指基本学会创造性、逻辑性及批判性三维思维中各种思维方法。语言创新思维目标应设定高中、初中两个分级目标,每个学段分级思维目标是指学生在创造性、判断性和逻辑性三维思维应达到的基本思维力和综合思维力。

关于思维品质的分级目标,可以依据布鲁姆"教育目标分类法"的六种级别思维和不同的教学对象、教学目的进行个性化设定:知道(knowledge)—领会(comprehension)—应用(application)—分析(analysis)—综合(synthesis)—评价(evaluation)。一般来说,思维目标的设定不能一蹴而就,而是从低阶到高阶逐步发展思维。每个学段的学生在逻辑性、批判性和创造性三维思维中所能达到的基本思维能力和综合思维能力不同,分级目标的描述也应该有两个层次:第一个层次目标探究学生语言创新思维中各项技能应该达到的水平;第二个层次目标具体描述学生综合应用三维思维中各种思维方法的能力。在设置明确的思维品质培养目标后,教师应在教学过程中下意识地注重学生思维性的开发、质疑和探究等具有思维性质的活动,促进学生有效思考并探索事物的意义。

(2)课堂教学中思维品质的培养策略

同时从课堂实践应用的角度看,教师可以在英语课堂上通过教学化和活动化策略发展学生的思维品质这一英语学科核心素养,并遵循文学阅读阐述、指导、评价和课程化的思维目标理念,在课堂中实施详细计划。英语教师可以采用 USE 教学模式,即三个教学环节:理解(understanding)——分享(sharing)——表达(expressing)。在理解环节,学生可以通过视觉和听觉获取语音信息,再应用逻辑思维能力进行信息的解码分析、加工整理,进而理解内容,锻炼思维的逻辑性。在分享过程中,学生对文本信息的价值进行品读、选择、判断、质疑和辨别,主要注重批判性思维的培养。学生将内化和加工整合好的信息,以口头语言的形式与同伴互动,进行语言交流和信息互换,共同探究问题的意义和解决方法。表达的环节是学生进行信息输出的过程。学生通过梳理文本中的内容,结合自己的生活经验和所积累的知识,运用创造性思维对事物进行评价,整合出问题的解决方法。表达的环节有利于学生加深之前理解和分享两个环节所获取的信息,使学习到的已有知识个性化和条理化,巩固升华已学的语言知识。在课堂教学思维品质培养的过程中,也可以选择应用如下具体化的策略:

第一,课堂追问,培养学生思维意识。

教师通过课堂追问,即在上一次提问后继续展开提问,可以引发学生思考,培养其思维的深刻性。追问具有随机性和临时性的特点,学生在面临追问的时候会激活原有的图式(schema)区域和已学知识对针对性问题开展思维锻炼活动。

第二,培养自主学习的主动思维。

以往的课堂教学过程总是以老师为主导,学生只需根据设计的一系列教学流程步骤进行被动学习和活动。这样一来,学生仅仅掌握语言知识的部分而忽略了思维能力的培养和锻炼。为了进一步改善这种现状,在英语语言教学的过程中,教师应该在给出提示后,鼓励学生对阅读内容按照个性化的方式进行积极的自主思考,并与同伴相互探讨、合作互助、共同学习,由此学生的自主学习能力和思维主动性将会得到发展和锻炼。

第三,发展创造性思维能力。

教师在英语教学的课堂活动中也要重视学生创造性思维的发展。在教授完基本语言知识和文本内容后,可以组织编创活动以激发学生的思维,使其展现个性化的想法。学生可以结合已有的生活经验和语言知识,从不同的角度进行思考、设计和组织语言,并交换想法,进行思维的碰撞。

(四)"学习能力"囊括了"学习策略"

1. 学习策略

"学习能力"融合原有的"学习策略",是英语学科核心素养的内在体现。作为英语语言核心素养之一的学习能力是指学生主动地拓宽英语学习渠道,有积极的英语学习认知和态度,有效运用学习方法和技巧,并对学习策略进行监督调控评估等,从而提升学习效率和学习品质的能力。学习策略也称为学习方法和习惯,是进行英语学习活动的有效手段。2003年版的《普通高中英语课程标准(实验)》中的学习策略主要包括认知策略(联想、推理与归纳分析解决问题、总结规律、预测等)、调控策略(制订计划、交流经验,主要是自我评价策略)、交际策略(课内外用英语交流、借助手势、监控语用得体性等)和资源策略(有效使用字典等工具,通过图书、网络等多媒体进行学习)。

2. 学习能力的内涵

随着21世纪社会的变革与发展,学生不应该拘泥于以教室、书本为主的教育情境中,也不应该仅仅将英语视为语言交流的工具,而是拥有多样化的学习形式,将学习英语作为发展心智和锻炼思维的一种途径。学习能力要求学生不仅对英语学习保持兴趣并且有明确的学习目标,自觉选取适当的学习资源和策略,而且有良好的自主学习和终身可持续学习的习惯,例如通过监控、反思、调整、评价学习情况等方式独立收集、分析、处理信息和解决问题。学习能力是英语核心素养的内化表现形式,是学生通过积累语言知识和发展语言能力形成的一种意识能力,也是学习必备的一种能力。学习能力拥有相对独立的范畴,但与其他三种英语核心素养息息相关。

3. 课堂教学中学习能力的培养

在课堂活动中,学生能够通过预测、观察、推理、解释、分析、自主学习以及与同伴合作等个性化的学习方式锻炼思维品质,同时发展提升学习能力。教师在英语课堂教学的全过程,应该结合学生的认知规律,帮助学生形成积极主动、健康发展的认知意识,激发学生学习的积极性和主观能动性,提升其自主学习能力,以此来实现教育功能中的育人价值目标。教师可以通过分析、归纳、比较、综合等学习方式,帮助学生构建完整的认知框架,形成以能力发展为目的的学习方式。教师还可以通过英语语言教学特征创建互动课堂情境,激发学生的学习兴趣,使学生参与课堂实践活动,自主分析解决问题,感知正向反馈,获得良好的情感体验和经验并增强其自信心。

具体来讲,在学习新知识时,教师可以引导学生独立观察思考,发散思维,探究事物的概念和本质,同时进行推断、综合分析,理清事物关系并将新的内容纳入原有的知识结构,形成一个相对清晰的概念。然后通过同伴或者小组合作活动分享交流,展示成果,再由教师进行深层次的精讲补充说明,对主题进行升华。在学生已经具备相关知识背景、复习已学知识时,教师可以引导学生进行同伴或者小组合作复习。设计丰富多样的英语课堂交际教学活动,这也是提升学生学习能力的一种途径。教师也可以鼓励帮助学生独立制订个性化的学习计划,及时留意学生的自我评价,督促其反思学习过程、学习效果,并且不断调整、修改、完善计划。

第二节　基于主题和情景的结构化课程内容

一、英语课程内容要素的关键概念

（一）主题语境

1. 新课标中的主题语境

主题语境指向核心素养发展的英语学习活动观。所有英语学习的活动都是在主题语境下进行的，具体包括人与自我、人与社会和人与自然三大类别，其涵盖了人文社会科学知识和自然科学的领域，提供了丰富的话题和语境。英语语言学习的核心内容是学生对主题意义的探究。教师在带领帮助学生挖掘语篇主题意义的同时，还能促进学生理解语篇以及发展学生的英语思维品质。新课标规定在高中英语教学中，主题为语言学习提供主题范围或主题语境，强调学生需要围绕一定的主题，基于特定类型的语篇，运用语言技能获取、梳理和整合语言知识和文化知识，深化对语言的理解，赏析语篇特点，探究文化内涵，提升思维品质。

2. 主题内容学习的三个层面

主题整合是典型的"基于已知，依托语篇，将语言学习、语言技能发展、文化内涵理解、多元思维发展、价值取向判断、学习策略运用等有机整合在一起"的英语学习活动。主题内容的学习有三个层面：一是知识和信息层面，指的是学生通过英语获取某个主题相关的知识内容。第二个层面是情感态度，指的是通过学习，学生不仅丰富了知识内容，同时情感态度和价值观念也有所内化改变。因此，这要求教师在进行教学时，注意设计有助于发展学生思维品质的问题和活动，帮助学生深度学习思考，培养思维的良好习惯。第三个层面是实践能力。学生在提升内化认知和情感的同时，还需具备使用英语的行动能力，即特定主题领域的实践能力。在主题语境教学过程中，教师需要挖掘语篇中的结构特点与语言特色，从语境特征和语言表达着手引领学生探索语篇描写手法，熟悉表述方式、描述对象、相关关系等的句式特点，拓宽学生的阅读视野。

（二）语篇

1. 语篇的内涵

新课标提出语篇能力是"分析语篇的组织结构、文体特征和语篇的连贯性，理清主要观点和事实之间的逻辑关系，初步了解语篇恰当表意所采用的手段"。语篇是交流互动过程中的一系列相互衔接、语义前后连贯的语句和语段所构成的有机整体,结合了作者逻辑性的思想和内容安排,它是表达文本意义的语言单位和教学活动的核心部分。好的语篇具有思路清晰、层次分明、逻辑严谨、内容充实和结构合理等特点。语篇应被视为一个完整的语言单位。

多模态语篇能够使各种感官获得不同的活动意义。多模态外语教材是指由多种模态共同组成的教材,包括文字、图画、表格、录音、录像共时呈现或者按一定的顺序出现。其中,文字虽还是起主导作用,但不再是一种模态独尊的局面,而是多种模态"竞相争艳"的局面。因此英语教学活动要结合主流的信息传递工具即文字和多样的信息传播途径,如图表、视频、音像等。语言能力提高的基础是语篇能力。对语篇的学习指的是在阅读文本内容后,不仅仅要求停留在对阅读语篇后语言浅层意思的理解上,还需要进行文本互动,强调语篇的人际意义,对语篇进行深层意义的思考、分析和判断。文本互动指的是学习者与文本作者以特定的角色进行互动,即作者在创作语篇时,会间接或者直接地预期设置读者的角色,同时也会体现自己的角色(程晓堂、赵思奇,2016)。

一般情况下,教材已经提供了相关的语篇材料,但是教师需要结合学生的语言知识和文化知识范围,基于学习活动的主题意义进行语篇选择,并对材料进行调整加工或改进,保证语篇内容的多样性和针对性,而主题和语篇是培养语言能力的语境和有效载体。多样性即指内容形式多样:内容上包含多种文体,例如议论文、记叙文、说明文等;形式上包括书面语篇、新媒体语篇等。针对性即指语篇内容应该针对主题要求和语言特征,符合学生当前的水平和需要。语篇将语言知识中的语法、词汇、语音内容整合在了一个平面维度上。不同语篇类型中,词汇、语音、句子的应用所构成的意义和逻辑关系有很大区别,例如议论文的第一句常为论点主题句,而在记叙文中则不相同。教师需要帮助学生了解不同语篇结构的特点和功能,使学生充分理解主题意义,掌握正确的词汇、语法、语音的使用规则。教材应该根据社会发展的最新趋势,呈现核心语言知识和文化精髓,为学生提供围绕主题的真实准确、广泛丰富的语篇内容,从而使学生在真实的语境中熟悉语篇组织结构,理解分析主题意义和话题相关内容,提高整合性应用语言、文化知识和策略的能力。

2. 研读语篇

教师需要引领学生研读语篇,深入分析掌握语篇的主题、内容观点、文体结构、作者态度、语言特点等,引导学生积极探寻语篇与主题意义的相关性,并培养学生的思维能力、情感态度和价值观。适宜的语篇文本能够引导学生发展思维品质。在文本分析和解读的过程中,学生、教师和文本产生深层互动,教师带领学生探究"文本的内容架构""作者的思路"

"学生自己产生的思路和想法"。学生可以运用恰当的阅读技巧和策略来反思、调整、监控、评价自身学习,促进学习能力的提升。

语篇文本的解读通常包括对作者、标题、结构、文体、语言、语义、策略等的解读。文本解读一般从作者、标题和文体等表层理解入手,教师引领学生采用头脑风暴的方法,以标题为核心,通过主动预测判断语篇的中心思想和文章体裁,激活学生的语言和文化知识、对文本的兴趣,锻炼学生的"感知""预测""获取信息"的思维联想能力。在解读语篇文本结构和语义深层信息的过程中,需要注意句子和段落的衔接手法、逻辑顺序、文本特点、作者的观点以及情感态度,以此来判断语篇所蕴含的价值观、文化特征、社会及政治特征、教育意义等。

在进行深层研读语篇的同时,教师可以引领学生,通过思维导图、语义线索梳理、分层提问和追问等方式进行信息分析,从而将新的概念融入到已有的知识结构中,评价作者的思想观点。在对语篇已经有了深入的理解后进行语言解读,学生能够欣赏富有深刻哲理和思想的优美词句结构、写作技巧、修辞手法等所蕴含的意义,引起情感态度的共鸣,提升人文素养的鉴赏能力,此过程与教师脱离语篇单独讲解词汇、句型短语、语法有很大的区别。

(三)语言技能之"看"

发展语言能力的行为途径是语言技能。新课标结合我国基础教育英语学科实际情况和综合各种语言能力的观点,在语言能力中增加了"看"这一语言技能,增添时代元素。新课标指出"语言能力是指在社会情境中,以听、说、读、看、写等方式理解和表达意义、意图和情感态度的能力。"听、说、读、看、写是语言能力的显性行为,其中看、听、读是语言信息的输入途径,说和写是信息的输出途径。新课标将主题涵盖了语言技能,强调在语境下使用语言知识获得信息、吸收信息、综合信息和传递信息,同时也强调了多模态的语篇概念,应用书面语、口语、新媒体等各种语篇类型和多种文体。在英语教学的过程中,要使学生在特定语境下有效地获取和传递信息,在书面语篇中有效地应用"读"和"写";在口语语篇中有效地应用"听";在新媒体语篇(如视频、网页、推送等)中有效地应用"看"(viewing)和视觉表述(visual representation)。在高新信息技术时代背景下,学生生活在一个充满视觉信息的社会中,通过智能手机、电脑、电视、平板电脑等多媒体设备接触到大量的视觉图像。学生可以在信息交流中普遍应用视觉技能(visual skills)去解读这类图像的视觉信息,创建自己想法的视觉表现,因此"看"的重要性也日益增长。听、说、读、看、写与主题、语言、语篇和文化知识结合就产生了有深度、有明确意义和目的的学习活动途径,而不仅仅是单纯的机械学习行为。在主题的真实语言和真实信息下,通过看、听、读获取输入信息,再通过说、写进行信息传递,整个过程是一个真实的语言交际互动活动,体现了学以致用和在做中学的理念。在组织英语教学活动设计过程中,基于主题背景下,教师需要根据不同语篇类型、文化知识、语言知识,充分考虑情景化、真实性、综合性,将听、说、看、读、写五大学习技能有机地进行综合应用组合,例如读写、看说、听说、说读等,形成多样的学习活动。

二、英语学习活动观

(一)英语学习活动观的内涵

新课标提出了英语学习活动观,促进学生提高学习应用能力。英语学习活动观鼓励教师以活动引导课堂教学,紧密围绕单元主题设计多层次、综合性、实践性、针对性和内在联系的英语学习活动,创设结构化、情景化、过程化且环环相扣的教学环节,使学生以现有语言知识为基础,依托不同语篇通过学习理解、应用实践、迁移创新等活动方式,提升语言技能的发展、多元思维的锻炼、学习策略的应用、文化内涵的理解和价值取向的判断。学习理解活动包括学生感知与注意、获取与梳理、概括与整合信息;应用实践活动指学生描述与阐释、推理与判断、内化与运用已有和新的知识;迁移创新活动是进行深层次的分析与论证、批判与评价、想象与创造(束定芳,2017)。英语学习活动观整合发展了语言知识和语言技能,在英语教学中培养锻炼学生的思维能力、语用能力,增强文化意识,提高学习能力,达到了培养核心素养的教学目的。

(二)英语学习活动设计原则

英语学习活动设计要强调"合理性"和"有效性",设计者应科学组合教学的各个要素,积极使内容形式多样化,这是一个相对的概念,也要综合考虑时间、空间等实际因素。第一,情景设计要尽量真实或者接近于真实的环境,使学生尽可能多地接触到经过加工的真实语音材料,这样他们可以在实际生活中有效应用课堂上学习的语言知识和技能。新课标提出活动设计需要注意与学生已有语言知识技能和经验建立紧密联系,力求简洁、直接和有效,并以发展英语学科核心素养为目的,围绕学生"理解——发展——实践"的认知过程。在活动设计的"理解"环节中,教师围绕主题创设真实情境,对语言文化背景进行铺垫,激活学生原有知识和经验,引导学生分享背景知识,准备语言技能,了解主题活动。第二,活动设计所应用的工具多元化。教师在践行英语活动观的过程中可以运用多种教学手段,例如信息结构图、流程图、思维导图,组织学生进行自主学习、同伴学习、小组学习、探究学习等方式对信息进行获取梳理、概括整合、内化运用。

(三)英语学习活动观的落实

在英语教学课堂上践行六要素的英语活动观需要循序渐进、逐步推进。管理层面应该帮助教师形成英语学习活动观的意识,提供优秀的英语教学专业的理论及实践刊物、书籍,跟进最新英语学习活动观的研究成果并运用到课堂实践中。教学层面英语教师可以在原有的教材课型基础上,以六要素中的某个要素为主线,通过对已有活动设计进行基于活动观的改造,在实际教学中逐步落实六要素英语学习活动观的理念。培训层面可以通过改进以往的讲座式培训,搭建英语工作坊,为教师设计亲身体验活动的可行性以及需要注意的地方。培训中应为教师提出较为具体的教学建议和教学关键过程,使教师在教学实践中有章可循。"最重要的是要有好的课例。对于教师培训而言,可能讲一万遍道理,不如用几个课例来演示,以说明现在的课应该怎样上。"(文秋芳,2018)教研层面可以请教研人员和专家引领示范英语学习活动观的实施过程,与教师共同探讨,发挥专业学术的支撑作用。总之,在核心素养背景下,英语教师要不断更新教学理论和教学理念,创造性地设计个性化的教学方案,将英语学习活动观落到实处。

第三节 实现"教—学—评一致性"

一、"教—学—评一致性"的内涵

新课标指出完整的教学活动包括教、学、评三个方面。教、学、评过程要求教师合理设置课堂教学目标,不断丰富课堂教学形式,完善教学评价机制,使学生更加有效地进行课堂学习,进而更加全面地了解学生,不断提高课堂教学质量,真正实现学生的全面发展。教师需要处理好三者的关系,达到以评促教、以评促学的共同学习目标,提升高中教学质量和效果。"教—学—评一致性"是进行有效教学的全新基本理念,是一种新型的教学方式和评价方式,具体指教师能够按照课前制订好的教学评价方案和教学目标,在进行英语课堂教学时,将教学与学习、教学与评价、学习与评价相互紧密结合,依据一定的标准、观点和要求,使最终的学习效果在内容和程度两个层面与之前制定的教学目标相符合。英语"教—学—评一致"理念的最终目的是教师通过采取多样的教学策略,使学生灵活掌握和运用英语,促进发展自主学习的能力,有针对性地对学习效果进行评价。实质上,促进学习的评价融"教—学—评"为一体,评价贯穿教学全过程,同时又指导和推动教师的教和学生的学。"教—学—评"一体化不仅是教学实施的运作策略,也是教学设计的组织策略。"教—学—

评"一体化具有整合性、系统性和动态性的特征,涉及教育条件、教育纲要、学校定位、资源分配、个体差异、课堂情景和学习需求等要素,该系统通过有效整合课程内容和目标、教学方法和策略,满足学生个性发展的需要;通过学生互评和自评等方式,培养学生终身学习和自主学习的能力,进而促进学生的全面发展。苏格兰学者保罗·布莱克(Paul Black)和迪伦·威廉(Dylan Wiliam)及其领导的评价改革小组在2002年首次界定了促进学习的评价(assessment for learning)。这种新型的评价理论阐明通过教师与学生对整个学习过程的监控、跟踪和反馈,其评价具有促进学生学习的功能。

二、"教—学—评一致性"的实施

在流程上,首先,教师可以在设计层面通过内在统一目标分类理论与技术、目标整合、教学与评价,保证有效的教学预期效力。其次,教师可以以目标为导向,在实施层面形成有效的教学实际效力,通过使用科学驱动教学的思想和方法,建设"教—学—评"生态系统。在操作层面,教师应以课程大纲为标准,依据学生实际需要,创设教学目标,在实施课堂教学活动和评价任务过程中收集信息,及时根据反馈调整教学计划。

确保"教—学—评一致性"理念在英语教学工作中的应用,可采取如下几点建议:

(一)建构系统化的目标体系,设置分布目标

首先,英语教师需要明晰英语学习的最终目标,并根据学校的学期教学进度计划将长期目标分为多个阶段性目标,再细化为课程目标,以此制订可行性和实用性较强的课题计划和课时计划(周学瑞,2019)。有了明确的目标引领,教师能够循序渐进地进行课堂教学,对学生的学习效果和快慢进度有清晰的评判标准。

(二)开展有意义的互动

课堂教学中高质量的师生互动,即在深入地提问、聆听和反思性的回应后及时给予课堂评价,具有互动性和共时性,是促进学生学习的重要手段(陈新忠,2018)。在语言教学过程中,教师的评价反馈既要关注学生语言内容表述的正误,又要鼓励学生积极拓展高阶思维,在学生表达个人观点和情感态度的同时培养文化品格。

(三)丰富教学活动形式

教学环节的设置不是固定不变的,教学活动应当以学生为主体,围绕教学目标展开,调动学生的主动性,根据学生的课堂表现和反馈进行调整完善,使学生积极主动地参与教学

活动(黄吉秀,2019)。同时,教师也应将教学内容和活动与学生的兴趣、生活相结合,利用多样的教学形式和教学手段,转变思维模式创造丰富的活动形式。

(四)研究学生,完善个性化教学评价机制

教师通过研究学生,关注学生动态,在整体教学目标一致的前提下,根据不同学生的学习情况,不断完善个性化的教学计划和评价机制,帮助学生对自身的学习效果形成清楚透彻的认识(周学瑞,2019)。在结合教与评的过程中,教师可以创设出宽松开放的积极评价氛围,以测试或非测试的方法进行多样化评价,例如学习效果自评、他评、活动评比等。

(五)重视形成性评价的功能

"教—学—评"一体化注重形成性评价的功能。形成性评价以评价为导向,以发展学生语言能力、推动课堂教学为目的,是教师在进行多样化的课堂任务活动中,系统地搜集记录学生学习过程中和学习结束的相关信息,再分析、阐释、评价信息的意义,进而调整教学方式的过程(陈新忠,2017)。形成性评价的方式多种多样,包括各种测试,例如单元测试、平时测验、当堂检测、课堂提问和反馈、访谈、同伴评价和自我评价、问卷调查、成长记录袋等。形成性评价记录了学生学习过程的状况,而不仅仅是学习结果的信息。

新课改形势下,"教—学—评—一致性"理念要求教师不断提升自身专业素养,学习先进理念,坚持素质教育,用发展的眼光看待教学,不断总结实践中积累的教学经验,提高教学水平。

第四节 利用现代技术的英语课程实施

一、信息技术与课程整合的优势

新课改形势下,以网络和多媒体为核心的信息技术与英语课程的整合是全面实施素质教育,培养学生创新精神及实践能力的重要手段,彰显出了巨大的发展优势和潜能。现代技术与英语学科教学的整合,是通过将现代信息技术、信息资源、信息方法、人力资源充分融入到课堂内容的有机整体中,从而优化英语课堂的教学环境,开发扩展空间和资源,改革教师的教学方式,帮助学生实现个性化、自主化、终身化学习,培养其思考、探究、实践、综合运用的能力。信息技术与课程整合改善了传统接受式学习,以现代认知学习理论为指导基础,加强实现指导性教学与体验式、探究式学习。

运用现代技术的英语课堂实施具有如下优势:

（一）优化教学环境

信息技术如网络、多媒体、计算机等通过多种信息传输方式，例如大量生动形象、色彩鲜明的动态画面及音频展现教学内容，刺激学生多种感官，营造振奋、愉悦的学习氛围和模式，充分激发调动学生学习英语的积极性和主动性，提高英语课堂教学质量和效率。信息技术为学生营造了一个新的学习环境，使英语教学不再局限于课本，提供了广泛充足、实时更新的教学资源和内容，这些多样化的学习内容也衔接了其他学科的相关知识，丰富了英语课堂的教学材料，为学生提供了更广阔的发挥空间。

（二）完善教学方法

现代技术与英语课程相结合，是对传统英语教学课堂的更新与改良，其关键教学重点在于运用与实践，实现双向交流互动，例如听说课上可以应用英语教学软件对英语课程教学实践进行指导，帮助学生提升自主学习能力。教师与学生都需要熟悉掌握英语学习软件和应用技巧，例如教师综合运用多媒体影音对词汇内容进行讲解和练习，学生可以自觉寻找词根拓展方式、词汇使用方法及常用语境等，以此促进提升学生的学习主动性、学习质量和学习效率。

（三）促进自主学习

现代信息技术与英语课程的整合使教师的角色发生了本质性的变化，教师角色从提供教学信息者变成了学生学习的促进者和指导者。教师组织指导学生参与课堂学习活动，引领学生根据自己的基础、步调进行自主学习，选择适合自己知识水平的教学方法和练习内容，激发学生学习兴趣，发展其主动探究、主动发现、主动思考的能力，帮助学生建构自己的英语知识体系，认识学习英语的重要意义，优化教学内容和提升教学效率。

（四）建构真实情景

多媒体网络技术可以帮助学生有效突破时空限制和封闭式的课程体系，为学生提供全方位的开放性学习资源。英语学习者可以运用网络根据自己的兴趣、特长、爱好营造真实的语言环境，更深层次地优化学习模式，拓宽国际视野，获取信息、技术和知识，例如与不同文化背景英语母语者"面对面"进行跨文化交流，登录优质英文网站浏览原滋原味的英文真实材料，学习有文化背景的英语，同时要注意校内与校外网络资源的畅通，构建动态的开放教学资源体系，使英语课堂不断更新，适应时代发展新趋势。

(五) 发展实践能力

在英语课堂运用信息技术进行教学的过程中,教师可以指导学生利用计算机和网络工具进行个人展示,例如设计制作中英文对照的个人网页或者作品集,包括个人经历、爱好、学习情况、反思等。通过个人展示的机会,学生可以锻炼创新精神和实践动手操作能力。

二、有关信息技术与课程整合的建议与提示

信息技术与英语课堂整合也有需要注意的部分,如下是一些建议:整合的过程中,其主体是课程,而不是信息技术,信息技术只是学生达到既定目标的一项认知工具,这就要求教师以课程目标为最根本的出发点,围绕如何促进学生学习开展教学,切勿以牺牲课程目标的实现为代价,再增设有关信息技术的新目标。同时,运用信息技术多媒体辅助的信息量不宜过大,内容要适度且有代表性,坚持教学中心内容,留有充足的时间进行师生交流和反馈。另外要避免计算机辅助教学"一刀切"、完全放弃传统的教学手段,要根据具体的教学内容选取最恰当的教学方式和媒体设备。

现代信息技术和英语相互支持、相互促进,二者都是解决问题、获取知识的工具。整合的过程中,教师应为学生设置合适的情境,运用恰当的教学手段,循序渐进地使学生探究规律,主动掌握方法,提升分析问题和解决问题的能力。利用现代技术进行英语课程教学是创造型和素质型人才的有效培养途径。

本章小结

本章主要介绍了有关新课标的英语教学基础知识。首先,新课标强调英语课程要促进学生英语学科核心素养的形成及发展,具有工具性和人文性融合统一的特点。其次,对新课标中出现的英语课程内容要素有关的关键概念,包括主题语境、语篇类型、语言技能之"看"和主题引领的英语学习活动观进行了解析说明。接着探索了"教—学—评一致性"评价方式的内涵和实施策略。最后,呈现了信息技术与课程整合的优势,以及提供了相关的教学建议和提示。

参考文献

[1] 陈新忠. 英语课堂教学中的"教—学—评"一致性[J]. 中学外语教与学, 2018(4): 31-33.

[2] 程晓堂, 赵思奇. 英语学科核心素养的实质内涵[J]. 课程·教材·教法, 2016, (5): 79-86.

［3］高洪德. 文化品格目标：英语课程的重要发展［J］. 英语学习（教师版），2017(1)：6-9.

［4］黄吉秀. 如何在高中英语课中做到"教学评一致"［J］. 课程教育研究，2019(30)：92-93.

［5］李建红. 英语学科核心素养的内涵及教学策略［J］. 教学月刊·中学版（教学参考），2016(Z2)：3-7.

［6］文秋芳. 谈修订版课标中核心素养的落地实施［J］. 英语学习（教师版），2018(1).

［7］梅德明. 培养具有中国情怀、国际视野和跨文化沟通能力的时代新人——《普通高中英语课程标准（2017年版）》的学科育人观及实现路径［J］. 人民教育，2018(11)：46-49.

［8］曲慧. 信息技术与英语课程教学整合实践［J］. 新课程（中学），2017(02)：117.

［9］沈美芳. 论新高考改革对高中英语教学的影响及应对［J］. 才智，2019(25)：71.

［10］周学瑞. "教学评一致性"理念在高中英语教学中的应用［J］. 课程教育研究，2019(24)：120.

推荐阅读书目

［1］梅德明，王蔷. 普通高中英语课程标准解读（2017年版）［M］. 北京：高等教育出版社，2018.

［2］林崇德. 21世纪学生发展核心素养研究［M］. 北京：北京师范大学出版社，2016.

［3］梅德明. 改什么？如何教？怎样考？高中英语新课标解析［M］. 北京：外语教学与研究出版社，2018.

［4］徐浩，屈凌云. 聚焦英语学科核心素养 普通高中英语课程标准2017年版的解读与实施［M］. 北京：外语教学与研究出版社，2019.

［5］中华人民共和国教育部. 普通高中英语课程标准（2017年版）［S］. 北京：人民教育出版社，2018.

课后练习

判断题

1. 与2003年版的课程标准相比，新课标将"情感态度"整合到了"思维品质"。（ ）
2. 主题语境具体包括人与自我、人与社会和人与自然三大类别。（ ）
3. 学生可以在信息交流中有效地应用"看"(viewing)和视觉表述去解读图像的视觉信息，不包括书面语篇，创建自己想法的视觉表现。（ ）
4. "教—学—评一致性"具体指教师能够按照课前制定好的教学评价方案和教学目标，在进行英语课堂教学时，将教学与学习、教学与评价、学习与评价相互紧密结合。（ ）
5. 信息技术与英语课堂整合过程中的主体是信息技术。（ ）

简答题

1. 谈谈你在英语教学的过程中如何培养学生的英语学科核心素养，请举例说明。
2. 结合本章所学内容，简述三点实施应用"教—学—评一致性"的建议。
3. 请简述信息技术与课程整合的一种优势和在整合过程中需要注意的部分。

第二章
英语学科如何实现育人价值 *Chapter 2*

本章内容概览

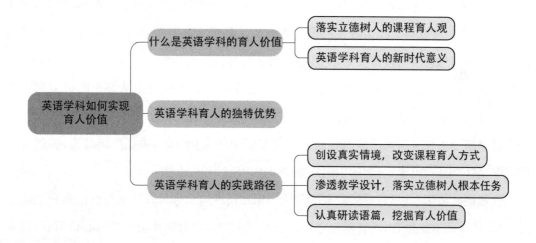

课前思考

习近平总书记提出了课程育人的全新教学理念,各学科也均开始将该学科育人理念融入课堂教学。那么,同学们思考一下,什么是英语学科课程育人,英语学科的课程育人又有怎样的独特优势呢?教师们又应该如何将英语课程与育人功能有效结合呢?本章将详细解读基于英语学科课程育人的相关理念,以及英语教师实践该理念的教学路径。

第一节　什么是英语学科的育人价值？

一、落实立德树人的课程育人观

党的十九大报告中明确提出要坚持将立德树人作为中心环节，落实立德树人的根本任务，实现全方位育人、全程育人，在教育教学全过程中贯穿思想政治工作。2016年12月，习近平总书记在全国高校思想政治工作会议的讲话上正式提出课程思政教学理念，指的是构建全程、全员、全课程育人格局的形式，将思想政治理论课与各类课程同行同向，形成协同效应，并将"立德树人"作为教育的根本任务的一种综合教育理念，挖掘教学方式和其他课程中蕴含的思想政治教育资源，实现隐性教育与显性教育相统一。党的二十大报告又一次强调落实立德树人的根本任务，培养德智体美劳全方面的社会主义事业建设者和接班人。要深入开展社会主义核心价值观宣传教育，深化爱国主义、集体主义、社会主义教育，着力培养担当民族复兴大任的时代新人。要坚守中华文化立场，讲好中国故事，传播好中国声音，展现可信、可爱、可敬的中国形象，推动中华文化更好走向世界。

教师将价值理念、思想政治教育的理论知识和精神追求等思政元素与各门课程和改革各环节、各方面有机融合，潜移默化中引领中小学生践行并内化社会主义核心价值观，树立道路、制度、理论和文化四个自信和正确的人生观、世界观和价值观，实现立德树人润物无声的目标。可见，立德树人已经贯穿在各门课程之中，英语学科树立立德树人的课程育人观更是有其必要性和重要性。英语是我国中小学生必修的学科课程，其中蕴含着丰富的德育资源，思想通过语言外化，学生通过教师的指导，感受语言的魅力，能够更好地理解教材内容蕴含的人文素养，并潜移默化地沐浴情感和道德的滋养，可见核心素养的培养及德育创造需要英语学科的人文性和实践性。此外，中小学生不能只接受知识、技能教育，也要接受思想品德教育，教师要时刻将其放在重要位置。所以英语教师在学科教学中要挖掘育人因素，设计活动践行学科的育人目标，让学生在收获课堂知识的同时也接受道德教育。《普通高中英语课程标准（2017年版2020年修订）》以立德树人的学科育人观为基础，强调英语学科的课程育人价值和理念，表现为不仅关注学生的语言能力，更要关注文化意识、思维品质和学习能力的发展，从而整合与凝练英语学科的四个核心素养。新课标强调发展学生的综合素质和核心素养，培养具有理想信念、社会责任感、科学文化素养、终身学习能力、自主发展能力、沟通合作能力的新时代学生。

二、英语学科育人的新时代意义

英语教师通过对学生听说读写技能的培养和训练,在培养学生语言能力的同时,使学生通过学习英语国家文化,开拓学生的眼界,提升学生的文化意识。与此同时,教师将学科德育渗透于教学目标、教学内容、教学实施以及教学评价中,将英语课程教学转变为社会主义核心价值观生动化、具体化的有效载体。英语教师要促进学生各方面的思想政治素养的提高,在加强爱国主义教育的同时,将崇高信仰、责任担当、爱国热情、求真精神等育人要素融合在课堂教学的过程之中。加强各方面的教育,包括理想信念、心理健康、文明法治等,帮助学生提升爱国意识、健康成长能力、遵纪守法意识。

英语课程担负着立德树人的育人任务,教师在语言教学的过程中不仅讲授英语国家的语言、文化以及社会各方面的内容,并将中国本土的文化、民俗、思想等通过跨文化比较的方式融入教学中,同时将思政教育融入英语课程,实现"无痕"的价值塑造、知识传授和能力培养,从而使学生理性看待西方文化,正确理解和认同核心价值观,对比中西文化中坚持文化自信,培养文化觉醒意识,提升批判性思维、礼貌教养、人格品性等,强调人文素养在课程教学中的地位,真正满足应用型人才培养的目标。英语课程需要充分挖掘其课程思政的功能,落实"讲好中国故事、传播中国声音、培养文化自信"的任务,实现英语学科立德树人的新时代价值。

中小学阶段的英语课程内容虽然重在发展学科基础知识与技能,但却具有较强的综合实践性,统一了人文性与工具性。学生通过学习和运用英语感悟文化多样性,分析文化特殊性,吸收文化精华,拓宽文化视野,具有跨文化的理解和交际能力及国际视角。学生不仅能厚植爱国主义情怀,坚定文化自信,还能客观且理性地看待西方文化和外部世界,树立正确的三观,具备终身学习的意识和能力,英语学科致力于培养有理想、有本领、有担当的时代新人(梅德明 & 王蔷,2022)。由此可知,英语学科知识教育不止包含智育,还强调德育的重要作用,且不以价值灌输的方式进行教学,而是采用融合式教学,融合道德教育和知识教育,课堂教学和课外活动渗透德育因素。

英语课程要牢记立德树人的理念,拓宽学生国际视野的同时提升跨文化沟通与交流能力,培养具有坚定理想信念和爱国主义情怀的时代新人(义务教育英语课程标准 2022 年版)。中小学英语教师为了落实课程标准,聚焦人与自我、人与自然、人与社会三大主题,引导学生学习各语篇内容,探究主题意义,不仅建构和生成对单元主题的认知、态度和价值判断,而且学生核心素养得以凝练,获得综合表现。

第二节　英语学科育人的独特优势

英语学科旨在塑造、培养人文精神和人文情怀完善,运用批判性思维能力解决问题,追求和维护正义、公平以及具备正确的价值观等的理想人格的人才,保障学科育人的有效实施和开展。英语学科具有学科育人的独特优势。

首先,通过英语学习发展学生的语言能力和跨文化理解与沟通能力。语言能力是21世纪人才的关键能力之一。英语学科课程主题丰富多样,内容涵盖各个方面,学生通过具有情境性的内容与具有感染力的文字在真实的情境中进行语言操练,培养与锻炼学生听说读写各方面的能力,所学知识实用性强,学生在课堂获取到的语言能力可以运用到课堂之外。而且英语学科具有国际比较视野,相较其他课程更多地涉及西方国家历史、政治、经济、哲学、社会与文化、英语文学、语言学等领域,学生学会比较中西文化的相似点和差异性是英语学科教学的重点之一,教师通过带领学生进行比较分析,使学生不仅能更好地了解中国本国文化,也增强了跨文化理解的意识与能力,感悟到世界多元文化的魅力,拓宽了教师开展德育的空间和思路。

其次,通过学习和探究主题观念,增长知识,丰富经验和情感,形成正确的世界观、人生观和价值观。英语学科通过不同地域国家文化的碰撞和交流,让学生领略到不同文化的独特魅力,吸收各国文化中的精华,树立人类命运共同体的意识,更能感受到中国文化独一无二的内涵,增强学生文化自信与爱国情怀,提高传承中国文化的意识与传播中国文化的能力。英语学科的不同主题还能帮助学生学习到各个方面的知识,在为人处世、礼貌教育、行为规范、身心健康、职业规划、理想信念等多方面引领学生,树立社会主义核心价值观,让他们成长为学会做人做事、有责任意识和优良素质的人,帮助学生拥有文化素养和正确的世界观、人生观和价值观。

再次,通过英语学习活动发展学生的思维品质以及探究世界的能力。教师组织的提问、分析、讨论活动,特别是追问、反问、究问等形式,有助于发展学生思维的准确性、灵活性;教师组织的作者观点分析、方法与选择合理性分析、原因分析等活动,有助于发展思维的深刻性、批判性;教师安排的外国文化现象理解、不同观点与答案开放性问题讨论等活动,有助于发展思维的开放性;教师安排的不同方法的比较与优化、表演、海报制作等活动,有助于发展思维的创造性。另外,学生在参与各项活动中能够学会处理突发事件,理性分析问题并创造性解决问题的能力,也会在无形中影响学生的思想品质。通过探究性项目,教师能促进学生动手与动脑相结合,提升了学生的探究能力,也提高了其探索的兴趣。

最后,通过英语学习发展学习能力,促进终生学习意识与能力的形成。学习英语的过程就是在教师的引领下探究语篇的主题意义、作者观点态度和形成学生自己的价值观的过程。在教学过程中,老师给予学生主动探究的机会,对信息进行深度加工,帮助实现得语与得意的统一。此外,教师通过开展小组讨论、同伴分享、角色扮演、辩论等学习活动让学生在与同伴协作的同时提升了自己的自我学习能力。通过英语学习,学生的学习渠道从书本知识拓宽到真实世界,不再被动接受老师传授的方法与分享的资源,学会自我学习与自我探索,学生开始建立明确的学习目标,不断朝着目标发展自己的学习能力,提高自己的学习兴趣,养成良好的学习习惯,提升学习效率与效果,逐渐发展成一个学会自我学习、拥有终生学习能力的学生。

第三节　英语学科育人的实践路径

一、创设真实情境,改变课程育人方式

在英语学习活动观的指导下设计并组织学习活动,引导学生利用所学知识在真实复杂的情境中解决实际问题,超越学科,走出教材,回归生活,实现课程育人方式的改变。传统的中小学英语课堂以教师讲授知识为主,教学内容碎片化且脱离真实语境,学生学习兴趣不高,且学习到的内容流于书本知识。教师应该从学生成长和生活需求的角度重新组织课程内容,安排教学互动,创设符合实际、贴合生活的真实情境,凸显人所面临的真实环境和真实需要,强化人的生活逻辑。教师通过创设情境,与学生生活建立联系,引导学生在学习语言知识的基础上推理论证、批判评价、创造想象,将在书本上所学知识灵活地用于创造性地解决新问题,形成正确的态度和价值判断。这样不仅能提高学生的学习兴趣,也能让他们通过在真实情景中动手与动脑,提高实践创新能力与知识的运用能力,即在情境中学习,在任务中运用,在实践中创新。例如在进行"there be"的肯定句以及疑问句的句型教学时,教师不能单纯地讲解知识点,而后让学生进行机械式的操练,靠灌输的填鸭式教学不能激起学生的学习兴趣,也不利于学生知识点的掌握。教师可以鼓励学生用句型来描述教室中的陈列,例如教师提问"What's in the classroom?"其中一位学生可能会回答"There is a blackboard in the classroom."这样,不同的学生有不同的答案,可进一步加强学生对句型的掌握。而后教师可以设计真实情境,组织学生进行小组活动,组内成员扮演不同的角色,利用该句型进行交谈。例如,教师可以将场所设定为动物园,一名同学扮演导游,其他同学

扮演游客,游客需要像导游询问动物园中是否有某类动物,通过学生之间你来我往的对话,由"师生互动"逐渐过渡到"生生互动",充分尊重学生的主体地位,让学生在真实的情境中感受英语学习的乐趣。

二、渗透教学设计,落实立德树人根本任务

为了将立德树人根本任务落到实处,英语学科的育人价值应渗透在教材遵循的教育教学理念、内容选取原则以及教学活动设计思路中,社会主义核心价值观也要融入其中。英语教学不能局限于"小我",更要聚焦"大我"的角度,教师应该引导学生站在不同的高度看待问题,学会为人处世与核心素养。所以,英语教材内容应该选自个人、社会、国家不同角度,并挖掘教学内容背后所蕴含的德育点。英语教材不仅涉及日常生活中的做人做事、生活技能、责任担当、生活态度等,还将教材内容与社会热点主题、时事新闻、社会现象等结合起来,引起学生对社会问题的关注,培养学生社会责任担当的意识与能力。同时,教师要通过教材引导学生理解中外文化,比较文化异同,增强文化自信,让学生能够传播中国优秀文化,厚植家国情怀。教师在设计具体活动时,要安排适合进行实践体验的活动,学生通过参与该类实践活动设身处地,在实践中感悟,从而提升思想道德水平。教师的设计思路包括根据教学需求选择话题,确定德育切入点,设计并组织活动,帮助学生在实践中领悟,在各个环节中贯彻好立德树人的理念。比如,人教版八年级下册 Unit 1 Section A Reading Bus Driver and Passengers Save an Old Man,该语篇讲述了一位路人因心脏病发作而昏倒在路边,公交车司机和乘客把他及时送到医院救治的故事,这个故事针对了当今社会热议的"扶与不扶"现象,教材选取了该语篇旨在引导学生建立助人为乐的优良品质,促进学生对社会主义核心价值观中"友善"的理解和践行。教师在设计教学时可以着重引导学生思考,让他们表达自己的想法,甚至可以开展辩论的形式,教师针对相关社会现象通过讨论、辩论等活动帮助学生形成正确的价值观。

三、认真研读语篇,挖掘育人价值

语篇研读有利于教师梳理语篇的主题内容和逻辑结构,挖掘语篇背后的育人价值。语篇是教师教学语言知识和文化知识的重要载体,同时对文化意蕴的传递、价值取向的塑造和逻辑思维的提升也必须依托语篇。但很多老师在教学中仅注重讲解语言知识,缺乏渗透主题展开教学的意识。所以,在开展语言知识教学前,教师要按照 What、Why 和 How 三

个维度加强语篇研读。要挖掘语篇背后蕴含的意义,包括作者通过语篇传递的情感、态度和价值观等。只有精准解读主题,才能提炼语篇的中心思想,把握语篇的育人价值,学生不仅学习到语言知识,更提高了其思想道德水平。教师还要梳理语篇的逻辑结构,包括各个段落之间的关系以及段落内各个句子之间的关系,引领学生明确语篇的脉络,也可以设计学习活动让学生自己分析语篇的结构,提高学生的思维与分析能力(李敏,2020)。例如,人教版(2019)英语必修一第三单元的一篇题为 Living Legends 的语篇,教师在认真研读语篇后,应该提炼语篇的主要内容和主题。该语篇如题目所述有关传奇人物,主要选取了体育界中的两位名人:郎平和乔丹,旨在让学生们了解他们的事迹,更要超越事迹本身感受到运动员令人称赞的优秀品质。教师不仅要让学生把握语篇主要内容,更要挖掘育人价值,帮助他们领悟到体育界传奇人物身上永不言弃的态度和百折不挠的精神,为学生树立可以学习的榜样。教师要认真研读语篇,不能仅停留于浅层解读,还要梳理语篇脉络。该语篇为杂志文章,结构清晰,由导语、正文、补充信息构成,正文部分主要是人物介绍的内容,以列举方式组织起来。梳理语篇的逻辑结构能够帮助学生更好地掌握语篇的写作条理,层层深入,帮助学生学会分析和运用逻辑思维。所以教师在研读语篇时需要从多角度对语篇实现有效而深度的解读,从而基于解读去创设相应的活动,从而在教授语言知识的同时充分挖掘语篇中的育人价值。

本章小结

本章主要介绍了英语学科如何落实课程的育人价值。英语学科育人是落实立德树人根本任务的英语学科的全新教学理念。英语学科育人有其独特的新时代意义与优势所在。通过英语学习能发展学生的语言能力和跨文化理解与沟通能力,形成正确的世界观、人生观和价值观,发展学生的思维品质以及探究世界的能力和发展学习能力,促进其终生学习意识与能力的形成。该章还介绍了英语课程育人的具体实践路径,包括:创设真实情境,改变课程育人方式;渗透教学设计,落实立德树人根本任务;认真研读语篇,挖掘育人价值。

参考文献

[1] 李亮.《义务教育英语课程标准(2022年版)》解读:教、学、评视角[J].天津师范大学学报(基础教育版),2022(05): 13-17.

[2] 李敏.基于主题意义的语篇解读[J].中小学英语教学与研究,2022(10): 32-36, 43.

［3］梅德明，王蔷.新时代义务教育英语课程新发展——义务教育英语课程（2022年版）解读［J］.基础教育课程，2022(10): 19-25.

［4］中华人民共和国教育部.普通高中英语课程标准（2017年版2020年修订）［S］.北京：人民教育出版社，2020.

推荐阅读书目

［1］龚亚夫.英语教育新论：多元目标英语课程［M］.北京：高等教育出版社，2015.

［2］贾玉新主编；刘长远，宋莉副主编.跨文化交际理论探讨与实践［M］.上海：上海外语教育出版社，2012.

［3］鲁子问，陈晓云著.高中英语文化意识教育实践路径［M］.北京：外语教学与研究出版社，2019.

［4］梅德明，王蔷.改什么？如何教？怎样考？——高中英语新课标解析［M］.北京：外语教育与研究出版社，2018.

［5］肖琳，周国华，肖素萍主编.外语教学与语言文化［M］.北京：现代出版社，2014.

［6］中共中央宣传部编.习近平新时代中国特色社会主义思想学习纲要［M］.北京：中国盲文出版社，2019.

课后练习

判断题

1. 通过英语学习能够使学生发展学习能力，促进其终生学习意识与能力的形成。（　）
2. 英语教师可以引领学生通过运用比较研究的方法去分析对比中国文化的独特优势。（　）
3. 英语学科会存在不同地域国家文化的碰撞和交流，这将不利于学生的文化自信。（　）
4. 学生在参与各项活动中能够学会处理突发事件、分析问题、解决问题的能力，也会潜移默化地影响学生的思想状态。（　）
5. 英语学科知识教育不只包含智育，还包含着德育的内容，所以教师要对学生进行价值灌输。（　）

简答题

1. 结合本章所学内容，谈谈你对学科育人的理解。
2. 请简述你如何理解英语学科育人的独特优势。
3. 请简单列出英语教师开展学科育人的实施路径。

设计题

1. 请选取人教版高中英语教材中的某一主题单元，交一份活动设计，结合教材内容，直接利用教材中的信息（例如介绍中外文化的语篇、词汇、图片等）进行教学，帮助学生进一步了解英美国家的文化和中国文化背景知识对比。
2. 请结合材料导入中国文化背景知识，交一份活动设计，教授中国文化内容并组织相关写作任务，进行朗诵比赛，帮助学生用英语弘扬和传播中华文化。

第二篇 基于新课标的英语教学设计

一、突出单元整体教学的设计理念

新课标提出"单元是承载主题意义的基本单位,单元教学目标是总体目标的有机组成部分",高中英语教师在教学过程中需要明确把握单元主题,并围绕这一目标来构建编排教学内容。然而,传统英语教学常常将各学习技能割裂化、碎片化,导致学生难以建构系统化的知识框架,难以适应新课标的培养要求。新课标的单元整体教学设计打破了原有的教学思维,对英语教师提出了更高的要求。

单元整体教学指英语教师在教学过程中需要以单元主题作为索引并将主题贯穿于各个课型,细化设置单课时的话题和目标,结合教材和学情再构教学内容,使教学内容逐渐递进,以此提高学生全方位听、说、读、写和看等方面的能力,帮助学生理解、吸收各单元语言知识,形成完整的系统英语知识体系。同时,新课标提出单元教学课程六要素,包括主题语境、语篇类型、语言知识、文化知识、语言技巧以及学习策略,为英语教师进行单元整体教学提供了指导思想。

在进行单元整体教学设计时,英语教师需要坚持以《英语课程标准》为依据,精读教学大纲,清楚了解学生在不同学习阶段所能达到的能力要求并明确教材主题内容,结合具体学情和教学资源,全面分析创设各个单元教学方案,形成完整的主体,在此基础上细化每个分课时目标与教学内容。在开展单元整体教学设计时,教师需要遵循以下原则:

(一) 关联性原则

不同的课型都有各自的特点和侧重点,但都要以单元话题为中心展开。关联性原则指的是英语教师在统筹安排单元整体教学设计时需要重点关注不同课型之间如何更好地过渡、连接和联系。同时教师还应当注重将测评活动内容与单元话题和单元教学目标相关联;不同测评活动间需要有联系,例如词汇和写作的结合、词汇和语法的结合等。

(二) 丰富性原则

英语教师进行单元整体教学设计时需要提前计划安排系列学生活动,并在课堂上依据学生的具体反馈进行调节。丰富性原则指的是教师引领学生自主探究学习，通过建立学习小组互助合作学习，促进学生互相练习口语对话，解答疑惑，提倡用"做中学，学中做"等多样化的方式来完善知识体系，丰富学生的课堂体验，使学生在学习吸收新知识的同时快速吸收、运用、消化知识。

（三）主体性原则

新课程标准发布后，英语教师需要以学生为中心主体进行课程教学，大力发展素质教育。教师在设计单元整体教学方案时，应秉承教学是建构学习主题的对象化活动的理念，有效保证学生是教学工作的主体，发挥学生在英语学习中的积极性、主动性，使之在愉悦轻松的情境中主动探索英语知识，由此提升学生的学习效率。

（四）整体性原则

整体性原则指的是英语教师深度挖掘单元内容，整合增减优化教材，将单元主题与教学内容密切相连，使之成为一个完整的主体，在教学过程中有机融入听、说、读、写、看等语言技能，实现多样化的教学目标，从而使学生在单元学习结束后将前后教学内容联系到一起，建构完整的英语学科知识体系，提升教学质量。英语教师还需要把握课型的整体性，避免碎片化教学。

（五）情境性原则

英语学科属于人文性学科，是人与人之间交际使用的一种语言形式，因此语境是中小学英语教师在进行单元整体教学设计过程中的关键因素。语境具体指的是语言形式出现时的发生环境，包括风俗习惯、价值观、衣食住行等人类生活的各个方面。通过创设情境，英语教师能够激发学生学习兴趣，并且使学生在真实的情境中熟练掌握语言。

二、基于主题语境的教学设计方法

新课标提出为语言学习提供主题范围或主题语境，强调学生需要围绕一定的主题，基于特定类型的语篇，运用语言技能获取、梳理和整合语言知识和文化知识，深化对语言的理解，赏析语篇特点，探究文化内涵，提升思维品质。主题语境指向核心素养发展的英语学习活动观。所有英语学习的活动都是在主题语境下进行的，具体包括人与自我、人与社会和人与自然三大类别，其涵盖了人文社会科学和自然科学的领域，提供了丰富的话题和语境。英语语言学习的核心内容是学生对主题意义的探究。新课标背景下的英语教学设计也应该从英语知识和技能教学转换为英语学科核心素养的培育教学,从表层学习走向深度学习。

首先,在主题引导下的英语教学设计教师应该依托语篇,以主题意义探究为目的,注重活动的内在联系和逻辑顺序,提炼重整内在的知识结构,有机整合语言知识、文化知识、语言技能和学习策略,在提炼、整合、分析、比较、概括、评价语篇意义的教学过程中帮助学生学习语言,构建英语知识框架,增强其语言学习能力并提高其思维品质。教师在引领及协助学生挖掘语篇主题意义的同时,能促进学生理解语篇以及发展学生的英语思维品质。

其次,基于主题语境的英语教学设计应该确保情境化、活动化和问题化,体现实践性、综合性和关联性的学习过程。学生的学习过程是动态的,不仅是对知识的单纯加工和认知,还是其在面对新问题时整合运用所学知识分析和解决问题,产生思维活动和情感共鸣的过程。英语教师需要帮助学生将静态的已有知识赋予动态的激发,为其获取新知识作准备,提高学生用英语进行理解和表达意义的能力,塑造正确的文化价值观。

最后,英语教师在进行教学设计前需要对教学内容进行有效的文本解读和分析,梳理语篇主题意义,它直接影响了学生的认知过程、学习成效、学习体验和情感发展。因此提高英语教师的文本解读能力是提高学生学习质量和课堂教学有效性的关键,教师可以思考创造怎样的情境,与学生共同解决什么问题,学生需要获取什么信息,构建何种知识结构,以及如何引领并帮助学生在解决问题的过程中运用学习策略学习语言。

三、依托语篇的教学设计路径

本篇将基于新课标指向的"以主题意义为引领,以语篇为依托,整合语言知识、文化知识、语言技能和学习策略等学习内容"的教学活动观。从语音、听说、阅读、写作、词汇和语法等不同课型,开展学习相关的教学设计原则与方法。各章主要内容如下:

第三章为基于新课标的语音教学设计。主要依据单元主题语境与语音教学原则设置具体的单课时目标,尝试不同的语音教学方法和趣味性的语言实践活动,运用多样化的辅助工具和多媒体技术创设真实的交际情境,为学生提供语音操练机会,强化学生对语音的感知。

第四章为基于新课标的听说教学设计。主要倡导教师依托语篇,基于单元整体教学贯彻听说教学的一般原则与方法,通过头脑风暴、预测、设置情境、带具体目的听或看等方式帮助学生锻炼"听"这一理解性技能;通过小组活动、个人活动等口语活动锻炼学生"说"这一表达性技能。

第五章为基于新课标的阅读教学设计。主要帮助教师在阅读教学中贯彻落实学科核心素养，基于主题语境和英语学习活动观设计阅读教学活动，贯彻深度解读文本、科学设计任务、巧妙设置问题和充分利用材料的阅读教学原则，引领学生语言能力、学习能力、文化意识和思维品质的融合发展。

第六章为基于新课标的写作教学设计。主要提倡新课标背景下教师要设置语言运用能力转向英语学科核心素养相关的写作教学目标，英语教师需要秉承循序渐进原则、任务型原则和以学生为中心的评价原则，根据单元主题语境和英语学习活动观设计丰富多样的写作教学活动，不断完善评价方法。

第七章为基于新课标的词汇教学设计。主要关注词汇学习在语言习得过程中的重要性，鼓励英语教师从实际问题出发，贯彻与词汇教学相关和以学生为中心的原则，灵活运用多样丰富的词汇教学方法，帮助学生将词汇学习内化于心，外化于行。

第八章为基于新课标的语法教学设计。主要要求教师的英语语法教学设计紧扣单元主题，结合真实语境并以三维语法观为基础。英语教师需要秉承合理科学的原则，立足"形式—意义—使用"，指导学生在真实的语境中树立语法意识，锻炼语法技能，丰富和深化学生的语法认知与运用。

接下来，本篇将分课型来进一步落实单元整体教学下的教学设计。

第三章
基于新课标的语音教学设计 Chapter 3

本章内容概览

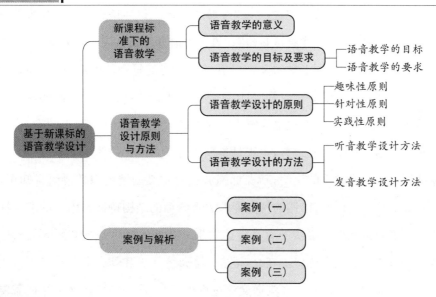

课前思考

早在十九世纪,英语教学的"先锋者"亨利·斯威特(Henry Sweet)就提出"语音是英语学习的基础"。语言学家吉姆森(Gimson)曾对语音、词汇、语法的重要性作过经典论述:"To speak any language a person must know nearly 100% of its phonetics, while only 50%－90% of its grammar and 1% of the vocabulary may be sufficient."这一表述简洁直观地描述了语音在语言学习中的首要地位。那么,语音学习与语言能力素养有什么关系?语音对于语言交际有何影响?对于新课标所说的语音意识和语音能力,教师又可以使用哪些方法?本章将与大家一同探讨语音及语音教学的秘密。

第一节　新课程标准下的语音教学

一、语音教学的意义

《普通高中英语课程标准（2017年版2020年修订）》（以下简称"新课标"）对语音作了如下表述："在实际教学中，教师要特别注意处理好语音、词汇、语法与语篇的关系。语音、词汇、语法都是语篇的有机组成部分，在理解和建构语篇的过程中发挥重要作用。"新课标进一步指出，语言教学的主要任务之一是"帮助学习者认识到语音、词汇、语法等语言要素是如何相互联系、共同组织和建构语篇的"。语言由语音、语法、词汇三要素组成，语音是整个语言系统的基础。首先，词汇学习从"音"开始。声音的复现能够促进词形的识记，单词的重音变化也关系到词义的变化。其次，语法学习与语音关系密切。升调或降调能够反映句式功能的改变，单词读音的变化也能够表征时态的变化。语言的学习从"音"开始。将语音教学放在本书语言教学部分之首，也正是遵循语言学习规律的体现。

根据新课标对语音教学的说明，新课标强调在有意义的情境中教授语音知识，语音影响到语篇意义的传递。语音、语调的特点能够表现语篇的结构特征。语音的准确性与流畅性直接决定听的效果和口头语篇的意义传达效果。新课标对语音与交际的关系也作出了说明："语音和语言的意义表达密不可分，语言依靠语音实现其社会交际功能。"口头交际是人类开展交际活动的主要形式。在沟通交流过程中，双方话语的潜在含义往往需要通过音和调的变化来传达。说话者可以通过改变重音、语调，改变说话的节奏和停顿的频率来表达意义和观点，并反映自己的态度和情感变化。而听者常常需要仔细辨别声音特征，识别变化，从而领会和理解说话人的想法和感情，并关注到交际形势的改变。语音教学旨在培养学生对语音、语调变化的敏感度，并促使其将所获得的语音知识运用于生活交际中。

二、语音教学的目标及要求

（一）语音教学的目标

英语是中国学生学习的主要外语语种。各省市地区的学校在小学一年级或三年级或初中一年级开始开设英语课，英语学习贯穿基础教育和高等教育全过程。不同学习阶段对于学生的语言能力水平要求不同，相应地，不同阶段的语音教学要求也不一样。

依据新课标中关于语音教学的阐述，高中阶段的语音教学首先"让学生在有意义的语境中学习和运用语音知识,使学生感知语音的表意功能并且最终能够运用语音知识进行有效交际"。语音教学的目标在于"巩固义务教育阶段所获得的语音知识的基础上,侧重通过实践增强学生的语感,体会语音知识的表意功能,帮助学生建构语音意识和语音能力"。

由此可知,新课标背景下的语音教学不同于传统的规则讲授和机械训练。新课标强调在有意义的语境中教授语音知识,即为学生提供使用英语的情境以及在情境中需要完成的任务或需要解决的问题(程晓堂,2018)。教师通过语音教学使学生能够建立语音与意义表达之间的联系,意识到语音的交际功能。具体而言,语音教学的目标可概括为以下三点:

第一,巩固语音知识并体会语音知识的表意功能。语音知识包含了解基础的发音器官,元音与辅音,句子中的重读、强读与弱读,连读和略读,音的长短变化以及语调的升降变化等方面。在义务教育阶段学生对这些语音知识已有过基本了解,高中阶段的语音教学需在此基础上进行进一步巩固,并促使学生意识到语音变化与意义表达之间的联系。

第二,通过语言实践增强语感。语音意识与语感的培养是语言能力素养中特别指出并强调的部分。语感的培养离不开充足的语言实践活动。语音教学需帮助学生体会语言的音律特征,使其初步形成对语音及其变化的感知,再进一步通过语言实践活动加深学生对语音与意义表达的感知。

第三,帮助学生建构语音意识和语音能力。语音意识包括对语音及其在语言运用中作用的认识以及语感意识,而语音能力则主要指的是将语音知识运用于真实交际的能力,包括通过听辨音来推测说话者的情感、意图和态度,通过语调升降传达话语目的等。新课标指出了语言实践活动在语音教学中的必要性,即通过真实情境与语言实践来达到语音教学的目标。

对于语音教学目标中所提及的知识与能力,新课标在课程内容板块也作了详细的阐述。现将课程内容板块中高中必修课程与选择性必修课程对语音知识与语音能力的内容要求摘录如下,如表3-1所示:

表3-1 语音教学的内容要求

课程类别	知识内容要求	能力内容要求
必修	根据重音、语调、节奏等的变化感知说话人的意图和态度; 借助重音、语调、节奏等的变化表达意义、意图和态度等; 在查阅词典时运用音标知识学习多音节单词的发音。	借助话语中的语气和语调理解说话者的意图; 根据话语中的重复、解释、停顿等现象理解话语的意义; 借助语调和重音突出需要强调的意义。

续表

课程类别	知识内容要求	能力内容要求
选择性必修	运用重音、语调、节奏等比较连贯和清晰地表达意义、意图和态度等； 发现并欣赏英语诗歌、韵文等文学形式中语言的节奏和韵律。	借助语气、语调、停顿识别说话者的讽刺、幽默等意图； 识别话语中加强或减弱语气和态度的词语； 讲话时进行必要的重复和解释； 使用恰当的语调、语气和节奏，提高表达的自然性和流畅性。

（二）语音教学的要求

从现状来看，学生在进入高中之后，英语学习以读写为主，教师几乎不再以独立课型来教授和巩固语音知识。高中语音教学与义务教育阶段语音教学似乎出现了"断层"现象。依据新课标对语音教学目标及语音知识和能力的说明，再结合中国学生语音学习的现状，新课标背景下的语音教学对教师与学生提出了如下要求。

就教师而言，针对中学课时紧张且语音不会独立成课的现实，首先，教师应采取"渗透式"的语音教学策略。在日常授课过程中，教师可以有效利用某个教学环节出现的语境，增添设计语音教学活动，或巩固语音知识，或帮助学生建立语音知识与意义表达之间的联系。例如，人教版《英语》七年级上册 Unit 6 "Do you like bananas?"这一单元，其单元主题为谈论个人好恶。其中有一则对话，说话者双方相继说出"no"，但说话者对于所谈事件的态度和感情大相径庭。这一片段涉及语调升降与说话人的情感态度之间的联系。教师可以让学生通过模仿两个"no"一降一升的语调，来体会语调变化之中暗含说话者的好恶。在语音教学时突出单元的主题，在主题阐述中渗透语音知识。教师在较为常见的阅读课中也可以为学生提供训练语感的机会，如学生个体朗读课文或全班齐读课文。作业布置也是教学实施的环节之一，是渗透语音教学的关键途径。教师可以布置适量的口语作业，如录音、朗诵等来增加学生语音训练。其次，语音意识、语感及语音能力的培养皆以"音"为基础，因此，教师需提醒学生在课外时间尽可能多地接触不同视听材料，尝试跟读、模仿、复述等练习，引导学生比较并加以甄别。教师可以间或安排小型剧场或角色表演类趣味活动或游戏，为学生的语言实践搭建平台。

就学生而言，学生应该充分利用课外影音资源，增强对语音知识的兴趣和信心。生活于当代社会的中学生惯于使用电子设备，如手机、平板等，这些均是便携的学习设备。英语音像材料以及在线或离线的英语学习软件等均是学生学习英语的资源（程晓堂，2019）。学生可以有效使用设备或软件观看原版影视剧或收听国外新闻电台，以定期上线学习的方式坚持听和感知、模仿英语母语者的语音和语调，继而在多样性的学习资源中区分、辨别语音，加强语感和语音意识。其次，学生还可以充分利用课外时间，借助同学与教师的帮助，不断提高发音的准确性。学生在课堂上练习发音的时间比较局限，因此学生可以充分利用与同伴交流相处的机会，在交谈中进一步感受语音的规律和变化。和同伴互相纠音也是练习并提高发音的有效方式。学生对于较难辨别的语音也可以及时请教老师，寻求正确高效的辨识方法，或向老师咨询获得适合水平、有益于语音学习的语音资料。

第二节　语音教学设计原则与方法

一、语音教学设计的原则

基于新课标对语音教学的目标与要求，语音教学的设计需要遵循以下原则：

（一）趣味性原则

现代社会的特点之一便在于互联网技术及新媒体的蓬勃发展。音频、视频等不同模态是语音教学必不可少的辅助材料，网络 APP（应用软件）是评价学生语音能力并及时反馈的即时工具，语料库及语言分析软件是帮助教师了解教学效果的得力助手。这些媒介均可用于语音教学，并增强教学的趣味性。教师可以通过使用音频、视频等语篇模态，向学生呈现真实、具体且生动的多模态语言环境。教师需设定好本单元的整体教学目标，结合主题选择适用的语篇模态，渗透语音教学。在语音教学的过程中，教师应该引导学生思考并区分以不同语调和节奏表达意义的不同，通过比较差异，使学生意识到语音在语言学习中的意义及其趣味性。学生在这一过程中也能够逐渐加强对语音的感知，认识到语言中音与形、音与义的关联。

（二）针对性原则

教师应该将语音知识的讲授渗透到不同课型，并根据课型特点，抓住有标记性的语音特征进行语音训练。以听说课为例，教师通过备课，预测学生是否会由于语音、语调方面的因素而产生理解上的困难，如连读、同化、省音、缩略等现象，从而在听力开始前进行提示，或提供策略和方法上的指导，或在听力结束后进行专门与系统的讲解。教师与学生进行口头交流时，有意识地以语调或句子重音的变化暗示学生对于标记性语音特征的关注。教师还可以在课后帮助个别学生纠正发音，对受母语或母语影响较大的学生进行重点操练。教师也可以利用小组互助形式提高学生练习语音、语调的积极性。

(三) 实践性原则

语音教学旨在帮助学生规范发音,但语音知识中的规律并非通过条规、法则向学习者传递。语言的节奏、韵律需要依托一系列的课堂活动来使学生真切感知与体会。语音教学以发声和发音为重点。除常用的学唱英文歌曲、配音、朗诵及对话外,教师还可以采取游戏的形式开展语音实践活动,寓教于乐。语音教学活动应灵活且有变化性。简单模仿、课堂游戏或喜剧表演等均是学生学习和运用语音知识的平台。在语音实践活动过程中或结束后,教师也需要针对学生的表现给予反馈——如视线鼓励,或借助手势或肢体语言给予鼓励。

二、语音教学设计的方法

语音学习是一个反复模仿、持续渐进的过程。语音教学可分为语音层次和语流层次的教学。语音层次一般指基础的音标教学和读音规则的教学;语流层次则指的是句子重音、节奏、意群、停顿、连读及失爆等现象。语音教学需采用灵活多样的方法。下面从听音和发音两个方面介绍语音教学的方法:

(一) 听音教学设计方法

1. 听录音—看口型—模仿

听录音—看口型—模仿是听音教学的初始步骤。教师可以播放单词或短语录音,学生听一遍,然后开始反复跟读和模仿。在学生模仿之前,教师要注意观察学生的口型,如开口程度,并辅以发音器官的图示同学生具体说明发音的部位。同时,教师也要以不同的方式组织学生操练,学生之间可以通过互相听对方发音,对比差异并发现问题。教师也要及时抽查,确保绝大多数学生已经知晓了发音规则并掌握了正确的发音方式。教师在要求学生听并模仿说句子时,可以突出强调句子重音的变化及音调的升降起伏,使学生逐渐感知朗读句子的节奏和韵律。

2. 听音—辨音

听音—辨音是听音教学的后阶段,这一阶段主要训练学生对语音语调变化的敏感度,以及推测音调变化所传达的说话人态度、意图和情感。在经历了初始阶段的模仿后,教师可以针对学生模仿过程中出现的常见错误进行专门的纠正。在此基础上,教师可以提高听音的难度,将含有相似发音的单词与短语放在一起,要求学生能够准确辨别二者差异,找到目标词。教师在此阶段可以利用最小对语音操练形式帮助学生找到标记性语音特征。教师可以分别提供体现不同发音的学习资源，让学生辨别不同语言变体在语音语调方面的差异。对于听句子，教师可以让学生标注句子中不同词类，讲解实词和虚词在句子中发音的不同。通过改变句子重音和语调起伏，引导学生分辨说话人的态度或情感。

（二）发音教学设计方法

1. 拼读—朗读

拼读的目的在于使学生熟悉常见字母组合的发音，并最终使学生学会在无音标提示的情况下流畅地朗读不同类型的语篇。教师首先列出常见字母组合的发音，以及发音相同的不同字母组合，通过游戏的方式帮助学生识记并形成视觉记忆。教师在使用此方法时可以通过加入新的单元主题词汇，帮助学生在学习语音知识的同时扩充词汇量。另外，教师提供给学生训练的语篇应尽量与本单元主题相关，帮助学生在熟悉的有意义的语境中训练语音能力。

2. 绕口令

教师能够采取绕口令的方法增强学生学习并分辨相似且易混淆的音素或单词的兴趣。使用绕口令的方式便于帮助学生训练发音器官的灵活度，有助于学生的发音练习。英语教师可以搜寻国内外英语教学常用的或广为熟知的绕口令。在学生练习绕口令的同时，教师辅以手势和节拍，并讲解绕口令背后的文化知识和内容含义，在音与义的关联中帮助学生练习和分辨发音。此外，教师也可以基于已有绕口令，自主或与学生合力改编，增强学生对语言韵律的感知及应用。

3. 情境模拟

节选影音作品片段或剧本是教师用来创设情境的常用途径。从语篇类型来看，影视作品或剧本有无声和有声两种表现形式。语篇中还包含丰富的符号标识。这种丰富灵活的语篇类型能够透过声音、文字和符号等多种模态传达人物的思想和情感。以多模态转换与搭配来激发学生学习语言的多重官能。这类语篇作为学生练习语音的语言材料更富表现力、感染力和趣味性，并且能够尽可能多地使每一个学生参与到实践活动。教师在采用模拟剧场的方式时可以利用不同媒介形式还原交际情境，帮助学生在情境中体会语调与说话人情感、态度之间的联系。此外，教师也可以引导学生对教材中已有语篇进行改编，在此基础上进行角色扮演。

新课标强调在有意义的语境中开展语音实践活动。在语音教学过程中，教师可设计以下活动：

（1）Minimal pair activities：教师给出 minimal pairs，然后朗读包含其中一个音节的单词，同时放映相关图片，让学生指出教师所读的对应音标（如/e/、/eɪ/）；又如，将 minimal pairs 放在语境之中，通过相似读音词汇的选择（如 today、to die）考查学生对语音的辨别及句义的理解。

（2）Communicative activities "stressed＋unstressed syllable"：通过对话呈现、教师示范或借助多媒体，让学生跟读并感受重音的表现以及不同句式的切换，最后以两人一组的形式操练对话。

（3）"Pronunciation＋activities"：以辅音丛的运用为例。教师可以呈现一组句子而后挑出其中一个短语，然后将短语中的辅音丛替换成另一个相似度较高的辅音丛，帮助学生认识发音与意义之间的联系。同理，教师也可以使用 blank-filling 练习，让学生在两个发音近似的单词中选出适合语境意义的一个。

（4）Tongue twister and chant：教师既可以根据教学内容对语言材料进行加工，自己编写绕口令与歌曲，也可以引用已有资源进行改编，或鼓励学生改编。这样既可以增添语音教学的趣味性，又能够帮助培养学生语感，感受语言的韵律，激发学生语音学习的意识和动机。

除了上述活动外，还有以下游戏可尝试：minimal pairs bingo，which one did you hear，same or different，odd one out，pronunciation maze，rhythm clapping，pronunciation pyramid，run and grab。教师可以根据活动的时间安排和趣味性需求设计语音课。

第三节　案例与解析

案例（一）：人民教育出版社 2019 年版，以下简称为"人教版（2019）"《英语》必修 2 高一 Unit 3 The Internet 语音教学设计

主题语境：人与社会——科学与技术	语篇类型：诗歌
设计教师：袁冰	
内容分析	
本单元的主题是"人与社会"。本课的话题是"科学与技术"。"Listening and speaking"末尾部分的"pronunciation"语音知识讲述的是实词与虚词在语篇中的发音特点。在示例阐之后，本部分还呈现了一首关于网络安全问题的诗歌。诗歌是采用第一人称"我"的叙事诗，用词简单，句式简洁。诗歌内容与本单元主题紧密相关，与学生的经验和生活贴近，易于理解，且对于学生思考网络使用的信息安全问题富有启发意义。	

续表

学情分析
本班学生对学习英语有较高热情,读写水平属于中上层次。学生较为活泼,愿意参与到课堂活动中来。但学生在语言学习方面发展不够全面,在使用英语口头交际方面不足。学生能够自行拼读生词,较为顺畅地朗读短文,但语调方面还需提高。学生在进入本课的语音知识学习前已经有了一定量的词汇积累,对于词类及其功能有大概的了解。

教学目标
在结束本课学习时,学生能够: (1) 理解和辨别实词(Content words)与虚词(Function words); (2) 感知实词与虚词在语音层面的区别,了解实词和虚词在语篇中的发音特点; (3) 理解诗歌内容,流畅、生动地朗读诗歌。

教学重难点及资源
教学重点:能够分清实词与虚词,并能结合已有知识举例。 教学难点:自然流畅地朗读诗歌,实词与虚词重音把握准确。 教学资源:教材、音频、黑板和粉笔。

教学过程

步骤		教学活动	设计意图	时间
复习导入				
Step 1		Teacher(以下简称 T) invites Students(以下简称 Ss) to listen to a poem. Then Ss tell what text type it is and what the poem is about after listening(T will play it twice if necessary).	音频导入本课,吸引学生注意力,帮助学生获取语篇大意。	2 minutes (以下简称 mins)
实践内化				
Step 2	Activity 1	Ss are asked to think about the title based on the main idea. And T directs them to guess what "cyber sense" means.	将语篇内容与主题相联系,猜测标题含义。	3 mins
	Activity 2	T makes Ss classify the two words in the column with examples of content words and function words presented in it. | content words | function words | | online ... | and ... |	调动已有认知经验识别词类,并进行分类。	8 mins
	Activity 3	T invites Ss to guess the difference between these two categories of words, and then illustrates the definition of content words and function words with examples.	在学生已有语言积累的基础上,深化词汇分类的意识,了解实词与虚词的含义。	6 mins
	Activity 4	Ss will listen to the poem again and try to put stressed words in the right column.	巩固理解,并练习自评,引导学生发现实词在口头语篇中的发音特点。	5 mins

续表

步骤	教学活动	设计意图	时间
迁移创新			
Step 3	T presents the first part of the poem and invites several Ss to read it aloud. Ss are supposed to think about whether they read it naturally and fluently. Then T points out the feature of pronunciation of these two categories of words.	关注实词与虚词在语篇中的发音特点,模仿朗诵。	8 mins
Step 4	Ss read the poem voluntarily, and T directs them to read better in terms of accuracy and fluency.	通过自发的语音实践活动培养语感,强化重音意识。	10 mins
Step 5 Conclusion	T gives comments on Ss' presentation and encourages them to imitate as much as possible.	总结本课所学,鼓励学生在课外继续朗读、模仿、巩固。	3 mins
Homework	Write a poem about your good online habits based on the structure of the poem on the book, then read and share your poem next class.		

【案例评述】

本堂语音课融合了听与读的微技能培养。导入部分,学生通过听总结诗歌主旨,并根据主旨猜测标题含义,判断口头语篇的类型。在实践内化部分,学生首先通过已有认知对标题词汇进行归类,在教师的指导和帮助下深化对实词与虚词的认知,并透过语音实践活动表现出来。在迁移创新环节,主要通过学生朗读和模仿以及师生点评来培养语感,增强语音中的重音意识。作业设计充分发挥了学生的自主性和创造性,与本单元主题密切关联,能够培养学生的创作能力并提高学习英语的趣味性。教学设计层层递进,在实践活动中让学生听、模仿并且说,增加学生的语音知识并培养其将理论运用于实践生活的能力。

案例(二):人教版(2019)《英语》必修 2 高一 Unit 5 Music 语音教学设计

主题语境:人与社会——文学、艺术与体育	语篇类型:歌曲
设计教师:袁冰	
内容分析	
本单元为主题"人与社会"的下属子话题"文学、艺术与体育"。本单元围绕"音乐"这一主题语境主要讨论了音乐类型及个人音乐偏好,音乐对人身心的作用。本堂课基于人教版(2019)必修 2 第五单元中的"listening and speaking"进行内容设计。"Listening and speaking"末尾部分的"pronunciation"内容是美国著名艺术家鲍勃·迪伦(Bob Dylan)的歌曲《在风中飘扬(Blowing in the wind)》的歌词节选。这首歌属于民谣音乐。歌词简单但富含哲理,启人深思。歌词采用疑问句、排比句式,结构整齐。本部分以歌曲为分析对象,展现歌曲中爆破音的吞音现象。	

续表

学情分析
本班学生英语基础较好,对学习英语有较高兴趣。学生在课外时间学习英语的自主性较强,接触原版影视歌舞类外国作品较多。部分学生有参加校内的英语类比赛和社团活动的经历。在之前的学习中,学生对于元音、辅音音标及其发音已有较为全面的了解,能够关注到口头语篇中的重音与连读现象。大多数学生可以较为流畅地交流或朗读文章。

教学目标
在结束本课学习时,学生能够: (1) 了解爆破音/p/、/t/、/k/、/b/、/d/、/g/的发音特点; (2) 能够听并分辨出口头语篇中爆破音的吞音现象; (3) 判断音乐所属类别,感知民谣的风格; (4) 了解美国艺术家鲍勃·迪伦的音乐特点,仿唱英文歌曲。

教学重难点及资源
教学重点:了解爆破音并能辨别歌曲中的吞音现象。 教学难点:学唱英文歌曲,在唱的过程中能关注其中的语音现象并正确模仿。 教学资源:教材、视频、音频、黑板和粉笔。

教学过程

步骤		教学活动	设计意图	时间
复习导入				
Step 1		T plays the song "Blowing in the wind". Ss tell which style the song belongs to.	激活学生关于音乐类别的认知,判断音乐风格。	2 mins
实践内化				
Step 2	Activity 1	Ss watch a video about the song's writer, Bob Dylan, and know about the background and the idea of this song.	了解歌曲背景知识,深入理解歌曲的创作背景及核心思想。	8 mins
	Activity 2	T hands out the worksheet with lyrics on it. There are blanks between the words, which should be the words with unpronounced plosives. And Ss are supposed to fill in the blanks.	训练学生听音、辨音的能力。	12 mins
	Activity 3	T checks the answer with Ss, and directs them to think about and find out the rules behind the unpronounced plosives in groups.	学生自主思考并探讨、发现歌曲中的吞音现象背后的规律。	5 mins
	Activity 4	T explains the rules and makes Ss list all the plosives(/p/、/t/、/k/、/b/、/d/、/g/) that they've known.	总结规律,激活学生相关的语音知识并使其系统化。	5 mins

续表

步骤	教学活动	设计意图	时间
迁移创新			
Step 3	T plays the rest part of the song, and asks Ss to write down the lyrics they hear (T will play the song for more times if necessary).	训练学生精听的能力。	5 mins
Step 4	Ss try to work in pairs to find out the plosives and mark the linking words.	回顾上一单元中的连读知识,检测学生对本单元爆破音的吞音现象的识别。	7 mins
Step 5 Conclusion	T invites Ss to sing the song and help them to improve singing.	学生仿唱,在实践中巩固、操练语音知识。	2 mins
Homework	Learn to sing the song after class, and hand in the recording through WeChat group.		

【案例评述】

本堂课以美国艺术家鲍勃·迪伦(Bob Dylan)的歌曲为教学素材,融合了语音教学与文化艺术知识的教学。本堂课以歌曲引出相关文化艺术知识,巩固上节课所学。再通过精听的方式训练学生听音及辨音的能力,使学生讨论、找寻语音现象和规律,教师在此基础上进行总结。最后师生结合歌曲的后半部分内容迁移学习,并将上一单元的连读内容一并复习巩固。教学设计逐步递进,在新知识中回顾旧知识,在语音实践活动中练习与强化。

案例(三):人民教育出版社 2013 年版,以下简称为"人教版(2013)"《英语》小学四年级下册 Unit 1 My School 语音教学设计

主题语境:人与自我——生活与学习	语篇类型:对话
设计教师:王露	

内容分析
本单元的主题"人与自我——生活与学习"。本单元围绕"学校"主题主要讨论了各类校园设施及其方位。本堂课基于人教版 PEP(2013)四年级下册第一单元内容设计。本单元"Let's spell"的部分内容是"er"发音的学习。在学习拼读过程中,学生在拼读单词"library"中的双元音/aɪ/时有困难。结合本课词汇与主题语境,在结束本单元学习后增设一堂语音课。

学情分析
本班学生英语基础较差,多数学生从小学三年级才开始接触英语,学习英语的积极性比较欠缺。学生能够使用英语与人打招呼,进行简单问答,已经学习了家庭相关的词汇与表达。在语音知识方面,经过一年半的学习,学生对拼读有了一定认识,在教师的反复训练下能够记住部分常见字母及其组合的发音。学生对于单元音发音掌握较好,但对于较复杂的双元音发音掌握欠佳。

续表

教学目标				
在结束本课学习时,学生能够: (1) 学习并巩固双元音/aɪ/的发音; (2) 理解并识记包含双元音/aɪ/发音的单词; (3) 复习巩固校园设施类词汇。				

教学重难点及资源				
教学重点:辨认并识记包含双元音/aɪ/的单词。 教学难点:区分字母 Ii 与双元音/aɪ/。 教学资源:教材、卡片、音频、黑板和粉笔。				

教学过程				
步骤		教学活动	设计意图	时间
复习导入				
Step 1		The teacher leads Ss to sing a song "In my school I can see", during which the teacher points the related pictures on PPT. The teacher stops when Ss sings "…library". The teacher takes out the card with the word "library" written on and then asks Ss to read for three times.	利用歌谣复习巩固易学词汇,引入本课主题。	3 mins
实践内化				
Step 2	Activity 1	The teacher underlines the letter "i" in the word "library" and presents card with "Ii" on it, picking some Ss to try to pronounce it. The teacher will correct them when necessary.	指出较难单词中的重要字母,练习并检测掌握的程度。	5 mins
	Activity 2	The teacher writes words bike/like/hike/fine/nine/rice on the blackboard and then asks Ss to read them aloud. Ss are supposed to find the similarity between these words. After that, the teacher presents a card with /aɪ/ and make Ss think about other words with the vowel included.	培养学生读的能力,加深学生对双元音/aɪ/的印象。	10 mins
	Activity 3	Odd one out game. Words with letter Ii but not pronounced as /aɪ/ are written between bike/like/hike/nine/nice. Then Ss are supposed to play a game with the teacher — the teacher points and Ss read the words one by one but they are supposed to keep silent when meeting the words without the vowel /aɪ/.	分辨字母 Ii 与双元音/aɪ/,帮助学生在语音实践活动或游戏中学会区别。	8 mins

续表

步骤	教学活动	设计意图	时间
迁移创新			
Step 3	Ss are divided into eight groups (each with 4 students). The teacher hands out cards to each group. On these cards are the words with or without pronunciation /aɪ/, the vowel or the combination. Ss follow the teacher to read and practice in groups.	增加双元音/aɪ/的字母组合，建立字母及发音的联系。	3 mins
Step 4	Ss use the cards to play cards game (one shows the letter or the phonetic symbol, others present the right words including it).	以游戏的形式检测对于 li 与/aɪ/的掌握程度。	7 mins
Step 5 Conclusion	Ss find out all the words in this unit including the pronunciation /aɪ/ and list the combination ones, and then give some other examples.	学生联系本课内容，总结规律，并回顾已学知识。	4 mins
Homework	Find out the words including the pronunciation /aɪ/ in this unit, and write down the Chinese meaning.		

【案例评述】

引入环节以"说唱"形式复习已学词汇和句型，既达到巩固语言知识的目的，又以轻松的方式集中学生注意力。"chant"这一形式也能够使学生初步感受语言的韵律感，为下一步的语音教学作铺垫。实践活动中将重点单词"library"标示出，以老师领读、学生跟读的方式加深学生对于双元音/aɪ/的印象；让学生自行发现所给单词发音的共同点，而后通过启发学生运用发散性思维来帮助学生领会发音特点，最后以小游戏调动学生积极性并检测学生对/aɪ/发音的掌握程度。最后借助"纸牌游戏"巩固所学，寓教于乐。本节语音课既符合语音教学的原则又使用了不同的语音教学方法，趣味性较浓，教学目标明确。教学过程辅以卡片与标示，帮助学生学习语音知识并训练学生"看"的能力。教师可利用与语音教学相关的词汇及句型自主编写或与学生共同编写 chant（吟唱），将词汇学习融入到语音学习之中。

本章小结

英语语音技能的高低直接关系到词汇、语法的学习及听、说、读、写等技能的发展。语音教学以一种潜移默化的方式贯穿于不同课型之中。教师要贯彻语音教学的原则，根据学生风格和实际水平尝试不同的语音教学方法。教师可以根据单元的主题语境设定具体的课时目标。教师可以运用多媒体技术和辅助工具尽可能还原真实的交际情境,激发学生对于语音学习的兴趣,加强学生对语音的感知,从而促进学生语音能力发展。在整个语音教学过程中,教师须尽可能采用丰富且有趣味的语言实践活动,为学生提供操练语音的机会,使学生始终保持开口说英语的勇气和信心。

参考文献

［1］程晓堂.高中英语学业质量标准研究［J］.课程·教材·教法,2018,38(04):64-70.

［2］程晓堂.课程改革背景下英语课程资源的开发和使用:问题与建议［J］.课程·教材·教法,2019,39(03):96-101.

［3］王轶普.多元环境下英语语音教学改革创新研究［M］.长春:东北师范大学出版社,2018.

［4］中华人民共和国教育部.普通高中英语课程标准(2017年版,2020年修订)［S］.北京:人民教育出版社,2020.

推荐阅读书目

［1］何超群.基于英语语音对比的听力教学研究［M］.北京:煤炭工业出版社,2017.

［2］李景娜.语音感知视角下的英语外国口音研究［M］.上海:上海交通大学出版社,2018.

［3］邹琳琳.英语语音教学理论与实践［M］.长春:吉林大学出版社,2018.

课后练习

判断题

1. 语言的三要素分别指语音、语法、词汇;语音只关乎听说技能的高低,与词汇、语法学习无关。（ ）

2. 新课标强调语音教学的开展需在有意义的情境中采用丰富多样的语音实践活动,如配音、情境表演等。（ ）

3. 语音教学内容包含了解基础的发音器官,元音与辅音,句子中的重读、强读与弱读,音的长短变化,连读和略读,语调的升降变化等方面。（ ）

4. 语音教学旨在增强学生的语音意识,提高学生的语音能力,对学生的语感培养并无意义。（ ）

5. 丰富的多模态形式能够增添语音教学的趣味性,激活学生的多重感官。模态形式越多样则语音教学效果越好。（ ）

简答题

1. 新课标强调语音意识与语音能力的培养,请简述你对二者含义的理解。

2. 结合自己的英语学习经历,谈谈语音教学所面临的困难与挑战。

3. 简要概括语音教学中常用的方法,并谈谈如何选择语音教学方法。

教学设计

请针对人教版(2019)《英语》高一必修一 Unit 3 Sports and fitness 单元中"Listening and speaking"部分的 pronunciation 内容(反意疑问句中的升调与降调,如下图),设计一份语音教学方案。教案要点包括教学目标、教学重点、教学难点、教学资源、教学步骤和作业。

> **Pronunciation**
>
> 🎧 1 Read the conversation. Decide whether the intonation of the tag questions is rising or falling.
>
> **Dave:** Wonderful gym, isn't it?
> **Jack:** Er... yes. It's great.
> **Dave:** This isn't your first time here, is it?
> **Jack:** Actually, it is. You come here often, don't you?
> **Dave:** Yep. At least three times a week.
> **Jack:** You've lost some weight, haven't you?
> **Dave:** Yes. All that fat has become muscle now. If you want to lose weight, too, I recommend using the spin bike.
> **Jack:** OK, but it won't make me too tired, will it?
> **Dave:** Maybe at first, but you'll get used to it. I used to come here every day when I first started.
> **Jack:** Oh, I don't have to come here every day, do I?
> **Dave:** No. Of course not. It's up to you, isn't it?
>
> 🎧 2 Listen and check your answers. Then practise it with a partner.

第四章
基于新课标的听说教学设计 —— Chapter 4

本章内容概览

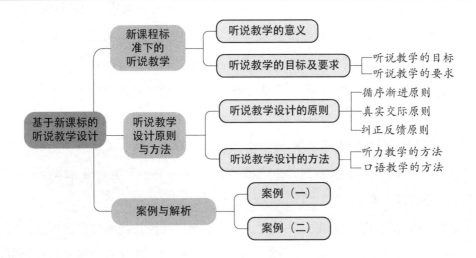

课前思考

  2017年,高考综合改革试点地区的上海高考外语科目增设听说测试。这一举措体现了外语教学对学生语言综合运用能力培养的关注。语言能力是新课标四大核心素养中的基础素养。听、说、读、写、看等语言技能是语言能力的构成部分。人类将语言用作工具首先始于口语形式,而后逐渐发展到书面语形式。人类听说能力的发展先于读写能力。因此,"听"与"说"的技能也被置于四大技能之首。那么,新课标对于听说教学提出了什么要求?针对目前英语课堂以读写训练为主的现状,教师可以采用怎样的教学方法来利用有限的时间?本章将与大家一同讨论高中听说教学的实施。

第一节　新课程标准下的听说教学

一、听说教学的意义

2014年,教育部启动对普通高中各学科课程标准的修订工作,2017年新的高中英语课程标准出版,2020年发布新的修订稿。《普通高中英语课程标准(2017年版,2020年修订)》(以下简称"新课标")指出"英语语言能力构成英语学科核心素养中的基础要素",并明确语言能力是"在社会情境中,以听、说、读、看、写等方式理解和表达意义的能力,以及在使用语言的过程中形成的语言意识和语感"。语言能力的提高蕴含其他三项素养的提升。语言能力素养的发展以英语课程内容为基础。语言技能是课程内容的六个要素之一。语言技能"具体包括听、说、读、看、写等,学生基于语篇所开展的学习活动即是基于这些语言技能,理解语篇和对语篇作出的回应活动"。通过新课标中语言能力素养与课程内容的论述可发现,听和说关乎学生的素养发展,并且必须通过课程来落实。课堂教学是课程实施的基本途径。听说教学的效果关系到学生语感的形成,还影响到学生的语言综合运用水平,关乎学生核心素养的养成。

听说教学因时代需求而显得愈发重要。日常生活中听说技能的应用比例是读写技能的数倍。全球化背景下的当代社会,国家之间、人与人之间的往来日益频繁。口头语言也凸显出其重要的工具性。听与说的质量显示出个人的语言水平和交际能力,并且对外展示着个体的文化修养,影响个人的初始印象。同时,现代社会科技发展日新月异,影音媒介形式繁复多样,对人的听说技能也提出了更高要求。在一个媒体技术迭代更新迅速的环境下,拥有良好的听辨能力和口头表达能力不但能够提高个人的信息处理能力,也能够提高交际的效率。听说教学能够通过专业系统的知识讲授和技能训练满足当代人适应社会的需求。

二、听说教学的目标及要求

(一) 听说教学的目标

听说教学涉及理解性技能与表达性技能。新课标将听说教学目标设定为:①使学生通过看、听、说活动,理解口头和书面语篇所传递的信息、观点、情感和态度等;②能利用所学语言知识、文化知识等,根据不同目的和受众,通过口头和书面等形式创造新语篇;③通过大量的专项和综合性语言实践活动,发展语言技能,为真实语言交际打基础。

根据新课标所述,新课程标准下的听说教学目标囊括了三大要点:第一,依托语篇培养学生听的能力;第二,依托语篇训练学生说的能力;第三,在英语学习活动观的指导下开展充足的听说活动,将"看"融入听说教学,还原真实的语言交际情境。

首先,"语篇"是开展听说教学的基本语言学习单位。教师欲达到听说教学的目标,首先需要加深对语篇这一语言单位的理解。语篇类型包括口头语篇和书面语篇,包括记叙文、议论文、说明文等不同文体,以及视频、音频、图片等不同模态。对听说教学而言,教师主要使用的是以不同形式和模态呈现的口头语篇,篇幅从词、句子到篇章不等。其次,听说教学的目标在于对"听"的技能的培养。教师通过听说教学帮助学生树立语篇意识,了解口头语篇的结构特征和内容,理解不同类型的语篇信息,以及语篇传达的意义、意图和情感态度。再次,听说教学旨在培养学生"说"的技能,使学生能够利用已有的语言知识——语音、词汇、语法知识,以及文化知识——中外文化、物质文化或精神文化知识,再结合语用知识,产出新的口头语篇,准确、恰当地表达个人情感、态度。最后,听说教学的目标旨在通过教师提供专门或综合的语言实践活动,帮助学生强化听、说等语言技能。换言之,教师在开展听说教学时需创设真实的情境(包括想象中的社会情境、现实中的社会情境以及教材或其他语言材料中提供的主题语境),以看助听或以看助说,促使学生尽量在真实的语言交际中运用听或说的技能。新课标从基于语篇的理解—表达—交际运用三个方面系统阐述了听说教学的目标所在。

对于听说教学目标中的技能,新课标在课程内容板块对高中必修课程与选择性必修课程两类课程的听说技能的内容要求进一步明确细化,现将其中有关听说技能内容的部分摘录如表 4-1 所示:

表 4-1 听说技能的内容要求

课程类别	语言技能	内容要求
必修	听	从语篇中提取主要信息和观点,理解语篇要义; 理解语篇中显性或隐性的逻辑关系; 把握语篇中主要事件的来龙去脉; 抓住语篇中的关键概念和关键细节; 批判性地审视语篇内容; 把握语篇的结构及语言特征; 在听、看的过程中有选择地记录所需信息; 理解多模态语篇(如电影、电视、海报、歌曲、漫画)中的画面、图像、符号、色彩等非文字资源传达的意义; 课外视听活动每周不少于 30 分钟。

续表

课程类别	语言技能	内容要求
选择性必修	说	根据交际需要发起谈话并维持交谈； 清楚地描述事件的过程； 使用非文字手段描述个人经历和事物特征； 在口头表达中借助连接性词语、指示代词、词汇衔接等语言手段建立逻辑关系； 根据表达目的选择适当的语篇类型； 根据表达的需要选择词汇和语法结构； 根据表达的需要选择正式语或非正式语。
	听	区分、分析和概括语篇中的主要观点和事实； 识别语篇中的内容要点和相应的支撑论据； 识别语篇中的时间顺序、空间顺序、过程顺序； 理解多模态语篇中非文字信息（图表、画面、声音、符号）在建构意义过程中的作用； 根据定义线索理解概念性词语或术语； 根据语篇标题预测语篇的体裁和结构； 根据语境线索或图表信息推测语篇内容； 通过预测和设问理解语篇的意义； 根据上下文推断语篇中的隐含意义； 根据连接词判断和猜测语篇上下文的语义逻辑关系； 批判性地审视语篇涉及的文化现象； 课外视听活动每周不少于40分钟。
	说	以口头形式描述、概括经历和事实； 以口头形式传递信息、论证观点、表达情感； 通过重复、举例和解释等方式澄清意思； 运用语篇衔接手段，提高表达的连贯性； 根据表达意图和受众特点，有意识地选择和运用语言； 根据表达的需要，设计合理的语篇结构； 讲话时进行必要的重复和解释； 使用语言或非语言手段预示和结束谈话。

（二）听说教学的要求

基于新课标对听说教学的目标及其对不同课程类别中听说技能内容要求的说明，新课标背景下的听说教学分别对教师与学生提出了如下要求。

首先，教师需提升自身素养和专业能力，更新教学理念和改进教学方法。教师可通过参加课程或培训，观摩线上、线下课堂，与同行交流并学习等一系列形式增进对新课标的理解，并将观摩所获在教学实践中予以尝试。在设计听说教学活动时，教师要关注微技能的培养和综合运用。在训练学生听、说能力的同时，教师要具体细化听、说过程中的微技能，如听取关键词，区别细节信息，辨别说话人的意图或态度等。听、说、读、看、写等技能常常被融合在教学活动中同时培养学生不同方面的技能。听可以与看、写结合，说也可以与听、读结合。教师可以在看、读、写的合适阶段设计听或说的活动，从而营造良好的学习情境，激发学生参与的兴趣。此外,教师在设计听说教学活动过程时要关注学生的生活经验和水平。主题与视听材料的挑选要贴近学生的实际生活和语言水平。教师可以模拟真实的生活情境创设语境,使学生能够在熟悉而有挑战性的活动中操练语言,提高听说能力。最后,教师要充分发掘课内和课外的教学资源,利用课内和课外两部分时间。新课标明确指出学生在课外需要花费30分钟或40分钟以上的时间在视听活动上。教师可以结合本单元的主题和学生语言水平,为学生提供利用率较高的课外材料,如电影、新闻、报刊等原汁原味且贴近时事热点的视听材料,来帮助学生利用课外时间学习语言,巩固和提高课上所学,同时增进学生对现代生活的了解,拓展相关的文化知识。

其次,学生应转变英语学习的观念,明确课堂主体地位,改进学习方法。新课标强调学生语言运用能力的培养。学生运用英语进行真实交际的能力不足,将无法达到语言运用能力的现实要求。学生可以从以下方面着手:第一,学生应该转变观念——英语学习不仅仅是为升学或拿文凭而必修的科目,英语学习是一项长时间累积的技能学习,关乎个人修养与前途乃至国家、社会的发展。第二,学生应主动积极地参与课堂。学生在参与课堂中的听说活动时,不能以被动姿态接受和服从,而要真正将活动与自身的生活经验相联系,"想我所看、想我所听及想我所说",分享个人经历或想法,促成师生或生生之间真实的交际互动。第三,学生应该转变学习方式和习惯,发挥老师和同学的作用,主动拓展和开展课外学习。互联网与媒体技术迭代日新月异,语言资料较之从前更为丰富且更为便捷。在课堂之外,学生可以依据课堂所学和教师、同学的建议,辅以应用软件,进一步练习和巩固听、说的能力。

第二节 听说教学设计原则与方法

一、听说教学设计的原则

听说教学需坚持循序渐进的科学原则,在注重交际原则的同时,还需关注语言环境及教学内容。在口语教学方面,更要考虑适切的交际模式及纠错时机。具体来说,听说教学应当遵循以下原则:

(一)循序渐进原则

语言学习是一个日积月累、循序渐进的过程。教师在英语听说教学过程中,要结合学生所在的学习阶段选择语篇,设计语言实践活动。首先,视听材料的选择应该由易到难,由浅入深。在听力教学的起始阶段,听力材料尽可能选择吐字清晰,语速适中的材料,避免过于夸张的语音语调对学生造成误导。同时,视听材料也要兼具多元性与真实性。语言材料的来源要广泛,尽可能涵盖到不同的主题和语篇类型,语言材料的内容尽量贴近学生实际生活和知识水平,激发学生听的兴趣和欲望。其次,在设计口语表达活动时,教师一方面需提出明确的语音语调方面的要求,并逐步为学生提供支架,以图片、符号、表格等形式辅助学生表达,帮助学生从说单词到说短语,并逐步扩展到说句子与篇章。教师在设计口语活动时也要注意到情境创设。随着听说教学的深入以及学生听说技能的提高,教师可以随之提高视听材料的难度以及口语表达活动的复杂度。

(二)真实交际原则

听说教学的目标之一是促使学生将习得的语言技能运用到真实交际中。教师在开展听说教学活动时,要尽力做到发音清晰,语调准确,以"言传身教"的方式为学生提供直接、规范的模仿对象,引导学生在潜移默化中学习和使用英语。同时,教师应为学生提供地道的英语听力素材,借助视听类智能设备模拟呈现情境,为学生搭建相对真实的会话平台,营造英语语言环境并还原真实交际情境,使学生接触不同国别、年龄、职业等背景的人的语言风格和特点。教师在此基础上进一步设计建立在交际需求上的口语表达任务,以个人、双人或小组的多样化模式组织课堂并展开训练,帮助学生将所学语言知识和技能应用到真实的交际情境中。课堂上师生之间的言语交流也应尽可能具备真实的交际意义,而非机械问答的虚假表演。教师的交流对象是学生,在课堂互动过程中需考虑学生这一听众类型的风格特点,倾听学生的想法、意见,调适表达方式和话语,在言语互动过程中提升学生的语篇及语用意识。

(三)纠正反馈原则

听和说均以"音"为媒介,听说教学过程中教师可以及时通过示范或讲解的方式予以纠正,给予反馈。对于听说过程中学生出现的语言形式错误,教师可以通过变化语调的复述来暗示学生自行纠正,也可以通过邀请其他学生作答间接纠正。对于听说过程中内容方面的错误,教师可以通过重复播放听力材料,帮助学生自行纠正理解,也可以通过提问的形式点拨,引导学生重新倾听并且思考。在学生进行口语表达时,教师需要在适当的时机插入点评,尽量不要打断学生的发言。在学生结束发言后,教师对表达过程中的语言类或知识类问题进行即时纠正。教师在点评的过程中需尊重学生,对口语展示优秀的学生要鼓励和表扬,对表现不足的学生要看到其进步的一面并继续鼓励。

二、听说教学设计的方法

明确了听说教学的基本原则,接下来需要考虑的是如何将这些原则贯彻到实际课堂中,使用可操作性的教学方法贯彻原则并实现单元或课时教学目标,最终帮助学生发展听说能力。新课标背景下的听说教学将丰富多样的模态(尤其是视觉媒介)纳入了课堂,并强调同时利用课内、课外时间。以下结合新课标提出的要求,分别从听力和口语两个方面来说明听说教学中可以具体使用的方法。

(一)听力教学的方法

教师在听力教学中可以尝试以下方法:

1. 预览题干

教师在播放听力材料之前可以提示学生浏览听力题目以及题目中的图表等非文字符号。学生在浏览完题目信息或图片后,会对听力的主题和语篇类型有了大致的了解,一方面可以减轻学生听的心理负担,另一方面也能够帮助学生了解听力的主题,做到心中有数。此外,在学生阅览听力题目时,教师应注重引导学生关注问题中出现的关键词,如人名、地名、数字、日期等信息,以及与此相同含义的 what、when、where 等特殊疑问词,让学生在听的过程中能够抓住关键词,有目的地听。

2. 语境猜测

听力材料中常常会出现生词或新知识。学生在听的过程中往往会紧张,影响听的心态。教师可以告诉学生,出现生词或新知识并不一定会影响到听的结果。首先,对于与题干内容并无关联的新单词和文化知识,教师应该提醒学生新元素只是命题人设置的一道障碍,学生应尽力做到不受其干扰;其次,对于关乎题干内容的新元素,教师也要告诉学生应对的方法。学生可以联系上下文,或根据说话人的情感态度,在语境中推测词义,结合选项进行排除,或猜测新知识与听力材料的主题是否有关联再作出判断。

3. 标记细节

生活中的真实交际过程中说话双方可以针对彼此的话语进行反复确认与核实。与真实交际不同,日常教学或英语测试中听的次数受到限制。听力教学一般要求学生在规定的时间内理解谈话、访谈、新闻等不同语篇的主旨或细节信息。这对学生听的能力提出了更高的要求。为帮助学生在有限的时间内抓住主旨大意,尤其是细节信息,教师可以让学生在听的过程中做适当记录,养成一边听一边记录的好习惯。一般而言,记录内容无需工整清晰，自己能辨认即可，记录的方式有两种：一是旁批的方式；二是使用符号标记。教师可以让学生在听的过程写下与题干相关的词汇，或是通过下划线、圆圈或箭头等符号标注核心内容，表示数量关系或因果关系。

在听力教学过程中，教师可以尝试设计以下活动，同时增加教学的有效性与趣味性：

(1) Name it——教师在课堂上可以利用某一种模态，如视频、图片、动画或漫画等呈现与单元的主题相关的视听材料，要求学生在结束观看后为短视频取一个标题、标语，或为一组图片命名，并限定描述的字数。这一方法可用在导入或结束环节，引出或升华本单元的主题。

(2) Dictogloss——教师在本单元主题意义范围内，挑选并准备一段结构完整的材料，以正常的语速读给学生听。学生在听的过程中记下笔记，然后以小组合作的形式将大家记录的信息整理为完整语篇，并在全班展示。在这一过程中，教师可以根据教学及学生需求，以不同的语速多次朗读。

(3) Listen and fill——以歌曲为例，教师选择符合单元主题的英文歌曲，呈现歌曲名中的关键词，让学生根据歌名中的关键词思考并写下相关词句。教师再将留有空格的不完整版本的歌词 worksheet 发给学生。学生依据已有信息猜测并填写空格，然后与同伴交流讨论。最后老师播放歌曲，学生自查并将歌词填写完整。这一方法可用于听前活动的设计。

(4) Drawing dictation——教师让学生两两结对。其中一个学生担当"drawer"的角色，另一个学生担当"describer"角色。充当"describer"角色的学生朗读一则材料，担当"drawer"的学生则依据自己的理解绘制图文。学生再将所绘制的图文与原文相比较，找出其中的异同点。然后二人互换角色。通过这一过程，学生可以加深对语言材料的分析、比较和理解。

(二) 口语教学的方法

教师在口语教学中可以尝试以下方法：

1. 背诵复述

背诵可用于初期阶段的口语教学，或是面向语言能力水平相对较低的学生以及用于较难理解的语言知识。背诵的操作方法直接简单。教师通过要求学生记诵句子、对话及短文等不同篇幅的语篇，帮助学生掌握语言的常见用法，培养语感。在相应的生活情境中，学生能够通过唤醒记忆将所学知识和表达方式直接应用于交际。复述相较于背诵而言，灵活性更高。教师可以让学生在理解语篇信息的基础上，自行组织语言，重现语篇信息的主旨大意。选取背诵还是复述方式，教师需要同时考虑学生的语言水平和语言材料本身的难度。

2. 模仿跟读

模仿跟读的方法旨在促使学生关注说话人的语音语调，并通过模仿形成肌肉记忆，适合于纠音训练。这也是培养学生语言意识与语感的过程。模仿的对象较为广泛。首先，教师自身是一位模仿对象。因此，教师在平时教学一定要严格要求自己，规范语音、语调，为学生树立一个理想的模仿对象。其次，教材中的影音素材也是学生模仿的对象之一。虽然课本所使用的影音资料经过了人为处理，其真实性受到影响，但对于学生而言依然是一个便于重复利用的素材。最后，课外影视资源也可供学生模仿。教师应该注意的是，现代社会信息载体丰富，信息量大，教师需选择适合学生水平且原汁原味的视频、音频供学生跟读或模仿。

3. 替换情境

替换情境的方法旨在借助语境培养学生的语用意识。替换情境要求教师具备一定的创新意识和创新能力，并培养学生创造新语篇的能力。教师可以创设情境，要求学生将对话型语篇转为报道型语篇，或是将邮件、短信等新媒体语篇转变为对话或访谈。书面语篇可以转化为口头语篇。教师应该深入挖掘教材内容，利用不同文本类型，组织学生讨论和创作，激发学生改编语言材料和创造新语篇的动机和兴趣，使学生通过口语活动予以展示。

4. 演讲辩论

演讲或辩论属于较高水平的口语活动，这类教学方法对于学生的文化基础和思维品质要求较高。教师在使用此种方法教学时，应该明确规则，尽可能细化教学步骤，组织课堂，并为学生提供充足的素材。一般而言，演讲或辩论的主题需与本单元主题保持一致，作为对本单元主题学习的巩固和升华。在演讲或辩论开始前，教师可以利用头脑风暴的方式开阔学生思维，增加学生的语言输出。在演讲或辩论进行时，教师应该提醒学生有效利用思维导图，记录主要观点和证据，促进口语表达的准确性和流畅性。在演讲或辩论结束后，教师可以采取教师评价、学生自评和学生互评等多种方式，依据统一的评价标准（如语音、语调、内容、礼仪姿态等多个方面）对学生的表现给予反馈。

在口语教学过程中，教师可以尝试设计以下活动增添教学形式的丰富性和趣味性：

（1）Find someone who——教师提供一张名为"Find someone who"的调查清单，让学

生在班级范围内尽可能多地找到符合清单要求的人。在开始游戏前,教师需要向学生说明与他人礼貌得体的交流方式以及提供交谈过程中会使用的句型,并提醒学生在空白处写下符合清单不同项要求的学生的名字。游戏结束后,学生根据调查结果向教师或学生作简要的汇报。这一方法适用于强调词汇、语法等方面的口语练习中。

(2) Comic strip description——教师以教材中的漫画、图片为素材,通过删去其中一幅图来建立信息差,再要求学生猜测并描述图片内容。教师也可以打乱图片顺序,而后让学生通过小组活动重组图片顺序并讲述故事("Chain story")。

(3) Interview——教师选择一个开放性话题,让学生写下与此话题相关的几个问题。学生询问至少五个人关于此问题的答案并做好记录。然后通过采访所得综合参考收集到的信息,表述对话题的理解以及个人观点。

(4) Talk for one minute——教师根据不同阶段学生的认知水平挑选话题,并结合本单元的主题。教师要求学生基于所给话题进行限时自由表述。此类活动属于头脑风暴的一种,教师可以将其安排在口语输出的准备阶段或产出阶段,区别在于对学生语言表达的流畅性与准确性要求的侧重点不同。

第三节 案例与解析

案例(一):人民教育出版社 2016 年版,以下简称"人教版(2016)"《英语》选修 7 高二 Unit 2 Robots 听说课教学设计

主题语境:人与社会——科学与技术	语篇类型:访谈
设计教师:袁冰	
内容分析	
本单元的主题为"人与社会"下属子话题"科学与技术"。本单元围绕"科技"主题主要讨论了科学发展与信息技术创新及其背后的伦理。本堂课结合了人教版(2016)选修 7 第二单元"Listening & speaking"部分的思想和 workbook 中"Listening task"部分的内容,并加上相关的课外视频资源,设计了一堂视听说课。Listening task 是 workbook 的第一部分,听力内容为一则采访,对话者针对机器人宠物(robot pets)及其功能展开了讨论,语篇简短,谈话内容比较简单。Listening & speaking 是 Using language 的一个部分,在 Reading 与 Learning about language 之后。听力内容是一则对话,会话双方针对阅读"Satisfaction Guaranteed"中讲述的故事,表明了各自的态度及展开了机器与人之间差别的讨论。本部分内容包括了机器人的类型和功能方面的信息,以及对于机器人制造这一话题的批判性思考——机器人发明中的科学精神及其背后的伦理问题。访谈内容涉及功能和个人观点的表达句型以及科学技术相关的语言知识。	

续表

学情分析
本班学生英语水平一般,但学生较为活泼,学生的思维比较活跃,偏好动手做任务,有一定的创新积极性。学生能够听懂并理解一般会话,但对学习生活中出现频率较低的词汇与句型反应和理解较慢,学生的语言知识储备比较局限。在进入本堂课学习之前,学生在阅读部分已经开始有关机器人的思考,对于技术发明与创新有了进一步的认识,但分析问题并不全面,在发表个人观点时较为零碎。学生已经积累了有关机器人功能表达的词汇和句型,但对于机器人的类型了解不全。通过前面几节课的学习,学生对于机器人与人的关系产生了较为浓厚的兴趣,对于机器人背后的设计意图和隐藏问题有较为强烈的好奇心。

教学目标
在结束本课学习时,学生能够: (1) 条理清晰地表述个人观点,并能够说明依据; (2) 对机器人的分类及其功能有一个较为全面的了解,能够辨认机器人的种类,描述机器人的部分功能; (3) 推测机器人设计背后的意图,表述个人观点; (4) 尝试评价设计方案,并说明依据。

教学重难点及资源
教学重点:分析和描述机器人的种类、功能及其优缺点。 教学难点:推测、猜想机器人设计背后的意图或问题。 教学资源:教材、视频、图片、黑板和粉笔。

教学过程

步骤		教学活动	设计意图	时间
复习导入				
Step 1		T posts a question to have Ss brainstorm: When we talk about robots, what words will you think of? After the brainstorm, Ss look at the pictures in PPT or on the workbook and think about what kind of robots they are and what they can do.	利用头脑风暴,导入主题,激活学生已有的关于机器人的知识。通过观察图片增进对机器人种类的了解,并输入"功能"类的词汇和句式,为听作准备。	3mins
实践内化				
Step 2	Activity 1	T asks Ss to listen to the interview and number the pictures. Then Ss listen again and fill in as much of the tables as one can on the workbook. Then Ss exchange their notes and work together in pairs to add more details.	听主旨大意,匹配图片,了解服务于不同行业领域的机器人的种类和功能;听并记录关键信息,学生通过互评进一步理解访谈内容。	5mins
	Activity 2	T asks Ss to discuss in groups and find out positive and negative aspects of each robot and then fill in a table to summarize and compare kinds, functions and strength and weakness of different robots.	结合所记录的信息,讨论并思考机器人的优、缺点,深化对机器人设计的认识。	6mins

续表

步骤	教学活动				设计意图	时间
	Kinds	Functions	Positive aspects	Negative aspects		
Activity 3	T plays a news broadcast about latest robot technology and post questions: Do we humans really need robots? Why? Do robots have rules to follow like us? Ss watch the video and tell the main idea. Then they analyze the necessity of building and using robots and discuss the (ethical) rules behind building robots.				在分析机器人优缺点的基础上,借助新闻视频,进一步激发学生对于机器人背后伦理问题及其本质的思考,发展通过看、听来获取不同模态所承载信息的能力。	6 mins
Activity 4	Ss listen to the recordings again and write down useful expressions of this topic: I think/I believe/I guess/I don't believe/I wonder/I doubt/I suppose/Maybe/I don't think …				引导学生关注表达个人观点与看法的词汇与句式,为输出作准备。	6 mins
迁移创新						
Step 3	T invites Ss to design a robot pet for themselves. Ss draw a simple picture with illustrations beside it including information about what it is for, what it can do and what rules it is meant to follow.				将关于机器人的认识与思考体现在设计方案中,运用线条符号和文字等模态传达信息。	10 mins
Step 4	Ss exchange their design plan with each other. And each one give opinions, comments or suggestions on the design plan. Ss are supposed to take notes about others' opinions.				同伴互评,分析对方方案的优缺点,表达个人观点和建议。	6 mins
Step 5 Conclusion	T asks Ss to give a mark based on creativity and feasibility of the design plan (including functions, rules, cost, etc.), and choose three most popular plans with Ss.				参考他人意见,记录关键信息,深化关于机器人创新发明的认识。	3 mins
Homework	Revise your design plan and post it on the classroom wall for exhibition. Choose one design that you like best, then write down reasons on the note put beside the design.					

【案例评述】

　　本堂课整合了 workbook 部分与听说部分的内容和思想,并在教学环节充分利用丰富的模态如图片、简笔、视频等,将看、听、说融合为一体教学。导入环节通过观察图片和头脑风暴激发学生已有知识与经验,训练学生的读图能力,为精听作好语言及文化方面的准备。听中环节学生会听一至三遍,第一遍做图片匹配,熟悉对话;第二或三遍则结合表格针对听力材料的内容完成提要任务,并通过笔记互评的方式全面、深入理解访谈内容;在听后环节,学生围绕访谈中所提到的四种机器人展开讨论,重点分析机器人的优缺点。此后,教师分享一则关于机器人创新发明的新闻,帮助学生开阔思维,思考机器人创新发明后的伦理问题。在此过程中,教师要求学生记录本课关键句型,为迁移输出作准备。在创新环节,学生结合听力内容以及关于机器人伦理方面的思考,自行设计机器人宠物,并展开互评活动。整个教学设计比较顺畅,目标与要点清晰。三个环节的活动设计层层递进,体现了学习理解、应用实践、迁移创新三类活动的关联与递进以及"教—学—评"一体化的活动设计理念。

案例(二):人教版(2019)《英语》必修 2 高一 Unit 3 The Internet 听说课教学设计

主题语境:人与社会——科学与技术	语篇类型:对话
设计教师:袁冰	

内容分析
本单元的主题为"人与社会"下属子话题"科学与技术"。本单元围绕"科技"主题主要讨论了互联网技术给人类生活带来的影响。本堂课基于人教版(2019)必修 2 第三单元中的"Listening and talking"进行内容设计,并且将单元结束部分"Video time"中有关 social media 的辩证思考融合在内,综合成一节视听说课。在"Listening and talking"部分之前,"Listening and speaking"和"Reading and thinking"部分已经呈现和探讨了用网习惯、互联网使用及其影响、信息安全等内容。教材本部分的听力材料是两位学生围绕"如何选择最好的 app"展开的会话。说话双方分别描述了健身 app 与理财 app,并就其选择展开了讨论,表达了各自的意图和态度。听力材料中涉及预测、猜测、判断方面的表达句型,对话双方依据自己的需求以及 app 使用方面的特点,运用相关句型描述和评价一款 app。

学情分析
本班学生英语基础较好,对学习英语有较高兴趣。学生能够运用英语比较清楚、规范地表达自己的观点,能够较为顺畅地与同伴交流。经过之前课堂的调查和学习发现,学生在课下使用网络的时间较为频繁,对于电子设备的使用以及各种 app 有广泛的了解。但对于如何合理利用互联网以及选择有益于自己学习和生活的应用软件,学生还缺乏深入的分析和思考。学生在互联网方面的兴趣十分浓厚,但对于如何理性选择和使用应用软件还需要引导。

教学目标
在结束本课学习时,学生能够: (1) 理解并运用预测、猜测、判断方面的词汇和句型,如 guess、suppose、might、believe 等;

续表

(2) 描述一款具体的 app,包括其用途和特点;
(3) 比较并选择下载某一款交际类 app,以促进小组沟通和学习;
(4) 深入思考并理解"最好的 app"的含义,能够从风格和用途等不同角度思考并选择符合需求的 app;
(5) 能够交流、探讨最优方案,陈述选择的依据,辩证看待技术软件并使其服务于自身的学习和生活。

教学重难点及资源

教学重点:能够分析和比较不同的 app 的使用方法和特点,并对其进行描述。
教学难点:学会如何正确利用应用软件,并结合需求作出最佳选择。
教学资源:教材、视频、音频、黑板和粉笔。

教学过程

步骤		教学活动	设计意图	时间
复习导入				
Step 1		T posts a question: In order to make your group study work better during the coronavirus outbreak, which app do you think is the best for group communication after class? Ss think about the question and voice out their answers.	利用视频创设情境,导入主题,激活学生已有的关于交流类 app 的认知和经验。	2 mins
实践内化				
Step 2	Activity 1	T invites Ss to watch a video of a teacher asking his colleagues for recommendations about apps for communication; Ss work in pairs and list apps mentioned in the video, and then figure out the considerations, and then tell T by using sentence patterns in the video: I guess/imagine … It might … I believe/suppose …	训练学生看视频并提取关键语言信息的能力,同时使其对本堂课相关句型的含义与使用具备一定印象。	8 mins
	Activity 2	T asks Ss to skim the exercises on Page 31 and try to guess what kind of app each one wants; Ss skim the exercise on Page 31 and answer the question; T ask Ss to listen to a conversation between Laura and Xiao Bo and finish Exercises 1&2 on Page 31. Ss listen to the recordings and finish the Exercise 1 (fill in the blanks) and the Exercise 2 (T/F) on Page 31.	培养学生的预测能力,增强学生对口头对话中细节信息的获取能力。	12 mins
	Activity 3	Ss listen again and finish the Exercise 3 on Page 31 and figure out Laura's and Xiao Bo's choices.	依据对话内容,判断人物态度和意图,结合说话者的意图和态度加深对 guess、suppose、believe 等词汇的理解。	5 mins

续表

步骤	教学活动	设计意图	时间
Activity 4	Ss make a table about their considerations and choices. | | purpose | considerations | choice | |---|---|---|---| | Laura | | | | | Xiao Bo | | | |	启发学生关于应用软件的辩证思考,并培养学生使用表格总结归纳口头语篇信息的能力。	5 mins
迁移创新			
Step 3	T asks Ss to rethink about the apps for group communication mentioned in the video and form groups based on the same opinion about one particular app.	由对话二人关于 app 选择的谈论转移至真实学习环境对于 app 的需求和选择,引导学生讨论并分享各自的思考角度。	5 mins
Step 4	Ss have a debate and decide which one is the best to choose.	进一步帮助学生认识并描述 app,深入分析和思考应用软件的特点和使用。	7 mins
Step 5 Conclusion	T summarizes what should be taken into consideration when choosing an app and what is the best app, and then decide on the app for the group communication after class based on the result of debate.	总结本课所学,巩固学生对于如何选择最好 app 的思考。	2 mins
Homework	Option 1: Write a blog post to record your experience using the app and send a feedback to the background; Option 2: Talk with your group members about your feelings towards using app, and rate with ☆ on the app platform.		

【案例评述】

本单元的主题语境贴合当代高中生的实际生活,教学设计着重于引导学生如何在智能时代合理利用互联网,辩证看待各类应用软件。本堂课以学习生活需求直接导入,并以真实的访谈录像引出本堂课学生需要解决的问题,使学生对某一个类型的 app 有一个整体印象。然后通过听力中的谈话提取和输入语言知识,为之后描述用途和特点,表达个人猜想作铺垫。教学设计在看的环节要求学生得出主要信息并进行简单总结。在听的过程中,教师训练学生听取细节和说话人意图的能力;在说的环节,教师要求学生运用所学句式预测、猜测并描述 app 的用途与特点,最终作出最佳选择。教学过程均考虑到了对学生微技能的训练,将培养看、听、说不同语篇模态的要求落实到课堂的对应环节。在作业设计中基于学情,体现了分层教学的个性化设计。整个教学设计体现了教师对新教材的解读和处理能力,在设计任务时尽可能保持了任务的真实度,并在互动活动中表现出对学生解决问题能力的培养和提升思维品质的关注。

本章小结

本章内容基于听说教学的一般原则和方法以及师生应该如何准备等问题,在突出强调"语篇"的新课标背景下,结合实际课例具体探讨了教师如何设计教学并开展听说教学活动。"听"属于理解性技能。教师可以通过预测、设置情境、头脑风暴以及带具体目的听或看这几种方式帮助学生获取信息,从而提高听的教学效果。"说"属于表达性技能。常见口语活动的开展形式包括个人活动、结对活动、小组活动等。通过这些活动,教师可以帮助学生增强英语表达能力。本章针对听与说的能力培养介绍了具体可操作的方法和活动,供广大外语教师参考。教师需注意的是,听、说、读、看、写等语言技能常常以融合的形式教学,如听与写、听与说、看与说相结合,或看、听、说融合教学。

参考文献

［1］梅德明,王蔷. 普通高中英语课程标准(2017年版)解读［M］. 北京:高等教育出版社,2018.

［2］中华人民共和国教育部. 普通高中英语课程标准(2017年版2020年修订)［S］. 北京:人民教育出版社,2020.

［3］上海市教育委员会教学研究室. 高中英语单元教学设计指南［M］. 北京:人民教育出版社,2018.

推荐阅读书目

［1］范文芳,庞建荣. 英语听说教学论［M］. 南宁:广西教育出版社,2018.

［2］刘爱华. 英语听力教学及测试研究［M］. 北京:中国商务出版社,2018.

［3］Fleming M, Stevens D. English Teaching in the Secondary School［M］. London: Continuum Publishing Corporation, 2015.

课后练习

判断题

1. "看"通常是指利用多模态语篇中的图形、表格、动画、符号以及视频等理解和表达意义的技能。
（　　）

2. 基于新课程的听说教学关注的是语言技能的发展,不涉及文化意识、思维、认知策略等方面的学习。
（　　）

3. 在听说教学设计中,教师可以采取 name it、dictogloss、find someone who 等活动来帮助学生培养理解性技能和表达性技能。   (   )

4. 高中学习时间紧张,高中生英语听说能力的提高主要依赖于课堂上师生与生生之间的反复练习,而课外时间主要用于读写训练。   (   )

5. 教师在选择视听材料时既要考虑语言与情境的真实性,也要考虑学生当前的语言水平。语言地道的视听材料不一定适合学生当前的学习阶段。   (   )

简答题

1. "语篇"是新课标课程内容六要素之一。语篇有不同模态和不同的文体形式。请列举常见的口头语篇类型。

2. 简要陈述听力"微技能"所包含的技能内容,并试着说明微技能教学的方法。

3. 基于表 4-1,概括说明语篇知识在"说"这一技能内容要求中的体现。

教学设计

1. 以下内容为一则听力文本,思考并分析材料的主题及语篇类型,然后设计一份视听说教学方案。教案要点包括教学目标、教学重点、教学难点、教学资源、教学步骤和作业。

John: Mary, do you know how to bathe a bird?
Mary: Well, washing a bird is necessary so that it will keep away from dirty. If you've never heard of washing a bird, don't worry, it's not hard.
John: Oh, it's very nice of you.
Mary: First, check the weather to ensure that it's sunny and warm; you wouldn't want to wash and get a poor bird all wet in the cold weather! Second, select a bathing container, ensure that the container is just wider than the bird, but deep enough to be half full and still submerge each bird entirely, except for the head. This keeps the bathwater from displacing and spilling over. A narrow container also retains their flapping, which is important to reduce panic and mess. Then, you can towel-dry it carefully by putting a dry bath towel and pressing without rubbing—simply pat very gently. The bathing should keep a shorter time because the bird does not like dampness.
John: Thank you, I really learn a lot.

---

2. 基于上海教育出版社 2020 年版《英语》必修一 Unit 4 My space 单元中"Listening and speaking"部分,结合课本习题设计一份听说教学方案(听力文本如下)。教案要点包括教学目标、教学重点、教学难点、教学资源、教学步骤和作业。

(Part I)
Presenter: ... and so please welcome child psychologist Marlene Knight, author of the book called *Whose house is it anyway?* She is going to talk about sharing space and responsibilities with our children.
Marlene: Thank you very much ... OK, so I'm going to start with household chores. In some homes, parents and their children often argue about chores and who should do them. Let's look at some strange but true facts ... A recent survey of 11-to-16-year-olds found that 35% never prepare meals, 63% don't do the ironing and 75% never load a washing machine or clean the bathroom. Many children ...

girls and boys... don't even make their bed before they go to school. What does this mean? Are kids lazy or just too busy? Should parents ask them to do more?

(Part II)

Marlene: Some people point out that today's kids have more homework and have less time to do jobs around the house. Teenagers in particular won't have much energy since their bodies and brains are developing very quickly, and that can be tiring...

Kids also say, "It's not my house. Why should I clean it?" Well, they use it, and if they don't learn how to do basic chores like cooking and cleaning, how can they look after themselves when they leave home? Helping with chores is training in basic survival kills. It's also a good way to remind children that they are part of something bigger than themselves — the family. And, by giving them some responsibility, you're also telling them that you trust them, and that increases their confidence. But it's tricky to get children to do chores.... And most kids only like to do things that help them, or give them something back immediately. The best way to deal with this is to make some house rules, and also point out some of the long-term benefits: studies show that children and teenagers who help around the house are happier and have better family values. When they take out the rubbish, lay the table or clean the floor, they are actually learning how to become more helpful members of society.

So, my message today is this: don't teach your children to be lazy. Start good habits early, and help them become good and responsible citizens in the future.

第五章
基于新课标的阅读教学设计　　　Chapter 5

本章内容概览

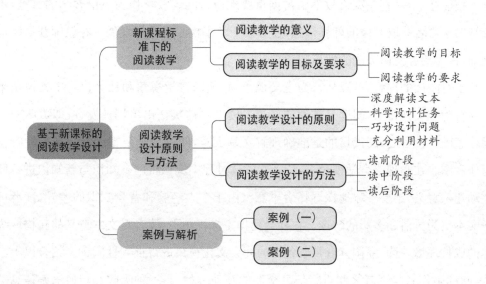

课前思考

　　阅读作为英语学习的五大技能之一,一直在英语教学中占据重要地位。英语阅读能力是英语学习者发展其他语言能力的重要基础。阅读教学不仅有助于语言学习者增长知识,提高兴趣,而且也会提高其抽象概括、归纳综合、逻辑思维、理解记忆等方面的能力。但在传统的英语教学中,阅读教学仍处于浅层次阅读的状态,一些教师仍把阅读教学看作是语法教学、句法教学,较少关注语篇的深层含义和学生思维能力的发展。随着新课程改革的不断深入,如何打破传统阅读教学的思维定势,帮助学生发展核心素养的问题亟需解决。那么,请同学们思考一下:新课标对阅读教学有什么新要求?教师应该如何看待阅读教学?阅读教学方法有哪些?我们又该如何落实"英语学习活动观"?本章将基于新课标的理念来详细解读阅读教学背后的秘密。

第一节　新课程标准下的阅读教学

一、阅读教学的意义

《普通高中英语课程标准(2017年版,2020年修订)》(以下简称为"新课标")提出"听、说、读、写、看五项语言综合技能,其中听、读、看属于理解性技能,说和写是表达性技能。语言技能是学生与外界进行交流的重要形式,也是语言运用能力的重要组成部分"。阅读作为五大技能之一,一直在英语教学中占据重要地位。阅读教学作为英语教学的重点,不仅能够帮助学习者获取有效的外界信息,还有助于学生核心素养的发展。在教师开展阅读教学之前,首先要弄明白阅读的性质和意义。

关于对阅读的理解,可以从行为主义视角、心理语言学视角和社会建构主义视角来解读。在行为主义视角下,阅读是被动的过程。读者只需辨认出单词及发音,即可明白作者的写作意图。换言之,阅读目的是准确理解文章大意,阅读教学要帮助学生准确理解作者的写作意图。在心理语言学视角下,读者在阅读过程中应该将已有知识与新知识进行联系并主动建构意义,不要一味地探寻作者本意。由于个人经验和背景知识的差异,读者可以赋予文本更为鲜活和多彩的解读。在社会建构主义视角下,读者对文本意义的建构取决于个体的成长环境,"读"强调读者带着各自的社会文化视角进行批判性阅读。结合以上三种解读,阅读是作者与读者之间进行信息交流的互动过程,是一种吸收和转换语言信息的心理过程,是对信息进行加工与筛选,使其与读者头脑中已经存储的信息相互联系和重新组织的过程,其重要性体现在英语学习与教学的方方面面。

在传统的阅读教学课堂中,阅读教学重句法而轻语篇,忽略学生提取信息、解决问题能力的培养。教师的权威地位使得教学过程缺乏师生互动,以学生为中心的阅读教学难以实现。语言与文化相脱节的教学内容使得学生过于关注表层信息,思维能力难以发展。新课标下的阅读教学强调教师应关注阅读教学存在的真正意义,阅读教学要以语篇为依托,如何基于主题意义设计教学活动,需要每位教师进行深度思考。

二、阅读教学的目标及要求

(一) 阅读教学的目标

- 从语篇中提取主要信息和观点,理解语篇要义;

- 理解语篇中显性或隐性的逻辑关系；
- 把握语篇中主要事件的来龙去脉；
- 抓住语篇中的关键概念和关键细节；
- 理解书面语篇中标题、小标题、插图的意义；
- 辨认关键字词和概念以迅速查找目标信息；
- 根据语篇标题预测语篇的主题和内容；
- 批判性地审视语篇内容；
- 根据上下文线索或非文字信息推断词语的意义；
- 把握语篇的结构以及语言特征。

（二）阅读教学的要求

新课标对阅读教学的具体要求作了详细的阐述，现将高考要求的必修与选择性必修部分中对语篇知识和语言技能中"读"的要求摘录总结如下，如表5-1所示：

表5-1 阅读教学的语篇知识和语言技能中"读"的要求

课程类别	语篇知识内容要求	语言技能内容要求
必修	记叙文和说明文语篇的主要写作目的以及这类语篇的主要语篇结构特征； 日常生活中常见应用文的基本格式、结构及语言特点； 新闻报道的常见语篇结构、标题特征和语言特点； 语篇中的显性衔接和连接手段； 语篇中段首句、主题句、过渡句的作用、位置及行文特征； 语境在语篇理解和语篇产出过程中的作用； 语境与语篇结构、语篇内容的关系，比如，通过语境预测语篇内容，通过语篇的内容推测语篇发生的语境。	从语篇中提取主要信息和观点，理解语篇要义； 理解语篇中显性或隐性的逻辑关系； 把握语篇中主要事件的来龙去脉； 抓住语篇中的关键概念和关键细节； 理解书面语篇中标题、小标题、插图的意义； 辨认关键字词和概念以迅速查找目标信息； 根据语篇标题预测语篇的主题和内容； 批判性地审视语篇内容； 根据上下文线索或非文字信息推断词语的意义； 把握语篇的结构以及语言特征； 识别书面语篇中常见的指代和衔接关系。
选择性必修	散文、诗歌、广告、访谈等语篇的主要目的以及这些语篇类的语篇结构特征； 论文语篇的主要写作目的及其主要语篇结构特征和论证方法； 文学语篇的写作风格和语言特征； 正式与非正式语篇、口头与书面语篇的语言特征及差异； 语篇中的信息组织方式。	识别语篇中的时间顺序、空间顺序、过程顺序； 根据定义线索理解概念性词语或术语； 根据语篇标题预测语篇的体裁和结构； 根据语境线索或图表信息推测语篇内容； 通过预测和设问理解语篇的意义； 根据上下文推断语篇中的隐含意义； 根据连接词判断和猜测语篇中上下文的语义逻辑关系； 批判性地审视语篇涉及的文化现象； 区分、分析和概括语篇中的主要观点和事实； 识别语篇中的内容要点和相应的支撑论据。

在英语阅读教学中，教师应当帮助学生建构语言知识和文化的新概念，分析和判断信息之间的逻辑关系，并能够创造性地表达自己的观点、态度和价值观，初步具备应用英语进行独立思考、发散和创新思维的能力。此外，教师要以人为本，认真把握阅读教学要求，有计划、有目的地用好英语教材，精心设计，合理引导，通过有效的阅读教学来发展学生的交际能力，注重培养学生的阅读策略，以达到教学效果的最优化。

综上所述，新课标下的阅读教学更加关注以主题意义为引领的阅读教学，教师应在调动学生已有的基于该主题的经验，帮助其建构和完善新的知识结构的同时，以解决问题为目的，深化学生对该主题的理解和认识，使其能够依托不同语篇在分析和解决问题中促进自身语言知识、语言技能、文化内涵、多元思维和学习策略等方面的发展（程晓堂，2018）。针对不同语篇帮助学生为语言学习提供文本素材。在加强语言技能的同时，帮助学生有效选择和使用策略，使其形成自主阅读的学习能力。英语学科核心素养是阅读课教学设计的理论指导和方向，教师要围绕英语学习活动观梳理语篇细节，概括整合信息，围绕主题和所形成的新知识结构开展语言实践活动，理解和评价作者的态度和语篇的深层内涵，最终引领学生语言能力、文化意识、思维品质和学习能力的融合发展。

第二节 阅读教学设计原则与方法

一、阅读教学设计的原则

英语阅读教学设计一般需遵循趣味性、互动性、任务性、适切性和灵活性等原则。趣味性指阅读材料生动有趣；互动性指教学环节师生交互；任务性指阅读活动要围绕一定的任务展开，阅读任务不是测试学生对细节的把握，而是注重技能的培养，鼓励学生用选择、理解的方式学习内容；适切性指阅读水平和练习要紧贴学生认知；灵活性指阅读材料不局限已有材料。基于新课标对阅读教学的要求，还应该注意以下原则：

（一）深度解读文本

文本解读即"备教材"，是教师与文本之间的"对话"，是开展教学设计的基础，也是决定阅读教学有效性的重要一环。教师要充分关注学生对教学材料的解读，在解构文本的基础上建构学生的学习。新课标推荐教师从尝试回答"what、why 和 how"这三个问题入手，开展文本解读。"What"关注语篇的基本意义，包括主旨、基本内容和知识结构。教师要考虑学生对主题信息的梳理和整合情况，帮助学生形成结构化知识，建立起知识之间的逻辑，以及知识与语言之间的有机关联,从而为学生内化知识和实现连贯表达奠定基础。"Why"关注语篇写作目的,作者或说话人希望传递什么观点,引发何种思考或价值观讨论。教师要引导学生基于主题,分析论证和批判评价语篇传递的价值及其背后的意义,从而生成对主题新的认知和态度。引导学生联系自我和实际生活,提出并论证解决问题的新思路,为理性表达观点和态度作好铺垫。"How"反观语篇"是怎样写的"或"如何组织的",即文章是如何围绕主旨组织和安排素材的,重点关注语篇的文体形式、内在信息和观点的逻辑关联。教师要引导学生关注语篇的文体特征、语义衔接和信息组织方式,同时探寻文字背后的深层含义和语言特点,从而为加深对主题意义的理解和实现结构性表达提供支持(王蔷,2019)。

(二)科学设计任务

任务设计科学性指在阅读教学过程中,教师应针对不同的阅读材料,设计科学的阅读任务。主要包括:一要根据材料内容设计与学生经验相匹配的任务,学生才能在完成与内容相匹配的任务中结合自身经历,有身临其境之感;二要明白任务设计重在提高阅读技能,而非测试阅读理解;三要注重任务设计的层次性,应由浅入深,环环相扣,最终帮助学生逐步掌握课文主旨。新课标提出英语学习活动观,这对阅读任务的设计指明了方向。在阅读教学中,教师要设计三种层次的阅读活动:一是学习理解类活动,二是应用实践类活动,三是迁移创新类活动。教师只有科学合理,由浅入深,层层推进阅读任务,才能使得阅读教学高效化、有序化。

(三)巧妙设计问题

设置问题是检验阅读教学质量和效率的主要手段,是帮助学生理解、赏析文章的切入点。问题的设置应做到以下三点:①激趣乐读。问题设置要唤起学生丰富的情感体验,有效激发学生的阅读兴趣,形成其对阅读内容知之、好之、乐之的心理体验。②启发思维。问题是启发学生思维的基本方式,它可以创设思考情景,启发思路,提供思索空间,培养学生的思维品质。③反馈信息。学生对问题的回答有助于教师及时了解学生对阅读内容掌握的差异程度,使教师及时调整教学方法,有针对性地实施教学。

(四)充分利用材料

充分利用材料指对所选择的阅读材料要穷尽价值。优秀的教师会充分挖掘材料,任何阅读文本都是由句型、单词、主题等构成。在阅读教学中,教师不应将阅读材料局限于学生的阅读，而是运用于其他方面，比如运用材料进行课堂讨论，提出问题，学习并运用语言等。教师应充分整合阅读材料，进行逻辑重组，借助相关话题和语言知识帮助学生进行深层学习。需要注意的是，充分利用阅读材料的前提是阅读材料本身质量较高，能够加以利用。

二、阅读教学设计的方法

（一）读前阶段

读前阶段是阅读教学环节顺利开展的基础，教师可以通过激活背景知识、培育阅读兴趣、扫除语言障碍、预测文本内容等方法开展阅读教学设计。

1. 激活背景知识

背景知识指学生掌握的各种知识，包括语言知识、文化背景知识和学生的经历与经验。丰富的英语文化背景知识能促进学生英语阅读能力的提高，缺乏背景知识可能导致阅读理解困难与误解。读者的读前背景知识主要有三种情况：第一种是与所要读的文本内容类似；第二种是与所要读的文本内容相冲突；第三种是读者不具备所要读的文本的背景知识。

在心理学领域，背景知识就是读者脑海中的图示。格式塔心理学的研究成果代表——图式理论表明：新的经验只有同记忆里相同经验的模式相比较才能被大脑理解。图式就是存在于记忆中的认知结构或知识结构，通常包括内容图示和形式图示，即读者对涵盖社会、文化、政治、经济、风俗习惯等原有知识的构建。激活学生的背景知识可以弥补学生词汇量的不足。在读前阶段，教师要帮助学生搭建现有知识与新知识间的桥梁，常见的方法有直接翻译法、提问法、讨论和辩论法及语义导图法。阅读是极为复杂的信息加工过程，教师应灵活运用各种方法，激发学生的背景知识，达到事半功倍的教学效果。

2. 培养阅读兴趣

兴趣是人认识某种事物或从事某种活动的心理倾向，它是以认识和探索外界事物的需要为基础的，这种倾向总是伴随着较为良好的情感体验，是推动人认识事物、探索真理的重要动机。学生的阅读目的、态度、动机等会影响阅读理解。兴趣是最好的老师，布鲁姆（Bloom）曾表示学习的最好刺激就是对所学材料的阅读兴趣。阅读兴趣的提高有助于让学生变"要我学"为"我要学"。

教师可以通过以下几个方法来培养学生的阅读兴趣：①充分利用各种教具、实物、图片、幻灯片等作用于学生感官,让学生对知识产生形象化认知,最大限度地激活学生的趣味意识;②设计趣味性导入,如利用音乐、表演、视频、故事等创建引人入胜的教学情境,活跃课堂气氛,激发学生内心的好奇感,产生探究、实践、求知等学习意愿;③积极给予正面反馈。兴趣的大小在一定程度上取决于成功的体验,教师应帮助学生制定合理、恰当的学习目标,并及时指导、鼓励,确保每位学生都有获取成功的机会,品尝成功的喜悦。

3. 扫除语言障碍

词汇是造成学生阅读困难的主要因素之一。在读前活动中,教师要帮助学生扫除一些影响文本理解的语言障碍,具体方法如下:在阅读前通过对话、故事、图片等形式向学生讲解词汇,扫除障碍;解决阅读中的关键词汇,避免打断学生的阅读;指导学生进行有针对性的课前预习,帮助学生明确学习内容,做到有的放矢。总而言之,帮助学生扫除语言障碍有助于学生做好心理准备并增加知识储备,提高学生对语篇的整体理解,加快课堂的节奏,提高学生阅读积极性,使其在有限时间内学得更多的知识。

4. 预测文本内容

预测在英语阅读中起着重要作用,对文章内容进行预测和验证是将图示知识应用到阅读的核心中。预测文本内容有助于培养学生的逻辑推理能力和语篇推断能力,为学生准确把握文章主旨作铺垫。在阅读教学中,教师应通过文章的主题、标题、关键字及图片引导学生对文本进行大胆预测,并鼓励学生在阅读过程中不断验证自己的猜想。但需要注意一点,预测应当以文本为基础,教师要梳理好文本中即将出现的信息,使学生围绕主题积极思考。

(二)读中阶段

读中阶段的活动旨在帮助学生关注主要信息,梳理和简化课文主要内容,便于学生理解、记忆和口头输出。

1. 理解长难句

生词、长难句、指代关系等是影响学生阅读质量高低的重要因素。生词是影响学生阅读理解最大的"拦路虎",其直接影响学生的阅读思路和速度。教师要特别重视对材料中生词的处理、长难句及典型句式的分析、指代关系的理解,从而帮助学生理顺思维,夯实语言知识基础。教师可以借助上下文、近反义词等帮助学生猜测生词,克服学生对生词的畏惧感,还可以引导学生观察、分析、归纳阅读中出现的长难句,帮助学生正确认识英语语言表达的特点,准确把握句子的主干成分,为学生把握文章脉络作准备。

2. 培养阅读技巧

俗话说"授人以鱼不如授人以渔",教师在阅读教学中应培养学生的阅读技巧,而不是片面地讲授语言知识。常见的阅读技巧有略读、跳读、细读、读后概括等。略读(skimming)指整体把握文章大意,教师应引导学生寻找每段的主题句,抓住段落中心思想。在阅读过程中要注意控制学生的阅读速度,平时可以通过限时阅读训练达到阅读速度的提升。跳读(scanning)指寻找所需信息,如年代、数字、人名、地名等,教师要引导学生利用关键词抓住文章脉络。细读(careful reading)指扫除各个语言障碍,对难词、难句进行具体分析。读后概括指培养学生对文章主题、写作意图、言外之意的把握能力。教师应引导学生通过总览全文找出主题句和关键句,归纳文章中心思想,正确体会作者的写作意图。综上所述,教师在阅读教学中应从学生的角度出发开展阅读技巧训练,"授之以渔",提高学生的阅读能力。

(三) 读后阶段

读后阶段旨在帮助学生作出评价,整合阅读材料和已有知识结构,突破固有的思维模式,建构新理念,提出新观点。

1. 基于文本创设情境

分析完文本后,教师需要根据学生的水平创设情境,一方面帮助学生及时回顾所学内容,将学习内容与生活实际相结合,体现"学为所用";另一方面,教师可以通过活动来反思课堂教学的成败。一个好的情境应该具备以下特点:与课文主题紧密相连,具有一定的真实性和开放性;学生必须能够运用本课堂所获得的信息解决问题;学生必须能够运用本课堂所学的语料。

同时,教师在情境设计中要注意以下误区:一是过于重视形式而忽略内容。很多教师在创设情境时,往往先考虑形式,如讨论、辩论、角色扮演,然后再想办法联系文本。这些有助于活跃课堂气氛,调动学生的积极性,但是如果情境的设置与文本内容联系不紧密,那么就是无意义的。二是与培养学生技能脱节。活动的开展要与本课教学目标相匹配,切莫过于关注学生的口头表达能力,本末倒置。三是没有体现"全民参与"。教师应避免只有少部分学生参与。大部分学生处于旁观状态的情况发生,应确保每位学生在活动中担任某个角色。此外,教师可以通过以下三个问题自我检测活动设计的合理性:读后活动与阅读文本的关系如何?读后活动对学生巩固与加深文本理解有何帮助?读后活动中要求学生操练和运用哪些文本中的语料?

2. 课内外阅读相结合

任何事物都是量变与质变的统一。英语课外阅读对提高学习者的阅读水平有很大帮助。学生阅读习惯和能力的培养不能只局限于课堂,而是要课内外阅读相结合。教师应根据学生的英语水平推荐不同层次的英语阅读读物,不断扩大学生的阅读量。教师在帮助学生选择课外阅读材料时应做到以下几点:难度适中,梯度分明,符合学生认知结构,体裁多样,题材丰富。

同时,教师可以将泛读作为课内阅读的延伸和拓展。在学生课外泛读过程中,教师既要发挥组织、督促的作用,给予学生个性化指导,又不能过分干预而妨碍学生自主能力的发展。教师可以采取及时反馈、引导学生制订个人阅读计划,布置多样的泛读作业,在班内创建泛读项目等方式激发学生的阅读兴趣。

第三节 案例与解析

案例(一):人教版(2019)《英语》高二 Unit 3 Stronger Together: How We Have Been Changed by the Internet 阅读教学设计

主题语境:人与社会——互联网	语篇类型:记叙文
设计教师:任媛	
内容分析	
本文以"创办网上社区"(Start an online community)为主题,讲述英国一位年过五旬的失业女教师不仅使用互联网改变了自己的生活,而且帮助其他老年人学会使用互联网,从而改变了他们的生活和命运的美好故事。本文是一篇记叙文,课文的标题是"Stronger Together: How We Have Been Changed by the Internet",它包含主标题和副标题。主标题"Stronger Together"表示结果或状态,副标题"How We Have Been Changed by the Internet"指明了话题范围,并通过现在完成时的被动语态强调了互联网的作用和意义。主副标题合起来揭示了文章的主题意义——人们因互联网而联结,而改变,变得更强大。文章以第三人称的口吻讲述了 Jan Tchamani 的故事,以过去时态为主,谈及事件的影响时使用了现在完成时,包括现在完成时的主动语态和被动语态。读者对象为一般大众,文体较为正式,适合使用被动语态。文章共有五个自然段,交代了故事发生的时代背景、地点、人物,以及事件发生的原因、经过和结果。语篇结构完整,主题思想温馨积极,充满正能量。第一段是引子,点明了文章的话题范围,即互联网改变了人们的生活,强调互联网的影响,所以较多地使用了现在完成时。第二段叙述了 Jan Tchamani"触网"的原因和经历。第三段讲述 Jan 开办 IT 俱乐部,帮助老年人使用电脑和网络并取得可喜成效的故事,是文章的核心部分。第四段介绍 Jan 消除数字鸿沟的理念和下一步的行动目标。最后一段以主人公的一番话结尾,体现了主人公推己及人、悲悯天下的高尚情怀,她不仅提升了自己,也帮助了他人。	
学情分析	
本班学生对学习英语有较高热情,阅读水平属于中上层次。学生较为活泼,愿意参与到课堂活动中来。对互联网这个话题也不陌生,并有着相关经历。但学生在语言学习方面发展不够全面,在使用英语阅读策略方面不足。	

续表

教学目标				
在结束本课学习时,学生能够: (1) 学习 keep sb. company, benefit, inspire, digital divide 等词组,并了解有关互联网的相关知识; (2) 锻炼猜测、推断、寻读、略读等阅读策略; (3) 对互联网有一个正确的认识。				
教学重难点及资源				
教学重点:帮助学生理解阅读文本的主要信息,并掌握通过文章标题获取文章话题范围、主旨和作者态度等的阅读策略。 教学难点:引导学生在语境中学习文本中出现的重要词汇,并能讲述自己或他人的网络故事。 教学资源:教材、多媒体、学案、黑板和粉笔。				
教学过程				
步骤		教学活动	设计意图	时间
复习导入				
Step 1		Show the video about the changes of the Internet. Do a survey among students: What do you usually do online? Have you experienced anything interesting while surfing the Internet? If so, share it with your partner.	引出话题,激活学生相关背景知识。	3 mins
实践内化				
Step 2	Activity 1	Look at the activity title "Start an online community" and the title of the text "Stronger Together: How We Have Been Changed by the Internet". Think about the following questions: 1. How are they connected with each other? 2. What do you think the text will be about? 3. What can we infer about the writer's opinion according to the headline?	通过预测文章大意和推测作者态度,把握文章内容,训练阅读技能。	2 mins
	Activity 2	Analyze headlines and illustrate some features of headlines. Read the passage quickly to get the main idea and check your prediction.	帮助学生了解标题特点; 培养学生略读文章、掌握文章主旨的能力。	5 mins
	Activity 3	Read the text and answer the following questions: 1. Why did Jan quit her job? 2. How did the people in the online company help her? 3. Why did she start the IT club? 4. What is the "digital divide"?	通过细读,帮助学生理清文章内容,锻炼其思维品质。	10 mins

续表

步骤	教学活动	设计意图	时间
Activity 4	Guide Ss to find the structure and fill in the blanks. (List the ways in which the text says that the Internet has changed people's lives. Try to add more examples. 1. Examples from the text . . . 2. More examples you know . . .) Encourage Ss to draw the mind map.	培养学生的概括能力,并使学生明白举例子的重要性;帮助学生学会运用思维导图梳理文章结构和脉络。	8 mins
迁移创新			
Step 3	Pair work: Look at the title again and find the writer's attitude towards the Internet. Do you think your life has been changed by the Internet? If so, how?	检测学生对文章的理解;培养学生的团队合作意识;鼓励学生自由表达观点。	5 mins
Step 4	Group discussion: What's your attitude towards using the Internet?	培养学生对使用互联网的正确认识。	10 mins
Step 5 Conclusion	3-2-1 Summary: 3 things I learned in this section:. . . 2 interesting facts:. . . 1 question I still have:. . . Self-assessment:. . .	回顾所学,解决遗留问题。	2 mins
Homework	Based on the free debate in class, choose one side of your own and write your opinion about the usage of the Internet. Make sure to list examples.		

【案例评述】

本堂阅读课融合了读与说、写的微技能培养,较好地实现了上述所涉及到的阅读教学原则和方法。首先,该教师对阅读文本作了深刻的文本解读,从文本语言、结构、主题上帮助学生扫清障碍。其次,导入部分通过视频和调查,激发学生的相关背景知识,培育学生的阅读兴趣,并为后续活动开展作铺垫。读前阶段,教师鼓励学生根据标题预测文章大意,通过预测文本内容形成自己对语篇的初步认知。读中阶段,教师注重培养学生的阅读技巧,在丰富多样的活动下不断验证之前的预设,并通过相关练习提炼文章信息,把握文章结构,加深学生对互联网的理解。在读后阶段,教师很好地基于文本创设出一个与话题相关的环境,让学生结合文本谈论自己的看法,训练学生的批判性思维和表达能力。学生围绕对互联网使用的态度进行反思,从而进一步了解哪些上网行为是有意义的,反思哪些上网行为是有害的,不利于自己和他人的,最终帮助学生形成良好的上网行为习惯,塑造正确的世界观、人生观和价值观。读后活动以读促说,作业环节体现出以读促写。综上所述,教学设计层层递进,在实践活动中让学生读、说、写,增强学生的语用能力。

案例(二):人教版(2019)《英语》高二课文 Unit 4 History and Traditions:What's in a Name? 阅读教学设计

主题语境:人与社会——英国历史	语篇类型:说明文
设计教师:任嫒	

内容分析
本文以"通过历史了解一个国家"(Learn about a country through history)为主题,讲述了英国历史的简要发展进程,从地理、社会及文化等方面展开。本文是一篇说明文,从人们对英国为何有很多不同的名称这个困惑入手,用浅显的语言描述了"大不列颠及北爱尔兰联合王国"漫长复杂的形成过程,以及英格兰、威尔士、苏格兰和北爱尔兰之间既紧密合作又相对独立的关系。接着,文本从较为宏大的历史主线,转向较为具体的方面,先是以极为简练的语言勾勒出不同族群在各个历史阶段对英国的政府、城镇、交通、语言、食物等诸多方面产生的影响,然后提及英国的政治、经济、文化中心——首都伦敦的悠久历史。最后,作者再次强调学习历史对深入了解一个国家的重要意义,令人回味,也为读后的批判性思维活动埋下伏笔。

学情分析
本班学生对学习英语有较高热情,阅读水平属于中上层次。学生较为活泼,愿意参与到课堂活动中来。但学生在语言学习方面发展不够全面,在使用英语阅读策略方面不足。英国是最主要的英语国家之一,有着悠久的历史和灿烂的文化,而英语语言也正是在这种历史和文化中产生的,所以英语语言富有鲜明的英国文化特征。因此,学习英语必然要了解英国文化,了解英国文化也会对学习英语起到促进作用。本班学生学习英语经验相对丰富,对英国历史这个话题也不陌生。

教学目标
在结束本课学习时,学生能够: (1)阅读记述英国历史及地理概况的说明性文本,有效获取和梳理信息; (2)阅读和理解景物描写文段所蕴含的深层含义和作者情感,分析其语言特征和修辞手法; (3)了解英国的悠久历史和文化传统,并积极思考历史、文化和传统的重要性及现实意义,思考历史与现实的辩证关系。

教学重难点及资源
教学重点:引导学生掌握看地图的要领。 教学难点:让学生理解学习历史对了解一个国家社会文化概况的意义,并能自己组织语言表达出来。 教学资源:教材、多媒体、学案、黑板和粉笔。

教学过程			
步骤	教学活动	设计意图	时间
复习导入			
Step 1	Make a survey:How much do you know about the UK?	调动学生的学习积极性,激活背景知识。	2 mins

续表

步骤		教学活动	设计意图	时间
实践内化				
Step 2	Activity 1	Look at the map in the text, and answer following questions: (1) What does it show? (2) What is it used for?	帮助学生了解地图的基本信息。	5 mins
	Activity 2	Look at the title and answer the following questions: (1) What may the text probably talk about? (2) What might "a name" here refer to?	培养学生预测和推测的阅读技巧。	5 mins
	Activity 3	Skimming: Read the passage quickly and check your previous prediction. What is the full name of the UK? According to the text, what are the two chief advantages of studying the history of a country?	提高学生对一个国家的历史和传统文化意识。	7 mins
	Activity 4	Scanning: Scan the passage and complete the table. | When? | What happened? | What changed? | |---|---|---| | | Romans arrived | | | | | | | 11th century | | | | … | | |	通过定位关键信息帮助学生掌握阅读技巧。	10 mins
迁移创新				
Step 3		Pair work: Retell the history of UK according to the chart above.	通过复述故事,帮助学生全面把握文章大意。	5 mins
Step 4		Group discussion: Why is it important to study the history and culture of a country before visiting it? What important things should visitors know about before they come to China?	培养学生的批判性思维,并且使学生认识到了解历史和文化的重要性。	8 mins
Step 5 Conclusion		3-2-1 Summary: 3 things I learned in this section: … 2 interesting facts: … 1 question I still have: … Self-assessment: …	回顾所学,解决遗留问题。	3 mins
Homework		Write a letter to your foreign friend and introduce the history, tradition and culture of China based on what you've learned in the class within 100 words.		

【案例评述】

　　课前准备环节可以看出教师对阅读语篇进行了深刻的解读,并从文本特征、文本主题、文本结构和文本语言等方面全面梳理文章重要信息。读前环节,教师实现科学设计任务等原则,如在开展讲解时,先帮助并引导学生进行"看"技能的训练,学生通过看英国地图了解英国地理概况,并在老师的引导下掌握读地图的要领,即注意观察地图的类别和图标。读中环节,教师通过巧妙设置问题,培养学生理解概括关键信息的能力,即进一步思考英国历史及学习历史的好处等两方面内容。"活动四"培养学生的信息识别、重组和概括能力,要求学生按照时间线索,将文中的重要历史事件的相关信息重新排列组合,有助于他们清晰地了解英国社会的历史发展进程。读后活动旨在培养学生的批判性和创造性思维;同时,有助于学生进一步理解英国的历史文化,引导他们关注并深入思考英国社会文化的各方面情况,拓宽文化视野。综上所述,教学设计层层递进,在实践活动中让学生读、说、写,锻炼学生的语用能力。

本章小结

　　新课标下的阅读教学从学科核心素养出发,要求教师围绕"主题语境"和"英语学习活动观"设计阅读教学活动。教师应基于深度解读文本、科学设计任务、巧妙设计问题和充分利用材料的教学原则,在不同阶段选择合适的教学方法,如读前,激活学生的背景知识,培养学生阅读兴趣,扫除学生语言障碍和预测文本内容;读中,帮助学生理解长难杂句,培养学生阅读技巧;读后,基于文本创设情境,将课内外阅读相结合,最终引领学生语言能力、文化意识、思维品质和学习能力的融合发展。

参考文献

[1] 程晓堂. 基于主题意义探究的英语教学理念与实践[J]. 中小学外语教学(中学), 2018(10): 1-7.

[2] 王蔷, 钱小芳, 周敏. 英语教学中语篇研读的意义与方法[J]. 外语教育研究前沿, 2019(2): 40-47.

[3] 中华人民共和国教育部. 普通高中英语课程标准(2017年版2020年修订)[S]. 北京: 人民教育出版社, 2020.

推荐阅读书目

[1] 葛炳芳. 英语阅读教学的综合视野: 理论与实践[M]. 杭州: 浙江大学出版社, 2015.

[2] 张慧芳.英语阅读与教学研究[M].长春:吉林人民出版社,2017.

课后练习

判断题

1. 教师应基于阅读语篇挖掘深层主题意义,帮助学生促进自身语言知识、语言技能、文化内涵、多元思维和学习策略等方面的发展。( )
2. 文本解读应从语篇的"what"和"how"方面进行。( )
3. 教师在设计课堂活动时,教师应更加关注学习理解类阅读活动。( )
4. 培养学生的阅读技能是阅读课的教学目标中的重中之重。( )
5. 教师应按照教材内容设计活动,不可随意整合调整阅读内容。( )

问答题

1. 新课标强调语篇解读的重要性,请简要陈述教师应从哪些方面开展文本解读。
2. 结合自己的英语学习经历,谈谈阅读教学所面临的困难或挑战。
3. 简要概括阅读教学读后环节常用的方法,并思考在实际教学中如何选择对应的教学方法。

教学设计

1. 请结合文本解读相关知识,对上海外语教育出版社2020年版[简称上外版(2020)]《英语》必修一 Unit 3 A Roman Holiday 进行文本解读。
2. 请针对上外版(2020)《英语》必修一 Unit 3 A Roman Holiday 进行阅读教学设计。教案要点包括教学目标、教学重点、教学难点、教学资源、教学步骤和作业。

第六章
基于新课标的写作教学设计

本章内容概览

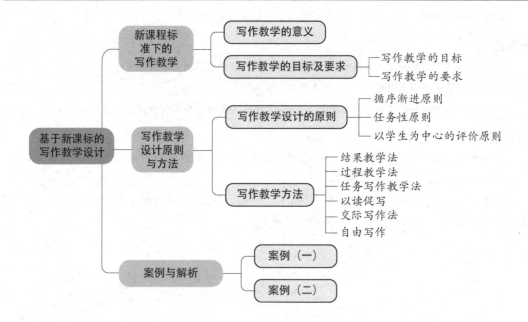

课前思考

写作是运用语言文字符号反映客观事物,表达思想感情,传递知识信息的创造性脑力劳动过程。在某种程度上来讲,写作能够体现语言学习者综合语言运用的能力。传统的写作教学模式已不再适应学生综合能力的发展,教学模式重模仿轻写作,忽视学生的情感体验等问题逐渐显露。随着英语课程改革的不断深入,以学生为中心的写作教学备受关注。那么,请同学们思考一下:新课标对写作教学有什么新要求?教师应该如何构建有意义的写作教学?写作教学与学生核心素养发展有什么关系?本章将基于新课标的理念来详细解读一下写作教学背后的秘密。

第一节　新课程标准下的写作教学

一、写作教学的意义

写作是在读和写输入语言的基础上,不断内化语言知识和促进语言表达输出的过程,同时也是口语表达的基础。《普通高中英语课程标准(2017年版2020年修订)》(以下简称为"新课标")强调"写作是语言表达能力、综合运用能力的重要维度,学生自由表达个人观点,批判性思维的培养等都取决于写作能力"。写作作为重要的语言技能之一,一直都是英语教学的重点和难点。在写作教学开展之前,教师需要弄清楚写作的性质和含义。写作是以一种看得见的符号来记录语言的方式;写作是目的性很强的社会行为,综合性很强的脑力劳动,是主客观统一的精神产品的生产过程,是以书面语言反映生活的独特方式。

写作教学是高中英语学习中的重要组成部分,在英语教学中起着不可忽视的作用。英语写作不但可以充分地检验学生对英语的掌握程度和运用能力,还为学生通过英语表达自己的观点提供了可能。新课标要求英语写作课堂教学要以培养学生的核心素养为目标,以特定主题为主线,创设问题情境,使学生在具体的语境中,通过参与多样、有效的英语学习活动,真实感知和运用语言,深入探索主题意义,表达个人看法,形成个人观点,并最终落实到书面语言写作中,实现学科文化与写作能力素养双提升。这一过程既是语言知识与语言技能整合发展的过程,又是思维品质不断提升,文化意识不断增强,学习能力不断提高的过程(教育部,2017)。

二、写作教学的目标及要求

(一)写作教学的目标

新课程标准中对英语写作和写作教学提出了以下要求:

- 能够写出结构完整、语言连贯的英语短文;
- 能够运用英语清晰地表达自己的观点;
- 能够运用英语进行事件叙述;
- 能够依据文章进行摘要撰写;
- 能够做到语句通顺,语法正确,文体规范;
- 能够根据图表信息进行短文写作等。

总而言之,新课程标准对高中生英语写作进行了结构和内容上的双重要求,注重学生英语语言能力的全面发展。新课标同样对高中教师英语教学提出了明确要求。高中英语写作是由语法、词汇以及写作手法等多方面因素相互作用的整体,在高中英语写作教学中教师必须能够合理地对教材和参考资料进行分析处理;必须具备依据实际扩充教学内容的能力;要尽可能地使学生拥有更多的写作练习机会,对学生进行充分的造句训练、写作训练和思维训练;在对学生进行英语写作训练时按照由短语到句子到段落最后到通篇文章的阶段逐层递进、循序渐进、由浅入深、由简到繁地对高中生进行英语写作训练。

2017 年,作为国家高考综合改革试点地区,上海高考外语科目考试中提高了对写作能力的考试要求。2017 年高考英语(上海卷)的写作测量目标增加了一项,即能用自己的语言概括所读材料。试卷结构中写作部分增加了一项读写综合,即梗概写作,其要求对所读过的文章进行简要概括,写出文章的中心大意。这对于学生的阅读理解能力、概括表达能力和逻辑思维能力都提出了更高的要求,也对广大英语教师进行有效的写作教学及提高学生的写作能力提出了新的挑战。

新高考对写作教学的启示是英语写作不仅要关注写作的技巧与策略,还要关注写作的思维与文章主题的整合。写作教学要避免写作的技巧化,不能片面地将写作定为简单的应用工具。新高考反映出英语写作是一个有目的、有指向的思维流动的过程,思维是否畅通,语言能否准确地表达思想,直接影响文章的质量。

(二) 写作教学的要求

新课标对写作教学的具体要求也作了详细的阐述,现将高考要求的必修与选择性必修部分的对语言技能中"写"的要求摘录总结如下,如表 6-1 所示:

表 6-1 写作教学的语言技能要求

课程类别	语言技能要求
必修	使用文字手段描述个人经历和事物特征;
	在书面表达中借助连接性词语、指示代词、词汇衔接等语言手段建立逻辑关系;
	在书面表达中借助标题、图表、图像、表格、版式等传递信息,表达意义;
	根据表达目的选择适当的语篇类型;
	根据表达的需要选择词汇和语法结构;
	根据表达的需要选择正式语或非正式语。

续表

课程类别	语言技能要求
选择性必修	以书面形式描述、概括经历和事实；
	以书面形式传递信息，论证观点，表达情感；
	运用语篇衔接手段，提高表达的连贯性；
	根据表达的需要，设计合理的语篇结构；
	在书面表达中有目的地利用标题、图标、图表、版式、字体和字号等手段有效地传递信息，表达意义。

新课标还提出写作教学目标应从综合语言运用能力转向英语学科核心素养，教学内容应依据实际情况进行扩充，教师要做到合理分析教材。写作教学方法要更注重过程写作，由浅入深，循序渐进，给予学生更多的写作机会。活动设计要紧贴"主题语境"和"英语学习活动观"，可以结合听、说、看、读等设计综合性语言运用活动。综上所述，教师在写作教学中要选择紧贴学生经验的材料，基于主题创设真实而具体的语境，帮助学生表达个人观点，提高分析问题、解决问题的能力，培养学生的批判性思维，实现学科文化素养与写作能力双提升。这一过程既是学生语言知识与语言技能融合发展的过程，又是他们思维品质不断提升，文化意识不断提高，学习能力不断增强的过程。

第二节　写作教学设计原则与方法

一、写作教学设计的原则

（一）循序渐进原则

写作是一种技能，在这一过程中要循序渐进，切勿一蹴而就。所谓循序渐进，主要有以下两个方面：

从语言本身来看，写作训练要从短语、句型、段落、语篇逐步加强，有序开展，即从写简单句，写复合句，掌握段落的组成及要点，学习段落的发展方法，了解文体类别，组织文章结构，确定写作步骤，运用技术与修辞进行写作，分析范文开展仿写，到独立撰写与实践。

从训练形式来看，一般可以分为获得技能性活动和使用技能性活动。前者旨在帮助学生理解语言，以抄写、简单写作为表现形式。其中，抄写要求学生基于材料进行仿写、重写，强调拼写规则、标点符号、语法等的准确性。简单写作侧重巩固学生语法知识。后者，即使用技能性活动，更注重语言的交际性功能，以灵活性训练和表达性写作为表现形式。灵活性训练要求学生按照要求进行写作,如句型转换、合并、拓展句子等。表达性写作要求学生的写作练习与实际需要相符合,根据真实语境开展写作。

需要注意的是,教师在开展写作教学中切忌揠苗助长。写作训练应遵循学生身心发展规律,直接进行语篇训练会打破原有的写作规律,事倍功半。无论是获得技能性训练,还是使用技能性训练,写作活动都要由浅入深,由易到难,由表及里。教师应根据学生的英语实际写作水平,合理把握难度、梯度、针对性以及连贯性,循序渐进地开展写作教学。

(二)任务性原则

在传统的写作教学中,写作内容脱离语境和功能,缺乏写作任务的真实性,导致学生无法根据自我经验建构写作内容,难以完整得体地表达实际意义。

任务性原则指学习者通过实现有意义的写作任务达到运用语言的目的。学生只有通过完成一系列任务,才能更好地感知语言形式和功能,把握语言与语境的关系,高效开展写作。这就要求教师在写作教学中紧贴学生的经验和实际需要,设计出有目的、有针对性的写作任务,如让学生写求职信、邀请函、个人陈述、简历等与学生未来学习工作相关的内容,不断激发学生的写作欲望,发挥学生的创造性,增强写作教学的趣味性。

(三)以学生为中心的评价原则

以学生为中心的评价原则指评价应以学生为中心,通过师生间交流,不断鼓励学生开展写作,从而调动学生的写作积极性。评价应尽量采用描述性语言,以激励为主。教师要帮助学生分析产生问题的原因,并提出相应的改进措施,从而维护每个学生的自尊心和自信心,激发其英语写作兴趣。"成长档案袋"是评价学生学习成果的多种形式之一,又叫"学习档案"。其内容是对学生日常学习过程中的表现、所取得的成绩以及所反映出的情感、态度、策略等方面的发展作出评价。教师要把档案袋看作是教学和评价的集合。一份档案袋应包括课内外活动项目、作品写作过程以及对于学习过程的反思性描述。因此,教师应帮助学生在英语写作过程中建立并完善个人学习档案,重视学生发展的全过程,这既能促进学生学习,同时也有助于自身的教学设计与改进。

需要注意的是,在写作教学过程中,教师应着重对写作过程而不是写作结果进行评价,建立以学生为中心的评价体系。给予学生充足的操练机会,不断引导学生进行思维训练,合理表达个人观点,为后续写作夯实基础。总而言之,以学生为中心的评价原则有利于实现素质教育中"以人为本"和新课标中"充分发挥学生的主体地位"的核心理念,对教师开展写作教学具有一定借鉴意义。

二、写作教学方法

（一）结果教学法

结果教学法是我国目前使用最为广泛的一种英语写作教学方法。它注重语言知识的运用，关注语言的正确性、作文的篇章结构和写作质量。结果教学法包括以下四个环节——熟悉范文、控制性练习、指导性练习和自由写作：熟悉范文指教师讲解范文中的修辞和语言特点；控制性练习旨在训练学生相关句式操练，如替换练习等；指导性练习指学生通过模仿范文，将所学句式运用到自己写作中；自由写作鼓励学生自由发挥。在结果教学法中，教师关注的重点是学生的写作成果，而非写作过程。结果教学法忽略了写作过程的复杂性。学生在教师的句型操练下，缺乏自由创作的机会，写作变成应试导向，内容常空洞乏味。

（二）过程教学法

过程教学法强调写作是一个过程，教学重点要从关注词汇、语法、篇章结构转向关注写作内容和过程。综合国内外学者对过程教学法的观点，其主要包括以下几方面：输入阶段。输入阶段指进行构思的多种活动，通常包括打腹稿，阅读相关资料，收集信息，思维导图，确定写作主题，列提纲等。写作阶段，即进一步整理思想，确定写作内容的过程，学生不用在意任何的语法规则或选词。同伴互评，学生根据老师给出的参考标准（Checklist）进行修正。重写阶段，侧重检查主题是否明确，表达是否清楚。学生不仅需要通篇阅读把握作品的宏观结构，还需要逐字逐句阅读，进行微观调整，不断地进行扩充、删节，甚至重写。教师批阅，教师对学生的文章内容、定义、结构、逻辑等要素进行批阅，附上指导意见与对应练习。师生交流。教师和学生进行个别交流，学生讲述文章的大意，回答教师在评语中提出的问题。终稿阶段，学生把从各方面得到的意见加以汇总，重新考虑修改后，完成最终作品。学生把所做的各种笔记、提纲、初稿等一并交给教师，教师对文章的总体内容及可读性作出评价，同时还要指出成稿较初稿有何改进。综上所述，英语教师要熟悉过程写作的各个阶段，重视教学节奏的掌握，帮助学生在写作过程中找到重难点，培养学生写作能力，使学生写出具有感染力的文章。

（三）任务写作教学法

任务写作教学法实际上是任务型语言教学法在写作活动中的运用。

"任务"是一项有特定目标的工作或活动,是学习者为了完成某件事情用目标语言进行的具有交际意义的活动,是学习者借助目的、理解感悟、解决问题、创造发挥、交流互动的课堂教学活动。任务型语言教学法的核心是把学习看作是完成一系列任务的过程,任务与目标紧密相连。

任务写作教学法包含写前任务、合作写作、修改编辑三个阶段:在写前任务阶段,教师根据写作要求和学生学习需要,提供有特定目标和意义的写作主题或任务,如议论文、记叙文、摘要、申请信等,并提供与之相对应的语言形式,从而激活学生的背景知识,为其真实运用语言作铺垫。确定任务后,教师应提供范文,简单分析其写作结构。合作写作阶段是教师与学生、学生与学生之间的合作创作过程。学生要基于前一阶段所学知识在规定时间内完成初稿。学生以小组合作的形式,在教师的引导下利用相关写作策略,如头脑风暴、思维导图、小组讨论、拟提纲、打草稿等积累写作信息和观点。在合作写作过程中,学生可以共同写作,也可以分工完成,无论哪种形式,写作需要将小组成员的词句、语法、结构、观点等信息融合在他们共同的目标作文上。教师在此过程中扮演监督者、观察员、协助者的角色,及时提供必要的帮助。在修改编辑阶段,小组代表以报告的形式展示写作成果,报告需要反映语言的准确性和流利性,内容的一致性和连贯性。教师在此阶段充当评价者、观众和指导者的角色。报告后,教师应依据评价标准给予反馈,也可鼓励开展同伴互评,修改后编辑成文。

综上所述,任务写作教学法以小组活动的形式开展,组员间分工合作,交流互动,有助于增加学生的语言输入与输出,提高学生写作积极性。同时,小组写作能减轻学生的写作压力,课堂限时写作可以训练学生的写作速度,帮助学生在合作中快乐学习,最终实现写作质量与写作内容双丰收。

(四)以读促写

以读促写是指通过阅读来促进写作,具有综合性、可操作性、灵活性的特征。综合性是指写作各要素相互协作;可操作性需要师生配合,在真实的情境下按照一定的程序,实施开展写作任务;灵活性要求教师基于教学目标、任务等动态因素灵活选择教学策略。以读促写可分为以下几种基本流程(刘佳,2018):

一是嵌入式以读促写。教师将与写作主题相关的课外阅读嵌于教学中,通过写前阶段呈现材料,并让学生熟读内容,以读促写阶段引导学生归纳主题和结构,读后阶段学生进行仿写或自由写作。

二是渗透式以读促写。教师潜移默化地向学生渗透阅读主题,帮助学生逐步调整认知结构。在写前阅读阶段,教师通过讲解重点词句帮助学生完成相关练习,并引导学生利用略读、寻读等技巧理解内容,借助背诵、复述等策略巩固学生所输入的阅读信息。在以读促写阶段,教师应设计与写作相关的练习,为后续语言输出作铺垫,如设计完形填空来考查学生对句型句式、主旨大意、情感态度的掌握情况。在读后写作阶段,教师应鼓励学生进行口头表述、书面写作,并及时开展评价。

三是渐进式以读促写。首先,教师在写前阅读阶段要明确教学目标,简要展示本堂课的教学活动,学生带着明确的写作目的进行阅读。教师围绕阅读材料讲解句法知识和格式规范。其次,在以读促写阶段,通过设计阅读理解、造句、复述、关键词句列举等活动加深学生对阅读内容的理解。最后,学生在读后写作阶段完成定向写作或自由写作任务。

四是循环式以读促写,即阅读促进写作,写作促进阅读,阅读可以再次促进写作,无限良性循环。教师在写前阅读阶段分析讲解材料,在以读促写阶段通过展示材料主旨和关键词句,帮助学生搜集写作素材。学生在读后写作阶段完成写作任务并开展互评,同时写后阅读阶段需要教师再次呈现相关阅读材料,引导学生充实写作内容或学习同伴优秀文章,强化信息输入。最后,读后写作阶段则是结伴再次修改或教师呈现新的写作任务。

综上所述,在写作教学中教师要充分把握以读促写的真正内涵,基于不同的教学情境,不断调节自己的认知结构,灵活地选择不同形式的以读促写活动。在选择阅读材料时,教师可因地制宜,充分使用高中教材中的对话和课文等阅读材料,以此锻炼学生对篇章结构、语言精练度的把握,最终提升写作能力。需要注意的是,教师在设计与运用以读促写时,应基于读写内容的复杂性与多样性,调整内部元素,相互配合才能达到较好的教学效果。

(五) 交际写作法

新课程改革背景下,高中英语写作教学必须符合学生身心发展规律,立足学生经验与实际,帮助学生表达内心真实想法。交际写作法与学生的个人经验密不可分,教师需要创设生活化的情景,引导学生基于自身经历在交流中说出自己的真实感受,提升交际写作能力。教师应加强交际性写作力度,让学生掌握同一话题、文体的多种表达形式和不同的连贯组合,不断增强学生写作的自信心,减少不必要的写作错误。

(六) 自由写作

自由写作包括以下几种要素:写作5分钟,不要停顿,用句子表达,独自写,没有外部读者,题目,下一步你想写什么,不需要组织结构。其中,用句子表达有助于作者超越只是在头脑中收集思想和片段的阶段;帮助其跨越障碍,清晰表达思想。自由写作是一种了解作者内心深层想法,并以此来发现个人观点、知识、直觉、态度、感受和记忆的实用写作方法。它能够快速帮助作者表达想法并根据个人意愿进行书写。综上所述,自由写作有助于作者更自由地、清楚地以及更有力量地形成文字。教师可以合理地给学生安排自由写作练习,为学生提供充分的情感表达空间。长此以往,学生的写作能力会得到大幅度地提升,即使在有诸多限制的写作中,也能发挥出应有的水准。

第三节 案例与解析

案例(一):人教版(2019)《英语》高二 Unit 3 Write a Blog Post 写作教学设计

主题语境:人与社会——写博客文章	语篇类型:记叙文
设计教师:任媛	

内容分析
本板块设计了读写结合的活动,主题是"写博客文章"(Write a blog post)。我们上网时往往并不知道对方是谁,可能会上当受骗,或遭受人身攻击;点击网站链接时,病毒可能会趁机侵入并破坏我们的电脑以及储存在里面的重要资料。这些伤害或损失无论大小,无论持续时间长短,都是不愉快的经历,我们都应该尽量避免。学会安全上网是每个网民,尤其是涉世未深的青少年的必备技能。   本文是一篇博客文章,作者提出三点安全上网的建议,主旨明确,结构完整,简明扼要。博客文章通常有两个分区,一个是博文区,作者贴在网络上的博文;一个是评论区,是读者和读者、作者和读者相互交流的地方。博文区是主体部分,作者在第一段开门见山,提出要谈论的问题,表明自己的身份,说明不是权威专家的意见,只是个人的经验之谈。作者用坦诚的态度营造和读者朋友般的交流氛围。第二段是作者的三点建议,用 first of all、second、third 来衔接,读起来一气呵成,连贯性很强。三个要点用祈使句式表达,紧跟在衔接词的后面,清晰明了,易读易懂。作者在文中介绍了三种常见的网络劣行:身份盗窃(identity theft),网络挑事者(troll)和网络恶霸(cyberbully)。最后一段邀请读者分享经验和发表评论,这是博文常见的结尾。在评论区,两名网友补充了网络挑事者(troll)和网络恶霸(cyberbully)的具体案例,与文章内容相呼应。

学情分析
本班学生英语学习兴趣浓厚,有一定的词汇量储备,但写作方面还没有进行综合训练。学生较为活泼,愿意参与到课堂活动中来。互联网这一话题对他们来说也贴近生活,有话可说。不少学生有一定的相关词汇和句型的储备,通过相关活动可以共享知识,为写作打下良好基础。

教学目标
在结束本课学习时,学生能够: (1) 掌握博文的基本结构、特点、句式等; (2) 理性并正确地看待网络博文,并形成自己的见解。

续表

教学重难点及资源				
教学重点:把握好博文的文体特点,并能写一篇安全上网建议的博文。 教学难点:通过阅读素材找寻博文的写作特点,达到以读促写。 教学资源:教材、多媒体、学案、黑板和粉笔。				
教学过程				
步骤		教学活动	设计意图	时间
复习导入				
Step 1		Class interview: What are your unique Internet surfing experiences?	调动学生学习兴趣。	3 mins
实践内化				
Step 2	Activity 1	Read the blog and answer the questions: 1. What's the main idea of the blog post? Write a title for it. 2. What guidelines does the author provide for staying safe online? 3. Who are the online troublemakers the blog post mentions? 4. Do you have any more tips for how to surf the Internet safely? Share your ideas with a partner.	帮助学生熟悉写作话题;培养学生的阅读技巧;鼓励学生结合个人经历积极思考。	8 mins
	Activity 2	Tick what the writer tells the reader in Para 1. ○ definitions of online safety ○ the writer's knowledge ○ background information ○ the topic of the post	帮助学生掌握文章结构和语言特点。	1 min
	Activity 3	Find the words and phrases the writer used to organize the information in the second paragraph. What new words are explained in the text, and how? How does the writer end the post?	帮助学生把握文章的组织方式; 训练学生的阅读技能。	3 mins
迁移创新				
Step 3		Group discussion: share your problems when you surfing online and try to give solutions.	通过活动内化学生所学;培养学生的批判性思维能力。	5 mins
Step 4		Choose one of the topics below and use the notes to draft your blog post. Topic 1:Online shopping sites Topic 2:Social networking sites Topic 3:Online chat rooms	通过过程写作帮助学生以读促写,整合信息,发表个人观点。	10 mins

续表

步骤	教学活动	设计意图	时间
Step 5	Then organize your draft which should include introduction, body and ending.		8 mins
Step 6	Exchange drafts with your partner and use the checklists to help you revise the draft. Checklist: √ Does the writer tell the reader what he/she knows about the topic? √ Are the tips and suggestions well organized? √ Has the writer defined the new words? √ Does the writer include examples, comparisons, or explanations? √ Does the writer end by asking readers to leave comments and/or suggestions? / Can you find any grammar or spelling mistakes? Revise and modify your drafts.		5 mins
Step 7 Conclusion	Summarize what they have learned in class.	总结归纳,答疑解惑。	2 mins
Homework	Revise and modify the second draft.		

【案例评述】

本堂写作课融合了读与说、写的微技能培养。导入部分通过采访,激发学生的写作兴趣,初步了解学生网上冲浪的经历与体验。在实践内化部分,最大程度实现了以读促写,学生通过阅读相关素材,在教师的指导下初步把握文章大意,梳理写作结构和要点,归纳写作词汇,为接下来的过程写作作铺垫。例如在"活动一"中教师通过巧妙设置四个问题:让学生找出文章中心思想、作者的上网安全建议以及文中提到的网上制造麻烦的几类人,最后让学生总结安全上网的技巧,并和他人分享;使学生对文章大意有了初步理解。"活动二"则关注课文的结构和语言特色。在迁移创新部分,学生首先从三个话题情境中选择一个博文的主题,按照博文的结构框架组织信息,安排内容,完成初稿。随后,同伴批改进一步夯实语言基础,最大程度地表达所思所想。综上所述,教学设计层层递进,帮助学生感受到写作带来的乐趣。

案例(二):人教版(2019)《英语》高二 Unit 4 History and Traditions:Describe a Place That You Like 写作教学设计

主题语境:人与社会——爱尔兰风情	语篇类型:记叙文
设计教师:任嫒	

内容分析
本版块设计了读写结合的活动,主题是"描述喜欢的地方"(Describe a place that you like)。阅读素材从一个旅行者的角度,描绘爱尔兰乡村的美丽景色和风土人情。   本文是一篇景物描写,以爱尔兰乡村为着眼点,与之前所学英国伦敦的历史文化景点介绍相得益彰。作者生动地描述了乡村美景和风土人情在视觉、嗅觉、味觉、听觉和触觉等方面给人们带来的直观感受,内容丰富,语言优美,短小精悍,体现出历史与现代、城市与乡村和谐地融为一体的欧洲文化特色,字里行间也流露出作者对爱尔兰乡村的喜爱之情。

学情分析
本班学生英语学习兴趣浓厚,有一定的词汇量储备,但写作练习还没有进行综合训练。学生较为活泼,愿意参与到课堂活动中来。描写一个历史文化景点这一话题对他们来说也贴近生活,有话可说。但是学生缺乏相关的词汇和句型的储备,通过相关活动可以共享知识,为写作打下良好基础。

教学目标
在结束本课学习时,学生能够: (1) 掌握描写历史文化景点介绍的基本结构、特点、句式、修辞等; (2) 提升对身边景点的历史文化价值的认识,挖掘并了解相关历史文化传统,加强文化自信。

教学重难点及资源
教学重点:学生能比较生动细致地描写所熟悉的景物,并恰当地表达自己的感受。 教学难点:学生如何用目前所掌握的词汇和句型描写所熟悉的景物。 教学资源:教材、多媒体、学案、黑板和粉笔。

教学过程			
步骤	教学活动	设计意图	时间
复习导入			
Step 1	Warming-up questions: What are the best ways to experience traditions and customs of a country?	调动学生背景知识。	4 mins
实践内化			
Step2 Activity 1	Read the text and discuss the questions in pairs. (1) What makes the Irish countryside exciting and inspiring?	培养学生的阅读技巧;帮助学生理解文章大意。	5 mins

续表

步骤		教学活动	设计意图	时间
		(2) What are the best ways to experience some Irish traditions and culture? (3) What is the meaning of "breathe in the sweet scent of fresh flowers while birds greet the new day with their morning song"?		
	Activity 2	Read the text carefully and pay attention to the structure and language of the text. (1) What introductory sentences and ending sentences do you usually use to describe a place? (2) The paragraph talks about different senses in different places. Finish the chart below. Sense/Description/ Your Comment ● Sight ● Hearing ● Smell ● Taste ● Touch (3) Can you find some figure of speech in this paragraph?	帮助学生理清文章结构和语言特点。	8 mins
	Activity 3	Writing: (1) Work in pairs and choose one of your favorite places and tell the reason. (2) Use the questions below as a guide to describe the place you have chosen. ◇ What can you see? ◇ What can you hear? ◇ How does the place feel? ◇ What can you smell? ◇ What can you taste there? ◇ What does the place make you think or feel?	引导学生结合话题进行思考，为写作作铺垫。	8 mins
	Activity 4	Drafting: Use your answer to draft the passage according to the chart given.	学生通过打草稿，梳理文章内容。	15 mins
迁移创新				
Step 3		Exchange drafts on your own by using the checklist. √ Does the writer start with an image, quote, or question? √ Is the description well-organized and easy to read?	要求学生自我修改，帮助他们参照写作要求不断反思。	3 mins

续表

步骤	教学活动	设计意图	时间
	√ Has the writer included sensory details? √ Does the writer use specific words and give examples? √ Is the ending effective? √ Can you find any grammar or spelling mistakes?		
Step 4 Conclusion	Summarize what they have learned in class.	总结所学，查缺补漏。	2 mins
Homework	Revise and modify the second draft.		

【案例评述】

本堂写作课融合了读与说、写的微技能培养。导入部分通过设置一个具有启发性的问题"What are the best ways to experience one country's traditions and customs"，培养学生的思维品质。活动主要分为两大部分，第一部分为语言输入阶段，帮助学生在巩固阅读技能的基础上迅速把握文章结构。学生通过阅读相关素材，在教师的指导下初步把握文章大意，梳理写作结构和要点，归纳写作词汇，为接下来的过程写作作铺垫。"活动一"和"活动二"考查学生对文本大意及主要细节的理解，学生在教师的引导下，分析文本的组织结构和语言表达，关注与感官感受相关联的用词与表达，为他们在接下来的写作中丰富自己的语言提供帮助与支撑。"活动三"是整个写作部分的关键。首先，学生与同伴讨论交流，选定自己最喜欢的地方。其次，学生回答从五种感官及内心感受等角度提出的问题，思考所选地点的一些特点，便于写作时进行生动细致的刻画。接下来，学生参照书上给出的写作框架、提示和语言示例完成初稿。框架从如何开头、如何完成主体、如何收尾三个方面，分别给出写作提示与建议以及相关表达。"活动三和活动四"较好地体现了过程写作教学法的核心，整体呈现了写作活动的基本流程，即明确写作任务，进行写前准备，参考提纲完成初稿，与同伴相互批改初稿以及根据同伴意见修改初稿等。综上所述，教学设计层层递进，教师在实践活动中帮助学生提高写作能力。

本章小结

新课程标准下的写作教学强调教学目标要从增强学生综合语言运用能力转向培养学生英语学科核心素养，教师在设计写作活动时要紧贴"主题语境"和"英语学习活动观"。在设计写作教学时，教师可以从循序渐进原则、任务性原则及以学生为中心的评价原则入手，基于不同教学目标灵活选择教学方法。常见的教学方法有：结果教学法、过程教学法、任务写作教学法、以读促写、交际写作法和自由写作。综上所述，教师应立足学生实际，不断完善评价方法，让学生在获得成就感的同时增强英语写作能力。

参考文献

［1］刘佳.初中英语应用文写作"以读促写"教学策略设计与实施［D］.东北师范大学，2018.

［2］中华人民共和国教育部.普通高中英语课程标准(2017年版 2020年修订)［S］.北京：人民教育出版社，2020.

推荐阅读书目

［1］彭秀.高中英语概要写作教学策略探究［J］.魅力中国，2018(50)：95-97.

［2］周帆.高校英语教育教学理论与实践研究［M］.长春：吉林大学出版社，2017.

课后练习

判断题

1. 教师在设计写作活动时，要由浅入深，由易到难，循序渐进。（ ）
2. 结果教学法更符合写作教学规律，因此受到广大教师的喜爱。（ ）
3. 以读促写具有综合性、可操作性、不可控性的特征。（ ）
4. 教师在写作教学设计中，要创设与写作话题相关的主题语境。（ ）
5. 写作教学应以学生的情感体验为中心，调动学生的背景知识。（ ）

问答题

1. 新课标强调以读促写，请简要述说你的理解。
2. 结合自己的英语学习经历，谈谈写作教学所面临的困难或挑战。
3. 简要概括写作教学中常用的方法，并谈谈如何选择写作教学方法。

教学设计

请针对以下语言素材进行写作教学设计。教案要点包括教学目标、教学重点、教学难点、教学资源、教学步骤和作业，时长20分钟。

语言素材：

Read the short essay and discuss. Write a paragraph giving the opposite view.

We can learn all we need on the Internet

I agree with this idea, especially on the subject of learning English in my class. there are 45 students, and our English lessons last for 50 minutes. That means that we each have one minute of our teacher's time!

Our English teacher is excellent, but she can't help everyone in the class in 50 minutes.

It would be much better if we spend the time working on a computer. There are 4 computers in our school, so we could do that if we work independently, we can learn much more. And we can learn about the subjects that we are interested in.

第七章
基于新课标的词汇教学设计

Chapter 7

本章内容概览

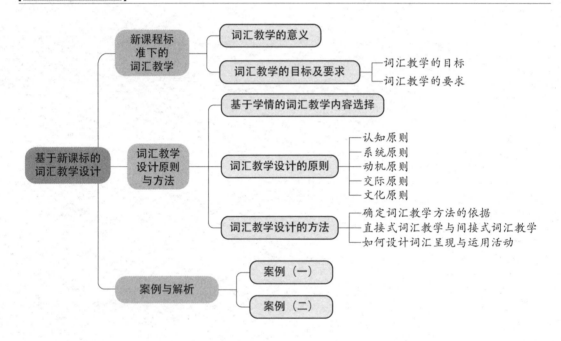

课前思考

　　词汇是构成一门语言的基础元素,也是英语教学中必须应对的重要教学模块之一。那么,在设计一节词汇课时,您会考虑依托什么教学方法,体现词汇课的课堂特色呢?您觉得是什么让词汇课"活起来"?您认为哪些因素又是词汇教学的设计与实施难点呢?走进本章,您将会了解新课标下英语词汇教学的设计理念与实践。

第一节　新课程标准下的词汇教学

一、词汇教学的意义

《普通高中英语课程标准(2017年版2020年修订)》(以下简称为"新课标")倡导英语学科核心素养,并建议英语教学从核心素养的视角去看待知识。在21世纪,核心素养是信息时代、知识社会以及全球化时代的需要。英语学科教学需将英语学科知识与技能结合起来看待,以发展学生解决错综复杂、难以预测的情境中的问题的能力和品格。因此,作为语言的结构性知识之一的词汇,在语言运用中起着基本要素的作用,词汇教学更需要在英语教学中与时俱进,在英语学科核心素养视角下得到进一步的明确与发展。那么基于核心素养的词汇教学具有哪些新的意义呢?

首先,在语言能力层面上,词汇教学关注的是英语语言教育中的基本语言学习单位"语篇"的基本要素之一"词汇"。单词、词语作为语言的结构性知识,承载着一定的语言意义和文化信息,在相关情境下表达着一定的情感、意图、态度,暗示着相关语篇的主题内涵。英语词汇教学更强调英语词块和词组搭配所突出的表意功能,是语言运用最重要的知识基础之一,为学生整合性地提高语言能力、文化艺术、思维品质和学习能力等英语学科核心素养提供了更加广阔的空间。恰当的英语词汇教学鼓励学生在感知、领悟词汇魅力与文化的基础上,对所学词汇知识进行吸收和整合,赋予词汇得体而丰富的解释和赏析,并在语言交流的过程中深化对英文词汇的理解,最终创造出个性化的词汇学习策略、运用技巧等。

其次,在文化意识层面上,词汇教学以英语语言文化的基本单位"单词"及其相关搭配为核心,从词汇层面加深学生对优秀英语文化的认识与吸收。英语词汇与中文词汇从形式、意义、使用等方面均存在差异,其背后蕴含着深厚的文化渊源。英语词汇教学正是从词汇这一角度切入,增进学生对中外文化的理解以及对优秀文化的认同,在全球化背景下培养学生的跨文化认识、态度和行为取向。英语语言承载着一定的历史文化发展意义,语言本身亦是文化的重要组成部分,文化也影响着语言理解和语言运用。因此,英语词汇教学重点在于以词汇文化理解为基础,引导学生接受、学习并汲取优秀英文文化。这也是对21世纪全球文化交际与传播潮流的顺应。

再次,在思维品质层面上,词汇作为英语语言结构体系的重要组成部分之一,体现着独特的英文思维方式,词汇教学在英语教学中承担着培养学生英文思维品质的重要作用。词汇系统是语言的构成部分之一,不同语言的词汇体系不尽相同。英语与汉语有着巨大的词汇系统差异,而不同的语言体系又会造就不同的思维方式。因此,英语词汇教学旨在通过英语词汇体系教学,培养学生的英文词汇表达思维,提升学生在逻辑性、批判性、创新性等方面的品质。词汇教学最终希望帮助学生形成个人的词汇认知体系和词汇学习策略,以更好地辨识、建构并运用英语词汇进行正常的交流沟通。

最后,在学习能力层面上,词汇教学有助于发展学生的词汇认知策略并提高学生的学习效率,促使学生形成良好的、积极的词汇学习和创造态度。英语词汇教学,鼓励学生通过词汇知识学习发展对英语基础学习的正确认识和良好兴趣。英语词汇教学聚焦单词、词块、词组搭配等,非常易于形成良好有效的学习调控策略,具有较强的个性化、自主性和可持续性的特点。有效的词汇教学往往使得学生在英语学习中自然养成词汇学习的习惯和意识,并渐渐产生具有个性色彩的词汇学习方法和策略,有助于提升学生各方面的英语学习效率。

二、词汇教学的目标及要求

(一) 词汇教学的目标

英语词汇教学强调"学以致用""学以活用"。词汇知识分级标准关注英语词汇的固定搭配及其特定语境中的意义。学生不仅要了解英语单词、短语、习惯用语和固定搭配等形式,还要理解和领悟词语的基本含义以及在特定语境中的意义。新课标进一步强调在一定的句法关系和语义关系中建立词汇知识间的联系,并在语境基础上传递信息、表达意图,依托主题单元的整体设计实施词汇教学。

在词汇教学上,新课标从以下方面突出了新的要求:

首先,在内容上要求:①从原本的 2 400—2 500 词汇量降至 2 000—2 100。高中阶段要求积累的总词汇量下降说明新课标纠正了过去词汇教学对"量"的偏重;②强调教与学的衔接性,要求注意与义务教育阶段词汇知识的衔接;③改变仅强调对词汇的机械记忆的要求,进一步细化对词根、词缀、词形变化规律的掌握;④特别强调在"语篇""语境""主题"中理解并运用词汇。

其次,在教学建议上提出:①教师在具体词汇教学中,应带领学生结合词语结构与主题语境理解词汇意义。通过综合性的词汇认知和实践活动,鼓励学生大胆探索并表达。②在学生进行词汇学习时,教师要注意强化词语搭配意识,构建词汇知识网,呈现语块的方式等,引导学生积累并建立自己的词汇知识体系,提升词汇运用与迁移能力,以达到词汇知识的内化。

此外,新课标特别强调英语教师将词汇教学置于主题语境之中,着重培养学生的词汇搭配和词块积累意识。在义务教育阶段词汇知识的基础上进一步扩大词汇量,内化词汇知识,提升学生准确得体地运用词汇的能力。英语教师要认识到词汇学习是一个长期综合实践和有效积累的过程,并把词汇教学当作对学生的词汇技能的动态培养。突出主题意义和语境的词汇教学设计与实践,有利于促进教师和学生成为真正意义上的词汇"教"与"学"的主人。基于此,新课标背景下的英语词汇教学内涵和方法也应随之发生变化。

(二) 词汇教学的要求

词汇是语言的结构性知识之一,也是语言系统的基本组成部分。因此,词汇学习对学生而言非常重要,是建构起英语语言知识系统的一砖一瓦。新课标下的词汇教学要求英语教师基于语境引导学生活学活用词汇知识。长期以来,词汇教学往往不可避免地遭遇简单化、教条化的窘境:有时候,英语教学中的词汇知识容易被简单化呈现或者一笔带过;也有时候,英语教师们对词汇教学有些束手无策,无从创新,从而落入形式化、教条化的僵硬教学模式之中。要想进行有效的词汇教学,教师首先需要考虑词汇教学内容的选择与安排。

一般来说,对英语单词的掌握意味着要知道以下几点:①在口语和书面两个语境中的使用(spoken and written contexts of use);②与相关单词联系后的相应变化形式(patterns with words of related meaning);③相关搭配(collocational partners);④在句法、语用和语篇中的相应形式(syntactic, pragmatic and discoursal patterns)。同时,学习者可以主动地进行词汇学习,并且能够基于词汇学习收获和创造出新的知识、方法、思想、策略等。

因此,词汇教学的内容可以从形式、意义和使用三个视角展开分类(见图7-1):形式上,①发音和拼写(pronunciation & spelling);②相关语法变化形式(grammar)。意义上,

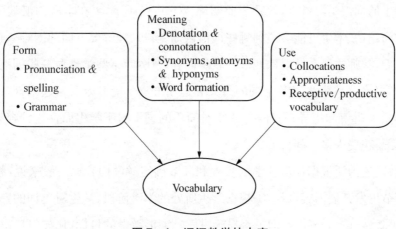

图 7-1 词汇教学的内容

③字面意义和隐含意义(denotation & connotation);④同义词、反义词、下义词(synonyms, antonyms & hyponyms);⑤构词法(word formation)。使用上,⑥词语搭配(collocations);⑦得体性(appropriateness);⑧领会性词汇(能理解会意)/产出性词汇(能运用于口语、写作等)(receptive vocabulary/productive vocabulary)。

以上从形式、意义和使用这三大角度分析得出的8个层面可供教师在创设词汇教学内容时参考。当然,在教学实践中,教师需要依据学生的学习情况和实际教学要求,对上述内容进行有选择、有计划地设计、安排,这样才能科学、合理、有效地培养学生达到所需的词汇运用水平。

第二节　词汇教学设计原则与方法

一、基于学情的词汇教学内容选择

英语词汇教学内容的首要选择依据是学生的学情。主要包括以下三个方面:一是学生的学习基础,即已学知识和未知知识;二是学习难点,即学生在进行词汇学习时可能遇到的困惑和疑难;三是具体的教学要求,即现实的词汇教学步骤和环节要求等。新课标下,倡导教学要以学生为中心,发挥学生自主学习的能动性,教学的主体是学生,词汇教学只有在了解学生学习情况的基础上,才能找到最合理、有效、科学的教学方法与途径。

具体来说,针对学生的词汇学习基础情况,教师需要明确以下几点:①学生已经掌握的词汇知识和用法有哪些;②学生还有哪些词汇是不了解或者完全不知道的;③学生在学习词汇时需要掌握的不同层次分别是什么。这一系列问题都是与学生学习基础息息相关的,只有了解了学习基础才能保证课堂词汇教学的效率和质量,避免教学指向的盲目或错位。

针对学生的词汇学习难点,教师需要明确以下几点:①学生在本次词汇教学中可能提出或存在的问题;②学生可能会遇到哪些词汇认知、辨析、理解等方面的困难。在剖析学生学习难点之后,教师才能有针对性地选择教学内容。比如,某些学生对一些词汇的发音、拼写存在问题,又有一些学生对几个词的意义和运用方法不能有效联系起来等,这样的词汇都需要教师重点讲解和指导;另外,一些相对简单的词汇对于学生而言比较容易迅速掌握并运用,就无需花费太多时间讲解。

此外,教师还需要根据词汇教学的步骤和环节确定教学内容。一般来说,教师可以从以下几个环节出发开展内容选择:①根据学生所处的学龄阶段、学生对单词的熟悉度、词汇难度、词汇可教性(teachability,即是否易于讲解)、词汇教学的目标(比如以口语、写作产出为目的，或以阅读、听力中辨识词汇为目的），确定教学中需要呈现的词汇量；②确定词汇意义和拼写呈现的顺序（比如先呈现意义再展示拼写）；③决定词汇的呈现方式，例如借助中英互译、实物或图片展示、英英释义、情境创设等方式，通过口头引入新词还是书面引入新词等。

综上，具体教学实践中，英语教师首先要从学生基本情况出发，再根据现有的词汇教学前提条件，如词汇量要求、词汇呈现顺序、内容呈现方式等，展开充分考量后再决定词汇教学的相关内容。

二、词汇教学设计的原则

传统外语教学中的词汇教学强调词的字面意义，教学的方法主要是对比和翻译，忽视了在实际使用中的词汇意义。在词汇教学中，合理建立并运用相关词汇原则，可以为囿于传统、缺乏活力的英语词汇教学提供有力的指导。新课标要求词汇教学紧紧依托主题和语境，为学生创设迁移运用词汇的真实条件。因此，本书建议英语教师们基于以下五大词汇教学基本原则，融入新课标的"主题""语境""运用"的思想，在词汇教学中需遵守认知原则、系统原则、动机原则、交际原则以及文化原则。

（一）认知原则

在学习外语时，学生基本拥有了较为完整的认知系统。而外语词汇学习与母语词汇学习大有不同。由于母语基础和认知体系的影响，学习者在学习外语词汇时会对其产生各种各样的认知。在英语词汇教学中，学生对语言的普遍性知识和整体认知能力都将在某种程度上影响着词汇教学。学生的认知能力对学生词汇学习的影响主要可分为两类：一是学习实词（open-class words）时所犯的错误，二是学习虚词（closed-class words）时所犯的错误。实词学习中的错误多为"替换性错误"，即学生用词不当或者音位发音错误等；虚词学习中的错误，多为不恰当的增减所造成的。这些由学生认知基础而引发的词汇错误，源于母语以及学生词汇认知习惯的"插手"，这启示着英语教师在词汇教学中要贯彻认知原则，留心常见的学生错误认知策略，正确引导学生跳出错误认知圈套，鼓励并培养学生用不同方法学习并运用词汇。

新课标中的课程内容指出要培养学生的学习策略运用能力。结合认知原则，词汇教学中教师需要注意培养学生对元认知策略和认知策略的运用能力。元认知策略，是指学生对自身学习过程或学习结果进行计划、监控、评价、反思和调整的策略，有意识地注意整理、积累、安排学习内容等等。认知策略,是指学生为达成具体学习目标和完成具体学习任务而采用的方法和步骤。因此,教师在进行词汇教学中,需要引导、鼓励学生运用这两种策略,对自身词汇学习情况进行监测、反思,制定适合自身的词汇学习计划,对课堂所学词汇知识进行及时整理、归纳,在遇到词汇学习困难时通过图书馆、网络等线上线下多媒体资源主动查询等等。同时,教师可根据学生的学习情况为学生介绍多种词汇学习途径和方法,指导学生选择最适合自己实际学习情况的方法。

比如在教"cheers"这一单词时,教师发现学生对该词词义的理解和记忆总是停留在"干杯"的意思上,而难以说出其"谢谢""再见"之义。其实,在这种情况下,学生就是受到了自身的习惯性认知的影响,学生认知基础里再熟悉不过的"干杯"之义深深烙刻在脑中,影响了后续新的词义的学习,甚至是造成了一定的障碍。此时,教师引导学生在语境中学习该词,可以调动学生采用在语境中学习词汇的策略,加深学生对该词丰富内涵的印象,并能真正地内化于心、外化于交际。

(二)系统原则

系统原则指出语言是一个庞大的系统,词汇系统作为其子系统之一而存在。教师首先需要在词汇教学中对英语词汇作一个系统性的分析,要把握其内部各元素之间的相互关联性。系统原则指出,英语教师在词汇教学中要充分留意到各个单词间的系统内的关系,如"聚合关系""组合关系"。在词汇教学中,系统原则下的"聚合关系",指的是根据单词的某种特点,将单词与单词归类聚集的一种关系。常见的聚合关系有同义词关系、反义词关系、上下义关系、同音异义词关系、同形异义词关系等,这样的种种关系有助于引导学生在词汇群组中记忆并掌握单词。而系统原则下的"组合关系",即为单词之间的词义搭配联系、句法搭配联系等。在组合关系中,教师通过介绍与词汇紧密相关的搭配,帮助学生分析、理解词汇意义的组合规律,并且正确熟练地运用相关搭配表达更丰富的内涵,从而促进学生的词汇活用能力发展。

在实际课堂中,教师针对本节课的词汇教学,可基于系统原则,将新词同其反义、同义、上下义词汇等联系起来,同时最好能在学生已学知识的基础上,系统地组织、分类、归纳并进行讲解,这有助于学生构建自己脑海中的词汇关系网。比如在讲解生词"adorable"时,利用"释义(paraphrase)"的方法,将其解释为"very attractive and easy to feel love for; delightful; charming",可以让学生通过简单易解的表达了解生词内涵,并习得与之相关的同义表达。此外,教师还需要注意为学生搭建词汇间的搭配桥梁,让学生意识到词语搭配的准确性、实用性,结合搭配关系的词汇教学将更有利于学生理解词汇并化为己用。例如,"bring up"这一表达有"提出、讨论""抚养、养育"等含义。仅记忆其多种中文含义往往导致知识"飘在空中",学生不知如何与其他词语进行联系运用;而教师讲解时,如果呈现出这样两个句子,结合句子中的搭配,学生很快便能把握"bring up"的不同含义:

(1) She brought up three children all by herself after the divorce.

(2) Li Mingming loves to bring up different topics in Chinese classes.

显而易见,第一句"bring up three children"意在提点学生"bring up"有"抚养、养育"的意思,而第二句则指向其"提出"之义。通过两个常见搭配的呈现,学生更能直接把握"bring up"的相关意义,并由此学会搭配、运用这一短语。因此,系统原则对学生从系统的角度学习英语词汇常常起着事半功倍的作用,词汇教学的效率也大有提升。

(三) 动机原则

新课标规定的课程内容里,提到了学生应运用的学习策略包括"情感策略"。情感策略,指的是一种在语言学习中调控学习情绪,保持积极向上的学习态度的策略,侧重于调动学生学习的兴趣与动机。情感策略的主要内容包括学生获得积极长久的英语学习动力,主动参与英语学习活动的兴趣,乐于合作学习和自主学习等。在词汇教学中,教师在落实系统原则、交际原则、文化原则、认知原则的同时,需要充分调动学生词汇学习的兴趣,发展学生的词汇学习动力,让学生在多样化的词汇学习活动中产生积极的词汇学习态度,萌生学习动机,并将词汇学习延伸到课堂以外,乐于进行自主的词汇探索和积累。这些都需要教师灵活运用动机原则进行词汇教学。

动机原则鼓励以"启发"(elicitation)和"个性化"(personalization)的方式,调动学生参与词汇学习的积极性。"启发"是指教师通过展示某样事物(比如与词汇相关的图片)等,引发学生展开联想、讨论、猜测,一步步启发学生了解词汇含义与构成等等。"个性化"的方式则是结合学生个人的真实生活环境与体验,鼓励学生在真实语境中理解、运用词汇。因此,教师在教授词汇时,要根据词汇内容设计出适合学生的多种活动形式,例如结合听、说、读、写等活动,设计任务型词汇教学,让学生在教师带领和鼓励下进行自主探究式词汇学习,在合作活动中感悟词汇的丰富内涵和学习词汇的乐趣,减轻词汇学习的负担并且提高学习的效率。此外,通过视频、图像、动画等多媒体手段,教师可为学生创造丰富多彩的词汇学习语境,调动学生的好奇心、学习欲望,将多媒体与语言知识相结合同时呈现,对于提高学生课堂学习词汇的效率也大有裨益。学生在这种不再单调的词汇教学条件下能轻轻松松地习得词汇,并且自得其乐。

(四)交际原则

语言以交际为目的,是一种交际工具,这是语言最基本也最现实的属性之一。英语教学,旨在为学生英语学习的长远发展奠定良好的基础,培养学生的语言能力、学习能力、思维品质和文化意识这四大核心素养,帮助学生进一步学习并运用英语基础知识和技能,进行准确、得体、流畅的英语交际。新课标着重强调了主题语境在学生英语学习与运用中的重大作用,指出特定主题与学生的生活之间应建立密切关联。教师需要贯彻落实英语学习活动观,尽可能地为学生营造真实的交际环境,让学生在尽量真实的语言条件下学习使用英语,这样方能推动学生在实践中真真切切地掌握这门语言,并能形成自己的交际策略、应对方法,在交际中建立自信心、掌握主动权。词汇教学中,教师需要充分考虑英语这门外语的交际功能,对单词的词义、运用特点等进行充分呈现、讲解和操练。

结合新课标理念,交际原则指导下的词汇教学,需要教师创设真实的交际条件,帮助学生在真实语境、实际交流中理解词汇意义。例如,当遇到"cheers"这个单词的时候,学生们也许最先想到的是其作为祝酒用语表达"干杯"之义。其实,在真实人际交往中,"cheers"还有"再见、再会"或"谢谢"的意思,常见于英式英语中的非正式表达。那么,这样的几种内涵,如果单单只是透过中文翻译呈现给学生,学生往往会感到诧异和困惑。而根据交际原则,教师在教授"cheers"的多种内涵时,可播放一小段视频,展现这样的一段对话:

A: Oh, thank you for coming over and helping me move my furniture. Cheers, I really appreciate it.

B: No worries.

上面这段对话中,A 对 B 帮忙搬家具一事表示感谢,A 在这里使用了"cheers"致谢。此时,"cheers"等同于"thank you",意为"谢谢"。

再播放另一段视频,视频里二人正在挥手道别。这段里提到了"cheers"的另一含义"再见"。视频中的对话如下:

Alan: Cheers, Jackie, see you later.

Jackie: Cheers.

上面这一小段简短的视频对话里,呈现的是一个挥手告别的场景。根据视频里二人挥手、相背离去等动作,再看看他们的对话中出现了两次的"cheers"。此时,"cheers"用于分别时表达再会,是谈话结束时的祝福用语。以上两个小例子展现的便是为学生营造真实交际环境的重要性,学生因此才能充分结合真实语境,联系并推断相关词汇的交际功能,在更贴近现实的程度上做到掌握词汇的真实交际用途,使得词汇教学与言语交际相接轨。

(五) 文化原则

英语作为一门外语,有其深厚的文化内涵与文化底蕴。理解英语背后的文化基础,内化于思维并外化于言行交际,是外语学习者学习英语时的重点和难点。英语有自身的语言规律、交流模式,这些往往都是比较容易首先习得的;而理解英语思维、英语文化,对外语学习者而言,常常是较难攻破的一道关卡。但是,要想真正精通一门语言,仅仅做形式上侃侃而谈的大师、语言表达上刻意雕琢的完美主义者,并不能掌握其精髓。语言学习者亦承担着传播文化的责任,外语交际同时就是一种文化的双向交流与传播,因此只有掌握一定的文化才能成为真正意义上语言的主人。

词汇是一门语言的文化、思想、精神的聚宝盆,每一个单词都承担着一定的文化角色,而单词与单词联合起来也许又会产生更多丰富的文化内涵,映射着该种语言的文化背景。传统的英语词汇教学看重将单词与汉语词义一一对应,相信用中文去解释词语即可帮助学生掌握该词。随着英语教学与学生学习的推进,老师和学生将意识到,任何一门外语词汇的概念意义与其约定俗成的汉语释义很可能在文化意义层面上并不完全等同,甚至会大相径庭。这就启示英语教师在词汇教学中充分留意词汇背后的文化内涵,对一些特殊意义的词语要着重解释其文化背景和使用情境,从文化的角度帮助学生认识并掌握英语词汇。

新课标强调,英语教学需要培养学生的英语学科核心素养,这具有深厚的育人价值。其中,文化意识作为四大核心素养之一,指的是学生对中外文化的理解、对优秀文化的认同,是学生良好的跨文化意识,体现着英语学科核心素养的价值取向。新课标指导下的英语词汇教学,应该注重培育学生对词汇正确的跨文化认知、态度和表达取向,在学习词汇中把握国外优秀文化,求同存异,理解并尊重英语语言文化,同时增强自身文化自信,在文化学习与交流中树立正确的文化价值观,成为有文化素养、有全球化视野的人。

新课标课程内容六要素之一的文化知识也要求词汇教学涵盖物质文化和精神文化两个方面的教育,帮助学生更全面地理解并运用英语词汇。例如,教师结合单元主题内容,有意识地带领并鼓励学生搜索英美等国家文化背景知识,分析、理解相关词语、短语、搭配中的文化背景与意蕴。

以人教版(2019)高中《英语》必修一 Unit 2 Traveling Around 的 "Reading and

Thinking"部分为例,本单元主题是游览世界,而该部分主要以两种不同类型文本介绍了秘鲁(Peru),涉及"Inca""the Andes Mountains""Machu Picchu"等词汇表达。此类词汇与秘鲁这个国家的历史文化背景紧密关联。因此,教师可在上课前首先播放一个英文视频,为同学们简要介绍秘鲁的历史发展及其文化背景(视频中提及课文中相关词汇),接着基于视频内容,展示与"Inca""the Andes Mountains""Machu Picchu"相关的英文解释或图片,让同学们进行连线。通过视频、图片等呈现该国的历史文化,为学生打下了理解词汇的文化基础,结合文化背景准确把握词汇含义,体现了词汇教学对文化原则的遵循。

三、词汇教学设计的方法

(一)确定词汇教学方法的依据

不同英语词汇有着各自不同的特点,因此在具体词汇教学中,需要根据词汇本身的特点采取相应的教学方法。英语教师可根据词汇的两大特点采取合适的词汇教学方法——词汇被使用的频度(高频词/低频词)和词汇在教学中的地位与作用(接受性词汇/产出性词汇)。在分析并把握了词汇的两大特点的基础上,结合相关主题和文本语境,教师才能选择并采取最科学有效的词汇教学方法,引导学生领会和使用这些词汇。

1. 依据一:词汇被使用的频度

介绍词汇教学内容时,我们提到了解一个单词应该包括了解其使用频率(word's frequency)。词汇教学前,教师需要关注的一个重点就是词汇的词频,要分析词汇是属于高频词还是低频词。单词的使用频率的高低不同,对学生英语学习的影响也不同。在日常口语、书面表达中出现频率较高的就属于高频词,在教学内容里占的比例较大,对学生学习和运用英语进行口语交际、书面写作的影响也就较大。教师在词汇教学中重点关注主题语境下的高频词,有助于提高学生在实际交流与写作中的语言技能。而对于那些对英语学习影响甚微的低频词,可以采取较为简单的讲解方法,在词汇教学中厘清轻重,提高学生学习效率。但是,如果某些低频词的出现阻碍了学生的学习进度,比如某单词妨碍了学生理解某一听力或阅读文本,教师也需要给予这类障碍性低频词合理的关注,帮助学生理解其含义并顺利完成相关任务。

因此,在词汇教学中,教师需要根据词汇的使用频率、出现频率,采用不同的教学方法。高频词属于学生语言知识学习与运用的重要组成部分,而低频词可归于偏理解层面的词汇。教师需要特别关注对高频词的教学,通过精心的教学设计与安排,基于主题语境设计丰富多样的词汇教学活动，帮助学生全方位掌握其发音、组成、词义、搭配、实际用途等。同时，教师需要合理分析低频词在语篇语境中的作用，引导学生根据其构成猜测词义，在上下文语境中理解词义等，消除低频词对学生学习的阻碍，同时提升学生采取恰当的词汇学习策略进行自主学习的能力。

2. 依据二：词汇在教学中的地位和作用

学习者二语学习中的词汇可分为接受性词汇（receptive vocabulary）和产出性词汇（productive vocabulary）。接受性词汇，即学习中主要作理解要求的词汇；产出性词汇，则需要学生在理解的基础上熟练运用，能够准确得体地进行口语交际与书面写作。基于该词汇分类，在词汇教学中教师还需要依据所需教学的词汇在英语教学中的地位和作用，科学合理地选择词汇教学方法，即判断该词汇是属于接受性词汇还是产出性词汇。当词汇在接受性词汇范围内时，教师此时的主要任务便是基于主题语境、语篇文本，帮助学生推导、理解所学词汇的意义，为解读文本，分析和解决问题扫清障碍。比如，在讲解某阅读文本时，教师可鼓励学生通过上下文语境推出词义，或者用学生学过的、与词汇意义相近的表达进行释义，达到理解的效果即可。但是，在以口语、写作能力培养为目的的教学中，教师需要引导学生理解词汇的内涵，并且进一步投入口头表达和书面写作中。此时教师需要精心设计各项词汇运用的活动，带领学生在实际表达中掌握其运用窍门，最终能在口语、写作等交流性活动中展现准确、得体的相关词汇表达。

总之，基于主题语境的词汇教学要求教师在把握学生学习情况的基础上，根据学生英语学习的目标以及词汇本身的属性（词汇使用频率和词汇学习目标），准确定位词汇教学的目的与方法，引导学生有的放矢地学习词汇，理解词汇，运用词汇，同时形成适合自己的词汇学习方法。下面将具体介绍在教学实践中可供参考的一些有效词汇教学方法。

（二）直接式词汇教学与间接式词汇教学

一般来说，词汇学习有两种方法——直接式词汇学习（direct/explicit vocabulary learning）和间接式词汇学习（indirect/implicit vocabulary learning）。因此，英语词汇教学可根据学生直接和间接学习词汇的方式，被分为直接式词汇教学（direct or explicit vocabulary teaching）和间接式词汇教学（indirect or implicit vocabulary teaching）。那么，直接式词汇教学与间接式词汇教学的具体内涵和应用是什么呢？

1. 直接式词汇教学法

直接式词汇教学法，顾名思义，指的是词汇教学明确占据教学目标与内容的一部分，教师在教学中特意对词汇的结构、语音、词性、词义、搭配、用法等等进行呈现与分析,引导学生直接针对相关词汇进行学习和操练,例如词表学习、构词练习等等。这是一种教师直接明确地教授词汇的方法,教师直接教授词汇相关的语言知识,语言学习指向性非常明确。例如,在讲解"resemble"一词时,教师可能会使用直接式词汇教学法在 PPT 上展示"resemble"的词性、词性、中英词义、例句和使用:

resemble v.(无被动语态,不用于进行时)

To look like or be similar to ...(看起来像,像)

She really resembles her father.

直接式词汇教学主张语言形式的直接教学,虽然直接明了地呈现词汇知识有助于学生快速习得词汇的相关知识,但像这样的词汇教学始终没有脱离传统教学碎片化、枯燥单调的模式。在现如今的英语教学中,直接式词汇教学法往往无法达到最好的词汇教学效果,学生被动地、机械地接受语言知识而缺乏主动理解、运用词汇的机会。因此,词汇教学还需要采用更多灵活的方法,赋予其丰富的教学意义。

2. 间接式词汇教学法

间接词汇学习,指的是一种在听、说、读、写、看等各种学习过程中自然发生的无意识的词汇学习。间接式词汇教学法就是通过听、说、读、写、看等其他学习活动,传达相关信息,间接地达到丰富学生词汇知识、提升词汇运用能力的目的。间接式词汇教学法的实施需要三个预备条件:①学生要对所需理解信息有兴趣;②语言中的信息所在的水准需高于学生当前水平;③学生要对即将学习的新知识感到有信心,不会产生担心、畏难的情况。

因此,间接式词汇教学要求英语教师必须紧扣新课标,在新课标指导下完善相关教学条件,帮助学生自然学习并有效运用英语词汇。新课标对课程内容下的语言技能进行了新的阐述。语言技能是语言运用能力的重要组成部分。过去常常谈到的语言技能包括四方面,即"听、说、读、写"。但随着时代进步、社会发展、科技更新,现代社会的学生更多地接触到多模态的图形、表格、动画、符号以及视频等新媒体元素,这些都需要学生增强自身的理解性技能。新课标中的"看"强调学生要在日常生活实践中有心观察这些新媒体元素,理解其各层次的内涵和意义。因此,在思考词汇教学该怎么教时,教师要注意摆脱单调枯燥的传统教学模式,可将词汇教学与"听、说、读、写、看"这五大技能的培养有机结合起来,创设丰富多样的语境,选择有育人价值且贴近学生生活经验的主题,帮助学生在完成听、说、读、写、看等综合性任务的过程中自然灵活地学习相关词汇知识。

具体而言,教师如何在听力、口语、阅读、写作教学中有效地进行间接式词汇教学呢?

(1) 听力教学

词汇教学与听力教学相结合,是指在听力教学中带领学生学习听力所涉及的陌生词汇、重点词汇、难点词汇等,帮助学生扫除听力学习与操练过程中因词汇产生的障碍和困难,从而最终帮助学生理解听力文本,分析并解决听力相关的问题和任务。基于听力教学的词汇教学内容,应主要关注影响学生理解听力材料大意的词汇、与听力材料主题紧密相关的词汇。针对这两种词汇,教师可视情况采取相应的教学方法。

对于影响学生理解听力大意的词汇,教师一般需在学生听前进行提点、教授,让学生知晓相关词汇的发音、拼写、词义即可,而不需要作太多的额外讲解。因为在听力中,学生只会听到单词的读音,并基于文本语境进一步联想其拼写和意义。只要掌握了生僻词汇的发音、拼写和词义,对听力的理解自然事半功倍。具体而言,教师可在黑板、PPT 上通过英汉释义、图片展示等等,讲解这类理解性词汇在听力教学中涉及的含义。

另一方面,听力文本中的重点词汇,与背景、主题息息相关,教师可在听前事先为学生创设与听力材料主题相关的语境,介绍主题背景,引入相关话题,并在此过程中点出听力材料涉及的主题词汇,结合其语境解释该词汇的含义。

最后,在听力教学中进行词汇教学,教师还需要注意听力文本的设计或选择、听力材料语速的难度、词汇的难度、在听力中理解词汇的活动设计等。教师要根据教学目标,从学生的学习需求出发,合理控制听力材料的各方面难度,选取与学生日常学习、生活主题相关的文本,调动学生的学习兴趣,使得学生能够通过系列活动主动探索词汇的奥秘,掌握词汇的运用技巧。

(2) 口语教学

口语表达中所运用的词汇即为产出性词汇,要求学生把握相关词汇的读音、意义、搭配、语法知识、用途等。词汇教学与口语教学相结合,需要教师根据口语表达的主题内容确定学生应习得的词汇,并且能够引导学生就该话题准确、得体地在口头表述中运用词汇。此时,词汇教学应聚焦于学生对词汇发音的掌握,根据主题和语境运用合适的词汇及相关搭配,基于其相关意义进行准确的词汇表达。

词汇学习首先要求会识读相关词汇,把词读得准确而流畅,因此将词汇学习融入口语教学是大有裨益的。学生在口语表达的过程中,可自然理解、运用所学词汇,抒发己见并内化于心。口语教学的同时,教师可根据学生目前的学习水平,选择学生感兴趣的、有意义的话题,贴合学生生活实际与体验,鼓励学生运用所学词汇进行口语交流,表达观点。其中,口语教学对学生词汇学习的帮助主要体现在两大方面:一是词汇的发音,二是特定话题下的词汇系统。首先，口语表达的同时教师可以帮助学生纠正相关词汇的读音，理解具体语境下相关词汇的重读、轻读、连读等，在意义层面理解所学词汇。此外，基于话题的口语表述中，教师可以鼓励学生就此话题展开丰富讨论，从而在口头表达交流的基础上建立并拓展该话题下的相关词汇系统，有助于学生词汇量和词汇知识的积累，并使其能在日后学习、交流中自然调动所学词汇知识。例如，人教版（2019）高中英语必修一 Unit 1 以 "Teenage Life" 为主题，该单元主要围绕高中青少年的日常生活展开，教师基于本单元主题，可设计介绍自己最喜欢的学校活动，模拟社团招新，规划中美高中生夏令营活动等诸如此类的口语活动，让学生在具体的句子、语篇、语境中对该主题下的词汇强化认识，拓展相关主题词汇。

（3）阅读教学

阅读是积累词汇的最主要途径，阅读使学习者在文本中遇到大量词汇，并能在潜移默化中习得不少表达，促进学习者词汇理解和运用的能力发展。在阅读教学中教词汇，教师需要随着阅读教学进程的推进，进行相应的词汇教学安排。第一步，是对阅读文本的内容进行理解，这时词汇教学的重点是帮助学生扫清语言障碍，促进学生顺利完成文本阅读。教师需要对相对学生水平而言较难、仅依靠上下文很难推测词义的词汇进行提点、释义。第二步，教师引导学生深入分析阅读文本并解决与主题主旨等相关的深层次问题，此时词汇教学就应关注词汇的相关语法形式、句法特点、词语搭配等，并结合主题语境分析其内涵、于文本中起何作用等。理解了这些重点词汇、核心词汇之后，才能达到阅读教学与词汇教学相长的目的，也为学生运用词汇进行口头和书面表达作准备。

根据阅读教学的一般步骤，词汇学习可在读前、读中、读后三个阶段依次递进展开：

首先，在读前阶段，教师可筛选并介绍阅读材料内与文本主题、背景知识相关的词汇，帮助学生顺利完全阅读，扫除阅读中的词汇障碍。比如，教师此时可以基于学生的已学词汇，引导学生进入主题，并拓展到与本次阅读文本相关的话题词汇。

接着，进入读中阶段后，教师词汇教学的主要任务是领着学生在阅读语篇中理解相关词汇。此阶段理解语境中的词汇的重要且有效方法之一便是根据上下文推测词义。例如，在人教版（2019）高中英语必修一 Unit 3 "Sports and Fitness" 的阅读文本 "Living Legends" 中，有这样一段文字介绍了运动员郎平在面对各种困境时的态度："When the Chinese team was preparing for the 2015 World Cup, her determination was tested. The team that Lang Ping had built was falling apart. One of the best players had been injured, and the team captain had to leave because of heart problems. Losing two important players was a big challenge, but Lang Ping did not lose heart. She had faced difficulties before, and she knew that her young players could win if they worked together as a team."根据上文中队伍的"falling apart""losing two important players",再看接下来描述郎平的"not lose heart(没有灰心)",最后一句又表示郎平以前遇到过此类困境并相信队伍必胜,学生可大致猜出"determination"在此处是指郎平的不丧气、坚定的态度,即"决心"。

在读后阶段,教师可以根据阅读中所学重难点进行延伸教学,基于主题设计各式各样的活动、任务,继续帮助学生巩固所学词汇。不过,阅读课最重要的依然是对语篇的整体学习与理解。通过语篇学习学生可习得相关阅读技巧并运用,同时结合词汇教学也有助于学生在语篇语境中把握词汇的要义。

(4)写作教学

写作教学与口语教学相似,都是以语言输出为目的的教学。词汇教学与写作教学相结合,其中的重要角色便是产出性词汇,或者说产出性词汇教学在写作教学中更为重要。而与同样以语言输出为目的的口语教学相比,在写作教学中产出性词汇的学习要求更高,需要更多的词汇辅助写作。写作中的词汇属于产出性词汇,教师在教学中不仅要注意指导学生掌握词汇的拼写、意义,还要掌握词汇的语法模式、搭配关系、特定文化和语境下的内涵和用法等等;只有在掌握了这些方方面面的词汇知识的基础上,学生才能创作出一篇篇精确、得体、有思想、有逻辑的文章。

在写作教学中展开词汇教学,强调的一点是培养学生正确得体运用词汇的写作能力。因此,在写作中教词汇,可以从"说""写"结合、以"读""听"促"写"的方法入手。

首先,"说写结合"指的是,先鼓励学生在口语表达、交流、讨论的过程中形成写作的主题、大概内容与框架,并且呈现出一个英语大纲,这期间必定会涉及相关主题词汇的选择。接着,教师帮助学生完善写作计划,提供适当的语言和思路引导,减轻学生词汇缺乏的困惑与为难之处。学生自主讨论、完成写作草稿之后,教师可以建议学生进行同伴互评,此时同学之间重点关注的是写作中词汇运用的正确性与得体性。这样一来,学生在写作中既锻炼了说的能力,又锻炼了写的技能,并且能够提高自身对写作词汇的理解和认识。

除了"说写结合"词汇教学,教师还可以依靠"以读促写""以听促写"的方法,在写作教学中融入词汇教学。在这种方式下,教师可为学生提供与写作主题相关的阅读材料或听力材料,对其进行适当有效的分析,实际上是为学生后续写作提供了强有力的借鉴对象,学生基于阅读或听力可启发自身写作思路,借鉴可用词汇等等。就词汇教学而言,教师借助阅读文本或听力文本可自然引出对相关话题词汇的讲解,同时提供了语境,一举两得。这种方法的运用是为学生搭建了一个脚手架,具有启发性和指导性,教师亦可在此过程里引导学生自主学习、思考、探索,进而逐步形成对主题情境下词汇的理解。

(三)如何设计词汇呈现与运用活动

根据词汇教学的一般步骤,词汇教学可分为词汇呈现、词汇运用两个部分。如何呈现词汇,如何设计词汇运用活动,都需要教师给予充分的考量。以下主要从词汇呈现与运用的角度,看教师在词汇教学中可分别采取哪些方法。

1. 如何呈现词汇

词汇教学中,教师不仅需要综合利用各种资源,鼓励学生在真实条件下进行探索、运用,也需要通过直接"呈现(presentation)"的方式,课前选择、设计好相关词汇内容,帮助学生进行理解。具体而言,有以下几种常见的词汇呈现方法:

(1)母语翻译法

翻译可以说是传统词汇教学中使用范围最广的方法,在词汇教学中屡试不爽。在单词意义与学习者母语释义紧密关联的情况下,翻译法可直接帮助学生理解单词词义,非常便捷有效,特别适用于课堂中突然出现的生词教学。然而,过度依赖翻译法往往会造成学习者难以形成对所学外语的独立认识,难以发展外语思维。同时,翻译使得学习者轻松得到了词汇含义,缺乏思考探索的过程,也会更容易遗忘。因此,英语教师在词汇教学中要注意适度采取翻译法,根据词汇教学内容和学生基础情况,对英语和中文的讲解比重有合理的安排。比如,针对生僻词汇的教学,教师可以用学生已知的简单词汇来解释,并适当辅以中文讲解;如果生词难以通过翻译(如"Renaissance",文艺复兴)传达其内涵,在翻译时可结合图像、视频等多手段呈现,并给出详细的中文解释。

(2)直观呈现法

直观呈现法,是对母语翻译法的替代,指的是通过直接呈现一系列实实在在的事物来对词汇进行阐释,主要运用实物、图片、教学卡片、图表等可见的教学辅助手段。新媒体的发展、多媒体教学方法的运用,为直观呈现词汇提供了强有力的支持。新课标也提倡教师灵活运用现代信息技术,带领学生在技术中感受词汇学习的魅力,同时提高学生的词汇记忆和学习效率。但显而易见的是,某些非实词往往无法通过直观呈现法,达到最有效的教学效果;直观的方法十分适用于起步阶段的学生,对高阶学习者而言往往需要更丰富的词汇教学手段。因此,教师可在有条件的情况下,根据教学需求,恰到好处地运用直观呈现法,帮助学生丰富词汇学习的感官体验。例如,在学习人教版(2019)高中英语必修一 Unit

5 "Languages around the World"时,基于单元主题为"世界各地的语言",教师可为学生提供一系列图片,展示各国的语言书写形式,并对应图片标注其英文表达,学生丰富词汇量的同时可直观地了解各国语言的英文表达及相关特点,有助于学生就本单元主题进行口头和书面表达。

(3) 英英释义法

不是所有单词的呈现都可凭借实物、直观呈现等方法让学生直接接触并了解其含义的。一些非实义单词,如 intuition、become、worthwhile 等,无法通过实实在在的物体去解释其内涵。因此,教师在进行词汇教学时,对于这类单词可采取以下四种英英释义的方法,对其意义进行英文解释:一、提供情境示例(providing an example situation);二、给出例句(giving several example sentences);三、给出同义词(synonyms)、反义词(antonyms)或上下义词(superordinate terms or hyponyms);四、给出完整定义(giving a full definition)。

第一,"情境示例",又叫情境呈现(situational presentation),指的是将词汇置于一系列清晰的上下文语境中进行讲解。比如,在学习人教版(2019)高中英语必修一 Unit 4 "Natural Disasters"时,遇到单词"survive""survivor",可以设置以下类似情境,帮助学生在情境中理解其"存活""幸存者"的含义:

When the earthquake took place, Cathy was about to cook dinner in the kitchen and her husband David was watching sports news. Suddenly, the house began to shake. David quickly ran into the kitchen and took Cathy out of the house. They did not stop running until they got to the nearest square.

After the terrible earthquake, it was reported that hundreds of people died and many of others in the town got badly hurt. Luckily, David and Cathy survived the earthquake thanks to their quick reaction. They both felt it's really lucky to be a survivor.

第二,"给出相应的例句",这种方法在词汇教学中常常被用来介绍词汇在句子里的用法。

第三,则是根据与词汇意义相关的单词,启发学生理解词汇的含义,一般情况下需要基于学生已知词汇,介绍其同义词、反义词、上下义词等,同时有助于学生将词汇学习系统化。第四,"完整解释单词意义",其实就是词典的功能。教师可以鼓励学生多途径查询词汇的正确释义,通过网络资源、词典、图书馆等渠道自主学习词汇含义。

(4) 强调单词的形式

首先,教师要特别关注读音教学(the spoken form)。单词的发音和其词义一样,同样决定着单词在人们脑海中存储的方式。事实上,特别在初学阶段,人们常常会混淆那些发音相近的单词,如"chicken"和"kitchen"。这是因为人往往首先记住单词整体的音节、重读,再唤起记忆时便会出现诸如"chicken"和"kitchen"分不清的状况。因此,教师在进行词汇教学时,需要着重突出对单词读法的强调(highlight the spoken form of a word),具体指出其重读部分,带着学生分析单词的构成法,这样一来更能帮助学生辨析单词,理解单词,有效记忆并运用。

一般而言,有三种强调单词读法的基本教学方法,分别为听力训练(listening drills)、口头训练(oral drills)和板书强调(boardwork)。听力训练和口头训练的目的都是让学生在重复练习下习得有关词汇,教师会通过各种方式让学生重复听单词的读法,或重复说出该单词的读法,辨别重读部分,分析单词构成等。"Boardwork"指教师在黑板或其他展示屏幕上标出对单词读音的强调,对单词某部分的强调可以通过图标来体现。例如在黑板上这样强调其主重音(primary stress):

⇩   ⇩
Frightened   petrified

在掌握了词汇的读音后,应紧接着帮助学生克服拼写障碍,习得单词的拼写(the written form)。在学习了怎么读单词之后,拥有一定英语学习基础的学生往往会对该单词的拼写有了初步的设想。因此,教师应该紧接着强调单词的正确拼写,避免学生因产生错误的拼写联想并使这种错误延续下去,日积月累难以纠正。此外,单词的拼写往往透露着词义,学生的正确拼写也可避免对单词词义产生误解。比如,仅听其发音,"police station"听起来像"plee station",学生可能会在错误拼写下"创造"出难以理解的单词,从而影响对单词、词组、句子甚至是语篇的理解。

当然,这里的对单词形式教学的方法,并不是指词汇教学需要片面地强调形式即可;而是建议教师们关注读音和拼写教学对学生词汇学习的影响,从而更好地处理形式、意义与运用的关系。

2. 如何运用词汇

在词汇教学的过程中,教师应该选择一些整合性任务(integration activities),整合新旧知识(Integrating new knowledge into old)以帮助学生脱离简单的机械性学习,进入综合运用词汇知识的环节,并使学生能从中整合词汇知识,真正习得词汇运用技能。教师可以设计以下几类任务或活动来巩固学生所学词汇,并使其掌握词汇,灵活运用。

(1) 决策性任务

教师可选择多种活动形式、任务类型来帮助学生形成长期有效的词汇记忆。需要学生在一定条件下决定词汇相关内容的任务,就是决策性任务。基于决策性任务对于学生认知水平的要求,从易到难可分为以下几种:识别(identifying)、选择(selecting)、配对(matching)、分类(sorting)、排序(ranking and sequencing)。

"识别"就是指词汇教学中让学生找出相应条件下的单词。比如,教师在播放一段内容为"介绍李老师"的听力之后,让学生们列出听力中出现的所有服装类单词;再播放一遍听力,让学生每听到一个服装类单词,就举一次手等。

"选择"比识别任务更难一些,在"选择"过程中学生既需要辨别出单词,又要在一群单词中作出选择。常见的题型比如"choose the odd one out",即挑出一组单词中不同的那一个。在此类活动中,不一定有最佳答案,重要的是观察和聆听学生对自己所作选择的解释是否合理。只要学生对自己的选择解释到位,达到掌握单词的目的即可。

"配对"任务,首先要求学生认识单词,接着才能一一配对、组合。例如,教师可以给出一组打乱的动词,再给出另一组打乱的可与动词搭配的表达,让学生在固定时间内找出尽可能多的搭配组合。

"分类"活动要求学生将所学单词分门别类。教师可以给出固定类别,让学生对一些给定的单词进行分类;或者不告诉学生这些词语可被分为哪些类别,让学生根据自己的判断进行分类。比如,给出一组形容词,让学生根据词义(褒义或贬义)进行分类;或给出一组单词,让学生把他们分成三类,并写出每一大类的名称。

"排序"即根据一定规则、条件等(或者学生根据自己的意愿并给出理由)对词汇进行顺序排列。如学习频度副词时,对这些副词进行一个频率从高到低的排序(例如常见排序:always, usually, often, sometimes, seldom, never)。

(2) 产出性任务

决策性词汇任务多为基于接受性词汇的任务,重在考查学生对词汇的理解。而产出性任务则重在考查学生是否能将所学词汇理解并运用到产出性活动(口语、写作表达)中。产出性活动主要可分为两大类——句子填空/文本填空(gap-fills or completion of sentences and texts)以及造句/语段表达(creation of sentences and texts)。

句子填空/文本填空(gap-fills or completion of sentences and texts)又可分为两种类型,即开放型和封闭型。开放型填空,顾名思义,是在没有任何可供选择的词汇表达的情况下,完全由学生自己想出空白处的答案,比如在句子里面直接挖空的题目。封闭型填空,即为学生提供有选项或提示的题目,比如常见的单项选择题就属于这类。

造句/语段表达(creation of sentences and texts),既可以以口语形式呈现,也可以以书面写作形式呈现。这样的方法体现了一定的语境意义,在语境创造、主题内容下选择、运用所学词汇进行表达。与上面讲到的词汇与口语、词汇与写作相结合类似,教师通过口语活动、写作教学的途径进行词汇教学。

(3) 游戏

这类活动比较能够调动学生词汇学习的积极性、参与性,具有较强的趣味性。教师可根据课堂需要、学生需求,考虑并选择适合课堂教学的词汇游戏。注意不要设计那些脱离现实的游戏活动,要紧扣主题语境、学生生活体验,以保证词汇教学的意义,同时也活跃了课堂学习氛围,提高学生词汇学习的积极性。"猜词游戏"便是其中一种有趣的词汇游戏,大致规则是一名学生心里想一个单词(或老师悄悄告诉这名学生一个单词),该学生用此单词进行造句,但全部用某一单词(如"coffeepot")来代替这个秘密单词的位置,剩下的同学根据该同学所造的系列句子猜测这个秘密单词是什么。这样的活动往往使得学生收获欢笑,同时开动脑筋思考,也于实际运用中掌握词汇用途,词汇教学也因此异常有趣。

第三节　案例与解析

案例(一):人教版(2019)《英语》高一 Unit 3 The Internet 词汇教学设计

主题语境:人与社会——互联网	语篇类型:记叙文
设计教师:单婧	
内容分析	
本节词汇课以人教版高中《英语》必修二 Unit 3 "Reading and Thinking"的课文《Stronger Together: How We Have Been Changed by the Internet》为基础开展对于关键词汇的教学。该板块以"创办网上社区"(start an online community)为主题,讲述了一位年近五旬的英国失业女教师不仅通过互联网改变了自己的生活,并且帮助其他老年人学会使用互联网,从而改变了他们的生活和命运的美好故事。学习本课内容可以帮助学生了解互联网对人们日常生活的影响,理解到人们因互联网而联结,而改变,从而变得更强大。词汇课为本单元的第一课时,围绕本节课话题的词汇主要是一些描述互联网特征的新词,因此本词汇课教学是学习整个单元的基础。	
学情分析	
这是本单元的第一节课,词汇教学相对较难,且比较枯燥。但教师任教班级为实验班,学生整体英语水平较好,能力较强,英语口语、听力及写作水平都很不错。此外,学生思维活跃,合作交流、共同探讨的风气浓厚。	

续表

如果教师引导得当,激发起学生参与的热情,便会收获较佳的教学效果。因此,整节课设置了许多能发挥学生优势的活动,如集体讨论、小组合作、当堂记忆等活动,极大地调动学生的学习热情,促进学生积极参与,默契配合,保证课堂气氛活跃高效。

教学目标

在结束本课学习时,学生能够:
(1) 学习并掌握课文重点单词、短语(如 convenient、update、download、network、surf、benefit、distance、inspire、access、tough、keep sb company、go through 等),能够运用于今后的学习当中;
(2) 学习了解一些与"互联网"相关的知识,提高学生对互联网的角色和作用的认识,思考自己的生活与互联网的关系,树立正确的网络观及价值观。

教学重难点及资源

教学重点:在语境中学习文本中的重要词汇,并能讲述自己或他人的网络故事。
教学难点:理解并在口头和书面上运用所学词汇,谈论互联网与个人生活的关系,讲述互联网的利弊及其对个人生活影响。
教学资源:教材、多媒体、黑板和粉笔。

教学过程

步骤		教学活动	设计意图	时间
情境导入				
Step 1		Show Ss two pictures. (One is the headteacher of the students'; the other is Jan Tchamani, who is the main character of this reading part.) Let Ss guess who are better at online work. Then ask students to describe what Jan might do online.	引入互联网主题,并基于文章主人公展开猜测。	2 mins
深入探究				
Step 2	Activity 1	Based on students' description, introduce today's text. Let Ss read the words and expressions in the text by themselves. Pay attention to the pronunciation, mark the words they're not familiar with and then discuss them. Ask them to read after the recording and correct pronunciation.	认读新词,校正发音。	4 mins
	Activity 2	Ask Ss to look through the words again and mark the ones that they are familiar with, and then let them discuss these words in groups and think of their usages.	寻找发现,解决易词。	7 mins
	Activity 3	Ask Ss to find out the phrases with certain new words in the article and help Ss understand them in the context of the text. The important phrases with certain new words are:	整理归纳,在语篇语境内记忆短语。	6 mins

续表

步骤	教学活动	设计意图	时间
	search/surf the Internet, social network, get the most updated information, come across, have … in common, compare … with …, keep sb. company, go through, etc.		
Activity 4	Meanwhile, guide Ss to pay attention to the important sentence patterns they can use with the vocabulary they've learned in the context of Internet surfing. Create real-life situations about students' online life for their convenience of using the words, phrases and useful sentence patterns. Allow them to discuss in groups.	讨论诱导,解决难点。	10 mins
迁移深化			
Step 3	Ask Ss to fill in the blanks using the correct phrases learned in class according to the different situations.	强化练习,加深印象。	3 mins
Step 4	Ask Ss to read another short passage about our Internet life and guess the meanings of the words in red. Then based on their understanding of the passage, talk freely in groups on what they think of the pros and cons of today's social media.	延伸运用,实践训练。	4 mins
Step 5 Conclusion	Make good use of the vocabulary learned today to write a 100-word composition based on students' own discussion in class.	迁移拓展,作业巩固。	4 mins
Homework	Writing: Finish the writing task above.		

【案例评述】

本节课基于单元主题"Internet"展开设计,创设与学生生活相关的语境,并一步步引导学生学习、巩固、运用、操练目标词汇,体现了以学生为中心的探究性学习方式。通过激励学生主动参与并针对不同词汇展开学习引导,教师帮助学生在巩固旧词基础上,掌握了新单词的用法。

该词汇教学设计较为精心地安排了情境导入、深入探究、迁移深化三个阶段,各阶段也体现出了各自具体而渐进的教学内容和目标。在第一环节创设情境阶段,为了让学生更深刻地理解词汇,调动学生情绪,教师引导学生由所熟知的人物——班主任老师,引入话题,体现对学生生活实际的联系。接着展示本单元课文女主人公的图片,要求学生进行描述,导入新词汇的学习,由易到难,逐层深入。教师在呈现词汇时采取情境示例,用英文表述人物,体现了系统原则和交际原则。不过,教师在第一环节创设情境中,需要注意充分控制引入时间,使得后面各个环节顺利进行。

在深入探究阶段,教师带领学生分层次学习新词汇:①认读新词,校正发音。此阶段首先强调单词的读音,鼓励学生自己认读、同桌互相读、小组内互相纠正发音、跟读录音,引导学生反复诵读,而后才直接地解决发音问题。②寻找发现,解决易词。回忆复习已经熟悉的词汇的同时,学生对新单词的理解和记忆得以促进。③讨论诱导,解决难词。给学生呈现重难点单词的例句,让学生经过自学、合作、讨论、探究,发现重难点词汇的用法。在这一认知活动中,教师以自学整理、小组合作、集体研究的多样学习方式带动学生,激活学生的思维,紧扣语篇语境让学生全面感受词汇的用法。这既是教学对知识点的巩固,又是学生对词汇吸收并转化为自身能力的过程,体现词汇教学的交际原则。

在迁移深化阶段,词汇教学通过系列产出性任务进行层层训练,强化学生对新单词的理解和掌握,如短语填空、文章猜词、运用新词表达观点、最终写作。最终,本堂课用写作巩固本节所学词汇,体现了写作与词汇教学相结合的思想。把所学知识应用于实践,培养了学生创新和实践能力,从而使学生所学知识和技能得到升华,学以致用。

同时,由于本节词汇课学生参与度较高,教师需要留意环节的取舍,灵活地根据学生的课堂实际学习进度,安排好各部分的衔接。该词汇设计注重学生在新课学习中进行自主探究,引发学生兴趣,操作时需合理关注动机原则,适时观察学生反应。另外,教师还需要注意设想中学生的词汇认知与实际课堂表现出的认知之间的差别,及时发现学生的词汇认知度、难点和障碍,并予以调整和帮助。

案例(二):人教版(2019)《英语》高一课文 Unit 4 History and Traditions 词汇教学设计

主题语境:人与社会——历史与传统	语篇类型:科普说明文
设计教师:单婧	
内容分析	
本节词汇课以人教版高中《英语》必修二 Unit 4 "Reading and Thinking"的课文《What's in a Name?》为基础开展对于关键词汇的教学。本板块的主题是"通过历史了解一个国家的概况"(learn about a country through history)。学生通过阅读英国历史的简要发展进程,了解英国地理、社会及文化概况,并深入思考历史与社会文化之间的关系。英国是最主要的英语国家之一,有着悠久的历史和灿烂的文化,而英国语言、英语词汇也正是在这种历史和文化中产生的,所以英国语言富有鲜明的英国文化特征。因此,学习英语必然要了解英国文化,了解英国文化也会对学习英语起到促进作用。学习本课内容可以帮助学生了解英国的历史文化传统,深入理解历史学习对理解国家文化的重要意义。词汇课为本单元的第一课时,围绕本节课话题的词汇主要是一些描述英国历史发展的新词,因此本节词汇课教学是学习整个单元的基础。	

续表

学情分析
这是本单元的第一节课,针对新单词的教学相对较难,且容易走向枯燥。教师任教班级的学生整体英语水平良好,英语口语、听力及写作水平都达标。此外,学生思维活跃,愿意合作交流,共同探讨,在兴趣调动的情况下课堂参与度较高。因此,整节课基于课文背景,设置了发挥学生主体地位的活动,如集体讨论、小组合作、当堂记忆等,调动学生的学习热情,促进学生积极参与,默契配合,营造活跃高效的课堂氛围。

教学目标
在结束本课学习时,学生能够: (1) 学习并掌握课文重点单词、短语(如 nearby、military、defence、legal、surround、evidence、achievement、break away from、belong to、as well as、keep your eyes open 等),能够运用于今后的学习当中; (2) 学习了解英国的历史文化概况,多方面理解英国的文化特征,思考英国社会文化的各方面情况,拓展文化视野,形成自己的见解和观点。

教学重难点及资源
教学重点:能够在语境中理解和学习文本中出现的新词汇,理解学习历史对了解一个国家社会文化的意义。 教学难点:在掌握新词汇和表达的基础上能够用自己的语言组织表达出来。 教学资源:教材、多媒体、黑板和粉笔。

教学过程			
步骤	教学活动	设计意图	时间
情境导入			
Step 1	Show students a video clip about the origin of the UK's names. Let Ss talk freely about their confusion and personal ideas. During this period, certain important words in the reading part are introduced according to students' speaking.	引入情境,整体感知。	3 mins
实践内化			
Step 2　Activity 1	Show the map of the UK. Based on the map and the first three paragraphs, help Ss learn some new words in getting to know why the UK has so many names and have a general idea of the theme of the text.	图片提供具体、丰富的联想。	4 mins
Step 2　Activity 2	Give Ss several minutes to read and understand the main expressions in the first three paragraphs and then start a competition on introducing the general reason why the UK has its different names among groups.	通过竞赛活动,初步强化对新词的认识与应用。	9 mins
Step 2　Activity 3	Based on the last two paragraphs, help Ss learn the new expressions in the context of how different groups of people influenced Britain and the history of its capital city	在文本语境中进行词义辨析,理解含义。	4 mins

续表

步骤	教学活动	设计意图	时间
	London. By answering questions about these paragraphs, Ss get to guess and understand the meanings of important words and expressions.		
Activity 4	Give sentences about the history of Britain along with the corresponding pictures. Let Ss work in groups to fill in the blanks and talk about the pictures, using what they have learned.	语境猜词,学生感受文化乐趣。	10 mins
迁移创新			
Step 3	Focus on word collocations and useful expressions such as *as well as*, *belong to*, *break away*, *etc*. Explain the different meanings and uses of these phrases with example sentences. Let Ss make a summary of these different meanings.	牢记并活用短语搭配。	2 mins
Step 4	Based on what has been learned, Ss translate several sentences from Chinese to English with new vocabulary and make revisions within groups. Ask some Ss to share their work to the whole class.	迁移运用,巩固提升。	6 mins
Step 5 Conclusion	Summarize what has been learned in this vocabulary class and remind Ss of important learning skills when studying the use of these expressions. Pay attention to the cultural context.	总结词汇课所学技巧,再次强调在语境中学习词汇的意义。	2 mins
Homework	Writing: Use the words and expressions learned today to compose a 100-word paragraph about your understanding of certain aspect of the UK history or culture.		

【案例评述】

本节词汇课中,教师基于语篇语境适时运用多种词汇教学方法,丰富了学生词汇学习的情景。教师通过影像感知、地图探索、句中辨析词义、语境猜词、短语搭配、翻译创造等一系列的方法和步骤,鼓励学生积极参与学习词汇的构成、意义、用法等,引导学生在丰富的生活化语境以及循序渐进的学习步骤中理解、巩固并运用词汇。

第一阶段"引入情境,整体感知",教师用一段紧扣语篇内容的英文短视频,形象地介绍了英国各种名称的历史沿革和发展变化,在整体感知的基础上引入情境,为学生接下来的学习作了铺垫，体现对学生学习动机、整体认知的关注。

第二阶段以"自主探究，合作学习"为主题，这一阶段教师设置了几个自主探究、合作学习的环节，鼓励学生自主学习，攻破难点，有利于培养学生独立思考和参与合作的能力。第一个环节以"图片联想"为主，以生动的地图抓住学生眼球，结合课本相关段落，让单调的单词、句子变得形象起来。竞赛环节充分调动学生的积极性，活跃课堂气氛，教师要求学生当堂操练所学词汇，以竞赛游戏的方式检验学习效果。第二个环节依托文本语篇，以"词义辨析理解"为主，引导学生在句子情境里，自我归纳总结词义用法，体现了系统性教学。同时培养了学生独立思考和小组合作的能力。接下来是"语境猜词"，设置图片引起学生主动思考，给出语境鼓励学生根据句子猜测并填空，这样的情境词汇呈现既锻炼学生的思考能力，又赋予生词以生动性和实用性。但学生平时学习时的难点、高频考点等在该部分设计中没有明显体现，探究的重难点和层次需要得到进一步明确。

第三阶段"迁移运用，巩固提升"，主要是为了学生理解并运用关键的短语搭配。短语搭配是学习重点，放在句中让学生自主学习，帮助学生建立搭配活用的意识，构建词汇网络。通过翻译方法巩固本节所学单词，常常是词汇教学的一种有效途径。在实际教学中，考虑到学生的学习兴趣等，可以以更加丰富的活动、游戏等形式检验、巩固学生对词汇的运用。

总体而言，该词汇教学设计提供了一些切实有效的词汇学习方法，在培养学生自主学习探究能力的同时，也帮助学生构建了词汇学习的网络和框架。在实施过程中，教师需要根据学生课堂反应，作出适当的应变，并在课后基于课堂效果及时反思教学设想与教学实践之间的差距。

本章小结

本章主要围绕新课标要求下的词汇教学展开，主要讲解了词汇教学内容的选择、词汇教学原则的运用以及词汇教学方法的实施等几个方面，从词汇角度再次阐释了新课标所强调的基于单元主题、结合真实语境进行教学的相关重点。英语教师需要时刻铭记，词汇是语言学习的关键，是构建语言教与学过程的基础。因此，教师在词汇教学时应该从实际问题出发，尽力突破词汇教学现实障碍，合理而灵活地运用相关的教学原则和方法；建立以学生为中心的英语词汇教学方法路径，实现帮助学生将词汇学习内化于心、外化于行的教学理念。

参考文献

[1] 中华人民共和国教育部.普通高中英语课程标准(2017年版2020年修订)[S].北京:人民教育出版社,2020.

推荐阅读书目

[1] 何亚男,金怡,张育青等.高中英语课堂教学设计丛书:高中英语词汇教学活动设计[M].上海:上海教育出版社,2018.

课后练习

判断题

1. 根据词汇在英语学习中的地位和作用,学生必须在口头和书面上完全理解并运用接受性词汇(receptive vocabulary)。 (　　)

2. 英语词汇教学中的认知原则启示教师在词汇教学中,要留心学生常见的错误认知策略,正确引导学生跳出固化思维的认知圈套,鼓励并培养学生用不同方法学习并运用词汇。 (　　)

3. 在词汇教学的过程中,教师应该选择一些整合性任务(integration activities),整合新旧知识,帮助学生脱离简单的机械性词汇学习,综合运用所学词汇,并能从中整合词汇知识,真正习得词汇运用技能。 (　　)

4. 词汇教学方法的选择,重要的是看词汇的使用频率,而不用过于关注词汇在教学中的地位和作用。 (　　)

5. 在听、说、读、写这四大课型中开展词汇教学,大同小异,只需识读、理解相关词汇即可。 (　　)

简答题

1. 结合具体的教学实践,如何在词汇教学中贯彻系统原则、交际原则、文化原则、动机原则和认知原则?可举例说明。

2. 词汇教学首先以学情为基础,主要包括学生的学习基础、学习难点以及具体的教学要求。那么,在实际教学中,教师应考虑这三个方面的哪些具体内容呢?

3. 在具体的词汇教学中,应当怎样根据不同的教学情况区分并恰当运用"母语翻译法"和"英英释义法"呢?

教学设计题

请基于以下文本展开相关的词汇教学设计(选自人教版2019高中《英语》必修一 Unit 3 "Sports and Fitness"的"Reading and Thinking"部分的阅读文本"Living Legends"):

Lang Ping

As a player, Lang Ping brought **honour** and glory to her country. As a coach, she led the China women's volleyball team to **medals** at world championships and the Olympics. As a person, Lang Ping is loved by fans at home and abroad. When the Chinese team was preparing for the 2015 World Cup, her determination was tested. The team that Lang Ping had built was falling **apart**. One of the best players had been injured, and the team **captain** had to leave because of heart problems. Losing two important players was a big challenge, but Lang Ping did not lose heart. She had faced difficulties before, and she knew that her young players could win if they worked together as a team. Two weeks later, they were world **champions**! Then in 2016, Lang Ping led her volleyball team to Olympic gold in Brazil.

Michael Jordan

When Michael Jordan's feet left the ground, time seemed to stand still. The player who became known as "Air Jordan" changed basketball with his graceful moves and jumps. Jordan's skills were impressive, but the mental **strength** that he showed made him unique. In the final seconds of a game, Jordan always seemed to find a way to win. Jordan says that the secret to his success is learning from his **failures**. "I can accept failure; everyone fails at something. But I can't accept not trying." Losing games taught him to practise harder and never give up. In life, Jordan has learnt to share his success with others. The Boys and Girls Club which he started in Chicago has been helping young people since 1996.

Send your suggestions for "Living Legends of Sports" to LLS@sports.net.

设计要求：

1. 设置本节词汇课的课时学习目标。
2. 设计一个基于主题语境的词汇运用环节。

第八章
基于新课标的语法教学设计

Chapter 8

本章内容概览

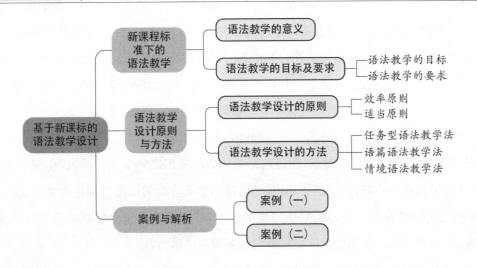

课前思考

　　如果说词汇是烹饪一桌语言盛宴的食材,那么语法就是这桌盛宴佳肴的原始秘方。在语法教学中,教师不仅需要指导学生积累词汇,而且需要帮助学生理解语言的形式、意义和使用,这与语法教学密不可分。那么,在设计一堂语法课时,您会考虑通过怎样的活动、步骤等体现对语法形式、意义和使用的关注呢?您觉得语法的形式、意义和使用需要分开强调吗?您在自己或他人过往的语法授课经验中,发现了哪些语法教学设计及实施的特色?对教师而言,语法课的设计和实施中最大的困扰又是什么呢?本章将基于新课标来详细解读语法教学的设计与实施。

第一节 新课程标准下的语法教学

一、语法教学的意义

《普通高中英语课程标准（2017年版2020年修订）》（以下简称为"新课标"）为落实立德树人的根本任务，提出了英语学科四大核心素养，这是英语教学的基本依据和人才培养的关键。英语的语法知识，同语音知识、词汇知识一起，构成了英语语言的结构性知识，在英语当中各成体系且又相融于语言运用之中。语法是形式、意义和使用三者的统一，正确得体的英语语言交际离不开语法教学。英语学科核心素养重在对学生英语知识和技能的同步培养，旨在发展学生具备知识社会和信息时代的正确价值观念、关键品格和必备能力。因此，语法教学作为英语学科教学的基础内容之一，对于学生核心素养的培育至关重要。

首先，在语言能力上，英语语法教学以语法知识为中心，突出"形式—意义—使用"三者的统一作用，引导学生发展自身语言理解和语言表达的综合能力。新课标下的英语语法教学以语言运用为出发点和落脚点，在语法知识和语法使用之间架起桥梁，旨在赋予语法在语篇、语境中运作的导向，盘活语法知识，使语法在意义建构的过程中内化为学生交流创新的活用性思想。语法教学是基础知识与技能教学，只有在语法教学里夯实了基础，增强了语言能力，才更有助于学生在交际中拓展国际视野和思维方式。

其二，在文化意识上，英语语法教学引导学生以恰当得体的语言进行文化沟通，并从中体悟中外文化的不同，汲取文化精华，培养文化意识。英语语法有其结构和规则，学生在学习语法的过程中能够观察和探究英语和母语之间在语法和文化上的联系与差异，进行语法知识对比和文化比较。文化在语法中有所体现，语法也是内嵌于语言内的语言文化，代表着该文化对空间、时间、场合等概念的看法和态度，影响着语言的表达方式、句子结构、语言顺序等方面。因此，在语法学习中，学生从语法的角度受到英语语言的文化熏陶，在潜移默化里产生越来越深刻的文化感知和文化理解，认同优秀文化，形成良好文化意识。

其三，在思维品质上，英语语法教学引导学生在英语语法中观察、分析、归纳规律，并在实际语言运用中灵活使用语法表达个人新的观点和思想，解决新的问题，多角度认识世界。语法是英语语言结构系统的组成部分之一，体现着英语这门语言的结构特点和思维特点，代表着英语语言背后的思维方式。在英语体系里，语法集中体现了英语语言习惯，学生可在语法学习中发现英语母语者的态度、观点、情感等，发现其背后的逻辑性思维。因此，语法教学可从语法出发，剖析语言的思维逻辑性、批判性和创造性，提升学生分析、解决问题的能力，从思维层面以跨文化的视角观察和认识世界，正确判断事物的价值。

最后，在学习能力上，以"三维语法观"为导向的英语语法教学有助于学生积极看待和运用语法知识，形成自己的英语学习策略，拓宽英语学习的视角，提升英语学习效率。新课标下的英语语法教学强调语法的形式、意义和使用的三者统一，相互关联，摆脱以往语法教学的碎片化趋向，重在培养学生在真实语境下的语法技能。这样的英语语法教学观激励学生形成正确积极的英语学习态度、方式、方法，在语法学习中适时调整，反思学习进程，作出有效的选择和评估，真正从个人运用的角度出发形成合理的学习策略和方法等。

二、语法教学的目标及要求

（一）语法教学的目标

基础教育阶段的英语词汇教学强调语法的表意功能。语法知识分级标准关注常用语言形式的基本结构及其常用表意功能，并强调让学生在特定语境中理解并使用语法，运用适当的语言形式描述具体的人、物、事件、行为等。新课标进一步着重强调了在探究语篇主题意义的基础上进行系统的语法知识教学设计。过去英语语法教学的重心一直落在对语法"知识"的传授，因而语法教学往往成为"一潭死水"，缺乏生气与创造，忽视了培养学生于实际生活中合理运用语法的能力。

新课标特别重视语法教学的改革，详细阐述了对英语语法知识教与学的内容要求以及相关建议：

首先，在内容上要求：①基于拉森·弗里曼（Larsen-Freeman）（2003）的三维语法理论，强调语法教学要注重"形式—意义—使用"三者统一；②语法教学的最终目的是使学生在"语境"中准确理解并得体运用语法知识，并于生活中进行人际交流；③注重语法在"语篇""语境"中的理解和使用，并明确列出了高中阶段在更为丰富的语境中学生应学习的相关语法项目。

其次，在教学方面建议：①教师应以三维动态语法观为语法教学的指导思想，于教学实践中引导学生学习并领悟语法知识的"形式""意义""使用"，三者相互统一，相互关联；②重视在语境中呈现语法知识，在语境中指导学生有效得体地运用语法知识进行合理表达；③注意围绕"形式—意义—使用"三维度设计不同的练习和活动，培养发展学生的语法意识和语法运用技能；④教师还要引导学生利用学习资源解决所遇语法问题，提升学生自主学习语法的能力。

此外，新课标特别重视在语法教学中创设语境，在主题语境中提升学生语法运用的能力。英语课程内容包括六要素,即主题语境、语篇类型、语言知识、文化知识、语言技能和学习策略;其中主题语境和语篇类型也在学生语言知识学习中具有核心作用。同时,学生对主题意义的探究是其学习语法的最核心内容。英语教师应该反思过去语法教学碎片化、脱离语境的教学方式,指导学生在实际主题、真实语境下,理解、整合并运用语法知识,准确得体地表情达意,并提升个人的文化价值观和思维辨析能力,在分析问题和解决问题的过程中发展语言能力、文化意识、思维品质和学习能力,成为拥有高水准"英语学科核心素养"的新时代的学生。基于此,新课标背景下英语语法教学的内涵和方法也应随之改变。

(二) 语法教学的要求

"语法究竟该不该教"曾一度是英语教学中的争议点之一。事实上,语法教学的问题不在于该不该教语法,而是教什么样的语法,怎样教语法。语法教学既要关注语法结构,也要关注语法的表意功能。那么,英语语法教学中,教师需要关注哪些具体的内容要求呢?

尽管语法在不同的目的和不同的范围内有着不同的使用意图,但是基本的语法教学总会包含词法知识(morphology)和句法知识(syntax)。词法角度的语法教学关注的是词的形态变化,比如名词的数、格以及动词的时、态(体)等。句法角度的语法教学关注的是句子结构,比如句子的成分、语序、类型等。此外,英语语法学习也包含对功能词(即虚词,function words)的学习,如助动词 do。因此,可从两层意义上理解语法的内涵和作用:①语法是对形成句子的规则的描述,包括了对这些形式、规则所传递的意义的解释;②对于那些根据上下文无法立即推断的意义,语法能够帮助加强理解。在语法教学里,教师需要引导学生理解语法的形式、规则,同时也要展示语法本身所含的意义。语法所传递的意义可分为两类——表征意义(representational meaning)和人际意义(interpersonal meaning),其具体内涵如下:①语法的表征意义使得人们可以通过语言,就某事以何方式于何时、何地发生,来描述这个世界;②人际意义使得人们在某些场景下(如请求别人帮忙时)用准确得体的语言与他人交流,以顺利达到交际目的。总之,表征意义偏重于语法本身所描述的意义,人际意义则强调于语境、实际交际中的意义。此外,教师和学生应立足以下两点,正确理解语法的形式和意义之间的关系:①语法的形式与意义之间并不存在——对应的关系;②上下文语境中的信息(contextual information)对于我们理解说话者的意图起着至关重要的作用。

语法教学除了关注语法的形式与意义,还需关注语法的使用。三维语法理论的提出对语法学习有着重要影响,该理论认为语法知识是"形式—意义—使用"(form-meaning-use)的统一体,三者相互关联;语法学习的目的应该从掌握"语法知识"(grammar)转向培养"语法技能"(grammaring),强调了对语法的运用能力。新课标所倡导的英语语法教学观,正是以此理论为基础的三维动态语法观,强调应在语境中呈现语法知识,引导学生观察语法的应用场景、表达形式、基本意义和交际功能。语法教学应该兼顾形式、意义和使用,教师要在语境中引导学生理解、加工、内化并运用语法,提升学生准确使用英语进行交际的能力。

综上所述,基于新课标倡导的"形式—意义—使用"三维语法观,再结合新课标所附的语法项目表,教师可从以下几个方面考虑语法教学的内容(见图 8-1):

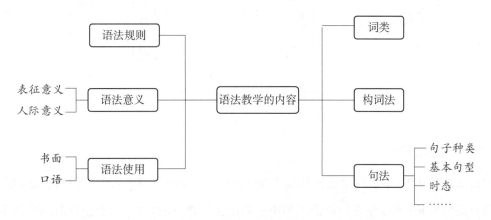

图 8-1 语法教学的内容

图 8-1 的左半部分是基于三维语法观所考虑的语法教学内容,右半部分则是基于新课标描述的高中语法项目表对具体语法知识进行的分类,可供英语教师在创设语法教学内容时参考。总之,英语教师在安排语法教学内容时,要从学情出发,始终贯彻"形式—意义—使用"三维语法教学观,并将三者相互联系起来,使得学生综合理解、灵活运用所学语法内容。

第二节　语法教学设计原则与方法

一、语法教学设计的原则

传统的英语教学观念与实践虽然强调语法知识教学,把语法教学放在英语教学的中心地位,但更偏向把语法结构、语法规则当作英语教学的最终目标,忽视了对学生语法运用技能的培养。因此,在语法教学里,教师们应该遵循哪些切实有效的原则,才能使得学生在具体的主题语境中培养并进一步提升自身的语法技能呢?

基于新课标强调的语法运用能力,英语语法教学应遵循两大基本原则:效率原则(Efficiency)和适当原则(Appropriacy)。这两个原则下面还有一些细则,详见图 8-2:

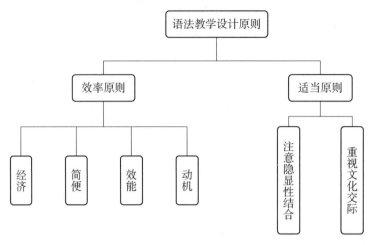

图 8-2 语法教学设计原则

(一) 效率原则

在实际教学中,语法教学往往只属于教学活动的一部分,因而需要教师对语法教学内容进行高效安排;即使在进行以语法为中心的语法课教学时,往往也会出现时间安排不当造成效率不高的情况。所以,尽可能以高效率完成语法教学是教师的首要任务。当在教学中设计语法呈现或操练活动时,教师要反思的第一个问题便是:我的语法教学设计的效率有多高?这次语法教学能充分有效地达成目标吗?因而效率原则是此刻教师需关注的一项语法原则。在效率原则下教学设计者还应该注意以下细则——经济(economy)、简便(ease)、效能(efficacy)以及动机(motivation)。

1. 经济

在语法呈现时,效率原则下的一个切实可靠的原则就是经济原则(economy),即"the shorter the better"(越短越好)。比如在学习驾驶时,运用经济原则,教练往往通过最简单、直接、易懂的方式,提示学员关键的操作内容,学员学起来就会既迅速又有效。语法教学中亦是如此,教师教授的内容和方式越是复杂繁冗,学生们就越是容易感到困惑迷茫,这也是以往语法公式堆积教学的弊端之一。因此,教师在语法教学中注意到合理运用经济原则来呈现语法知识,有助于大大提升学生学习效果,能更顺利地进入语法运用与操练。比如,教师在教授"现在进行时表将来"的时候,首先回顾之前学过的现在进行时的语法规则、意义及运用,体现了简单易读的"形式、意义与运用"的回顾方式:

（1）We are waiting for you now.

　　现在进行时表示此时正在发生的动作

（2）I'm helping my dad on the farm these days.

　　现在进行时表示当前这一时期正在发生的动作

（3）He is always telling lies.

　　现在进行时表示反复的习惯性动作，并带有赞赏、遗憾、厌恶等感情色彩

　　该例中，教师分类明显，重点标粗划线，使得知识能够清晰展现，以旧引新，从熟悉到陌生，充分考虑到了学生学习的基础情况。此外，教师在进行语法教学时，也可利用图画、图片等创设小情境，用简单易懂的"图片＋关键词总结"的方式呈现语法知识，也能体现经济原则，同时丰富学生在语境中对语法的理解。

　　2. 简便

　　简便原则（ease），关注的是语法教学的安排与设计，同样继承了经济原则的思想。简便原则建议教师在语法教学计划与设计上进行自我减负，从而进一步减轻学生学习的困扰和负担。事实上，教师们常常有着繁重的教学任务和工作，往往无法花费大量的精力和时间去细致入微地准备课堂材料。虽然投入大量时间和精力准备教学内容，往往可以收获良好的课堂效果，但教师们也需要从现实角度考虑其教学设计。具体实践中，耗时费力的准备工作并不总是尽如人意。所以，综合考虑现实因素，为了达到现实情况下较佳的学习效果，建议教师们尽量设计简单有效的语法教学活动，不必过于追求完美和复杂，往往简单却意蕴丰富的语法教学形式更容易令学生接受和消化。这也是新课标下动态的语法教学观所倡导的。比如，教师不需要在一节课里堆砌一系列复杂的语法活动、任务，过度要求学生参与繁重的任务型学习，实则也增加了备课负担。一堂语法课需要根据学生学习情况和课堂内容安排，一般设计两三个衔接度高的主要活动较为合适。

　　3. 效能

　　语法教学最重要的问题来了：这样教语法对学生学习有效吗？学生能收获教学目标所描述的成果吗？这时教师需要思考的就是教语法的效能（efficacy/effectiveness），即考查语法教学中对效能原则的贯彻程度。效能，即教学效果、教学效益。在对教学效能进行判断时，教师需要更多地依赖本人的直觉、预感；毕竟，学习和言语一样，不一定适合以数据测量的手段去判断其效果。教学经验和学生情况都是教师在遵循和贯彻效能原则时关键的参考因素。

　　在关注效能时，教师需要特别留心学生的以下两点表现：①学生在语法教学中的注意

力(attention)。从某种程度上而言,语法教学活动的效能高低受其所吸引的学生注意力多少的影响。教师在教学实践中,要试着将一切干扰因素、无关因素排除在外,保证学生注意力的集中。②理解(understanding)也是决定语法教学效果的重要因素。语法教学一旦缺乏学生的理解与接纳,等同于浪费时间。因此,教师应考虑所设语境下信息容量大小、信息质量高低,还要注意适时对某些必要的语法内容进行解释,并设计相关语法操练环节以即时检验学生的学习效果。

4. 动机

经济原则、简便原则、效能原则对于提高语法教学的效率都起着关键的作用。然而,与词汇教学一样,语法教学如果忽视了学生学习的动机(motivation),将很难达到高效率。毕竟,源于兴趣的学习才是真正有效的学习。教师要选择适当的任务和教学材料,提高学生学习的参与度。因此,教师可参考如下依据,合理选择教学任务和材料,激发学生学习兴趣和动力:①语法课堂中的材料和任务的布置应当保证全体学生的参与度;②符合学生们的学习需求,考虑到学生的学习基本情况;③教学材料和课堂任务所预期的效果是可以达到的,不要设计背离学习目标、不切实际的任务(例如,某节课讲了科学家发明创造的故事,课后教师让学生直接设计并发明一样东西),不要选择与学生学习无甚关联、异常困难的材料等,太难实现的目标往往使得学生丧失信心和兴趣;④设计的材料和任务既要有一定的学习挑战性,又能方便教师从中提供必要的指导和支持。

(二) 适当原则

不是所有学生都有着相同的需求、兴趣、水平和目标,他们的信念、态度和价值观往往也有所差异。因此,对某一群体适用的语法教学设计并不一定适合于另一群体,学生个体与个体之间也是如此。教学实践中不免出现如下情况:对某一班级学生而言,X老师常用的语法教学方法产生了极高的效率,学生们的语法学习与运用能力突飞猛进;而当X老师到另一班级开课时,该班同学从课堂过程的表现到课后反馈的结果都差强人意,没有明显的进步之处。面对这样的情况,教学的适当性(appropriacy)就是教师们所要考虑和反思的一项原则。所以,语法教学不仅需要效率原则来衡量和指导,同样需要适当原则加以辅助。当教师在进行语法教学设计、安排、实施与反思时,可以从以下几个方面看看教学是否适当、合理:

- 学生人数;
- 学生年龄、语法水平;

- 学生的学习兴趣；
- 学生过去语法学习的经验、现在的语法学习期望；
- 学生的语法学习需求(如通过考试或用于日常交际)；
- 学生群体的组成特点(如语言背景,单语言或多语言交流)；
- 影响学习态度的文化因素(如对教师的角色和地位的看法,是否尊重信任教师等)；
- 可用的教学材料和资源；
- 教学环境(如私立学校或公立学校,在国内或在国外学习)。

语法教学实践中,教师如果忽视了对其中某些因素的考量,便很可能收效甚微。不过在国内环境下进行语法教学,以上所列举的一些因素的影响可能并不多见。然而教师在考虑适当原则时,可参考以上因素,根据学生群体的实际情况、教学过程和教学效果,把握其中的关键部分,保证语法教学中的适当性。

其中要特别注意学生年龄和文化因素在语法教学活动中的重大影响作用,要根据学生年龄阶段进行显隐性语法教学；同时重视文化的影响,发展他们在文化语境中交际的能力。教师在适当原则里需要处理好以下两个方面的问题:注意隐性与显性相结合；重视文化背景下的交际。

1. 注意隐性与显性相结合

学生所处年龄阶段不同,其所偏好且适合的学习方式也不同。比如,学龄前的儿童、小学阶段的孩子更容易在隐性的学习条件下自然习得(acquisition)语法知识并运用起来,而不需要直接教授某些知识。随着年龄的增长,中学阶段的孩子、成年人则越来越倾向于接受显性条件下的学习,即在正规教学过程中学习(learning)语法知识与技能,比如在学校教师指导下对相关语法进行分析、记忆、操练等,这样的条件下学习效果反而更佳。因此,教师要根据自己所教授的学生群体所属学龄阶段,适当采取隐性与显性相结合的方法,为学生创造自然习得语法的学习条件和环境,并能适当地直接辅以语法知识的教学指导、任务引领等。这样一来,可逐渐弱化对形式语法的强调,鼓励语法教学往动态、灵活、实际的方向发展。隐性与显性相结合的原则同样契合新课标强调的语境意义,基于学生的学习特点,充分考虑到了学生英语核心素养的健康发展。

2. 重视文化背景下的交际

与词汇教学中所提到的文化原则一样,英语语法因其独特的文化背景也存在一定的文化意义。因此,语法教学必须重视在真实语境和交际中教授准确、恰当、得体的语法,培养和发展学生的语法技能,而不再把语法单单当作一种规则化的知识。正如新课标所强调的,教师需要以"三维语法观"为导向,综合语法三要素"形式—意义—用法",培养学生在具体语境下理解和运用语法知识的能力,并养成语法意识,将语法内化为思维。这就要求语法教学中的教师跳出传统语法教学的"圈套",以灵活的方法、文化的态度、交际的目的实施语法教学,重视语法在学生日常语言交际中的准确性、适当性以及得体性。

二、语法教学设计的方法

新课标下的英语语法教学,以"形式—意义—使用"三维语法观为指导,强调了在具体语境中形成语法意识,培养学生语法理解与运用的技能。那么,从新课标出发,教师可以基于主题语境采取哪些语法教学方法呢?下面将简要介绍三种主要的语法教学方法:任务型语法教学法、语篇语法教学法以及情境语法教学法。

(一) 任务型语法教学法

1. 任务型教学的内涵

任务型教学,即"Task-based Language Teaching(TBLT)",是基于20世纪八十年代交际法(Communicative Language Teaching)而形成的一种教学方法。任务型教学的特点在于,为学生设定一个明确的目标和任务,让学生在完成任务的实践中学习相关的语言知识,锻炼语言技能。任务型教学主要由三部分组成——目标(goal)、输入(input)和步骤(procedures)。在任务型教学的过程中,学生不仅可以了解语言的形式(form),还需要明晰语言的意义(meaning)并掌握语言的使用(use),从整体上综合运用语言完成指定的任务。这样的任务要求下,语言教学不再刻板枯燥,学生自主学习,合作学习,人人都参与课堂任务的完成中,学生成了真正意义上课堂的主人公,教师只在其中给予必要的指导并适当参与活动。任务型教学大有裨益,但是其成功与否很大程度上不可预估。任务型教学成功实施的关键因素便是教师对任务的恰当选择。任务既需要符合学情,与教学目标和内容环环相扣,又得紧扣实际,联系学生的生活经验,激发学生的参与兴趣和动机。针对教学任务的设计,任务型教学中的任务大致可分为以下五类:拼合任务(jigsaw tasks)、信息链任务(information-gap tasks)、解决问题的任务(problem-solving tasks)、决策性任务(decision-making tasks)和交换意见的任务(opinion exchange tasks)。

2. 任务的类型

（1）拼合任务

主要是将学生分为不同的小组，各自负责任务的一部分，最后各小组整合起来，拼合成一个完整的成果。比如在阅读某篇故事时，教师分配任务，让各小组读故事的不同部分，然后讨论如何将它们组合成一个完整的故事。这样的任务实行起来可能有一定困难，将阅读材料分块各自理解，学生可能会缺乏整体阅读感知和理解，所以教师在设计拼合任务时要注意科学合理地进行安排。

（2）信息链任务

信息链，即碎片化的信息通过一定的逻辑顺序组接成完整的链条。在信息链任务中，教师可分配给各组各一条线索，然后学生们共同交流怎样安排组合才能将所有线索联结成一条完整的信息链。信息链任务与拼合任务不同之处在于信息链中包含逻辑关系，这就需要学生在联结信息之前对其内在逻辑进行推理和分析。而拼合任务的内容主要是故事，故事文本有其独特之处，主要体现在情节的多变与曲折，要求学生在把握故事发展的基础上完成拼合。

（3）解决问题的任务

顾名思义，解决问题的任务的中心就是问题的处理与解决。在此类任务中，教师会提出一个问题，给出与问题相关的信息，要求学生解决这个问题。这些问题的答案可能是多样的，有时也只有一种。

（4）决策性任务

决策性任务关注的是对某一问题的决定。此任务下，教师给出一个问题或情况，学生讨论、交流、商量对策，作出一个合理的决定，一般来说这些问题可以有不同的解决方案。

（5）交换意见的任务

这类任务中，学生主要的工作是通过交流想法来完成任务。教师给出一个题目、话题等，学生参与讨论并交换意见，但不一定要得出一个完全一致的结论。

3. 任务型教学与语法教学相结合

传统教学中很少关注到语法教学与任务型教学之间的关联性。事实上，语法教学中融入任务型教学方法，可激励学生在任务中学习、运用语法知识，在自主探究的同时，深化了对语法内容的理解，并提升语法表达的准确性。看下例中教师对现在进行时的教学：

Step 1 Please compare these sentences in different groups. Focus on the verbs in the sentences. Discuss in groups and then share your ideas on the blackboard.

（请再观察这些句子，注意句中的动词及时间状语，并说出有相同用法的动词，小组讨论填表，然后把结果写在黑板上。）

We are waiting for you now.

I'm helping my dad on these days.

He is always telling lies.

I'm leaving by train tonight.

The plane is taking off in a few minutes.

They are staying in Beijing for a week.

	For present	For future
time		
verbs		

Step 2 Please find the rules and share the conclusion.

I'm leaving by train tonight.

The plane is taking off in a few minutes.

They are staying in Beijing for a week.

	For present	For future
time	表现在或当前的时间状语，如 now, these days, at the moment 等。	表将来的时间状语，如 tomorrow, next week 等。
verbs	普通实义动词，如 wait, write, cry 等。	1. 常为趋向性动词和表示位置转移、停留的动词，如 arrive, come, get, go, leave, return, start, play, see, spend, stay, work, do, have, meet 等。 2. 表示交通方式、行程安排的动词，如 fly, walk, ride, drive, take (a bus, a taxi)。

当句子涉及确切的计划、明确的意图和为将来安排好的活动时，可以用以上动词的现在进行时表示将来。

以上属于教师引导学生解决对现在进行时的理解问题。这一环节教师让学生自主探究,发现规律。第一步,通过出示的例句,让学生自己观察句子并共同找出句子中动词的共同特点,这样有助于他们发现规律并帮助理解及记忆。第二步,激发学生的探究精神,通过自己发现及小组合作探究共同找出规律,实现让学生自主探究学习的目的。学生在整个过程中思考探索,自主深化了对现在进行时表达内涵的理解,并能更好地运用于之后的环节。

在任务型教学中融入语法教学内容时,教师应注意防止两种偏向:既不能仅关注特定的任务,过多地听、说、读、写,忽视语法这一教学重心,致使语法学习变成走马观花;也不能过多地强调语法部分,使任务型教学完全变成语法练习课,实际上与传统语法课无异。教师要留意,任务型语法教学的重点仍然是通过完成任务培养学生运用相关的语法知识与技能,提高学生语言的质量。

(二) 语篇语法教学法

1. 语篇教学的重要性

传统语法教学脱离了上下文语境,强调语法的规则和形式,片面关注语法形式的操练,对语言意义和运用的教学也十分局限。实际上,很多语法现象都很难用单独的一句示例来说明其完整的意义和用途。例如,现在进行时的教学,仅仅通过简单的几个例句,并不能包含其所有含义和用法,学生也可能对这个时态产生误解(只关注到了其形式而对意义一知半解,或只关注"现在进行时表现在"的意义而常常难以在实际表达里运用其"表将来"的意义)。此外,在教连接词(如 however、in addition、on the other hand 等)时,停留在单句运用上根本无法展现其语法意义上的转折。教师长期进行以孤立的单句为主、仅强调字面意义的教学,会导致学生在英语交际中不自然,不流畅及表达困难,甚至表意混乱。

语法教学在语篇基础上进行,可以锻炼学生在真实语境、交际中对语法意义和用途的准确理解和使用。同时,在进行语篇语法教学时,教师要突破传统语法教学的条条框框,真正做到结合语篇语境、内容主题,鼓励学生自主建立起语法与意义的桥梁。

2. 语篇语法教学的应用

通过下面这个关于"限制性定语从句"的教学例子来看以语篇为基础的语法教学可以怎样实施。

下面的一段内容选自人教版(2019)高中英语必修一 Unit 5 "Languages Around the World"的"Reading and Thinking"部分的课文《The Chinese Writing System: Connecting the Past and the Present》:

Emperor Qinshihuang united the seven major states into one unified country where the Chinese writing system began to develop in one direction. That writing system was of great importance in uniting the Chinese people and culture. Even today, no matter where Chinese people live or what dialect they speak, they can all still communicate in writing.

Written Chinese has also become an important means by which China's present is connected with its past. People in modern times can read the classic works which were written by Chinese in ancient times. The high regard for the Chinese writing system can be seen in the development of Chinese characters as an art form, known as Chinese calligraphy, which has become an important part of Chinese culture.

首先，教师可以让学生先进行文本阅读，再基于此阅读文本提出与标粗单词所在句子相关的问题（如"Where did the Chinese writing system begin to develop in one direction"），让学生们进行思考与交流并在文中找出相关依据，接着顺势挑出这些含有限制性定语从句的句子。之后，教师可引导学生分析句义并发现这几句话的结构特征，指出"限制性定语从句"这一语法概念，依据该文本同学生一起总结出限制性定语从句的意义和用法。引入新知后，教师可再设计一些以语篇为基础的语法操练与运用活动，鼓励学生在真实、具体的语篇语境中，体悟限制性定语从句的形式、意义和使用。

（三）情境语法教学法

1. 情境语法教学法的内涵

情境在语法教学中，主要是指语言在生活中可能被运用到的各类场景，这些情境往往都会涉及一个特定的语境主题。语法教学中的情境教学，是在设定一个生活情境的情况下，根据该情境的特点，激发学生兴趣，并于该情境中贯彻目标语法的教与学。情境语法教学常用的情境有五大类：漫画情境、影视情境、真实情境、故事情境和新闻情境。

2. 五大情境及其应用

（1）漫画情境的应用

漫画情境就是结合学生熟悉的并适合教学的漫画内容、漫画主题，建立情境，让学生在漫画趣味中体会语法的学习与运用。例如，老师在讲课前，先用幻灯片展示了学生熟悉的漫画《名侦探柯南》的一个小片段，营造气氛，集中学生的注意力。然后利用柯南的名言"真相只有一个"，让学生们围绕"真相"这一主题展开联想并造句，并对自己的句子进行翻译。学生在翻译的过程中，联系漫画充分发挥想象力，学生的兴趣被带动起来。同学们大致可能会围绕"真相永不褪色"等类似的表达各抒己见。教师提出自己对柯南的"真相论"的看法:"The truth will never die."由此基于《名侦探柯南》的情境,学生可从复习之前学习过的语法时态知识出发,展开对一般将来时的学习。

(2) 影视情境的应用

英语语法教学中,教师可以采用学生热衷的影视片段,为语法教学提供情境支持。比如,教师在讲解"if"的虚拟语气时,基于热门的电影《复仇者联盟》,将各位复仇者形象投放到屏幕上,并播放片段,展现复联英雄们在首战失利后的失落与沉痛的场面。教师可基于此情境,提问学生:如果此时复联没有失败,再给他们一次机会,各位英雄们会说什么,做什么呢?同学们各抒己见,教师由此在黑板上写下"if"用于虚拟表达,并借此情境展开虚拟语气教学。该情境可贯穿整节课,让学生们都体验一把当复联英雄的感觉,碰撞出各种火花。同时,也要回归现实,引导同学们从复联英雄的遗憾中,回想自己在生活中的遗憾并用虚拟语气表达自己对生活、学习的感悟。

(3) 真实情境的创设

真实情境意味着日常生活中常常遇到的那些情况。这样的情境往往能触发学生的思维开关,让学生依据生活经验,秒变"话痨"。例如,在学习情态动词时,老师可以设置这样一个真实情境:

当我们正在进行英语期末考试的时候,门窗紧闭,场内一片安静。这时候,突然门外传来一阵急促的敲门声,伴随着一点零星的谈话声。同学们,在期末考试的时候,出现这样的情况,你觉得会是谁在敲门呢?

学生们据此发挥想象,猜测各种可能的情况。考试对他们而言最习以为常,是学生学习生活的日常检测环节。教师根据学生的七嘴八舌,引入情态动词"must"的猜测用法:

——It must be someone who is on duty.

——It must be some poor student who failed to enter the classroom on time.

——It must be the headmaster. He always walks around the campus when there are big exams.

——It must be some teacher who comes to tell us that we do not have to do this exam!

老师通过创设这一真实的情境,帮助学生熟悉情态动词"must"的用法,学生在这个情景中能感觉到亲切和真实,同时充满乐趣。学生既能锻炼语法运用能力,又能感受到语法在生活中无处不在的应用。

（4）故事情境的应用

故事具有趣味性，也具有发人深思、引人探索的逻辑性和线索性。老师可以在PPT上展示一幅漫画故事，给出相关指导和提示，鼓励学生对故事进行描述。学生在描述时，教师可了解其对过去时态等用法的掌握情况；基于学生掌握情况，给学生提供更多的语法使用思路，指出描述故事时需运用的相关过去时态。同时，故事重在逻辑性，教师亦可在学生的描述中指出连词的语法意义，教会学生合理运用连词（如 however、as a result、consequently等），构建故事逻辑性和跌宕起伏的情节性。

（5）新闻情境的应用

新闻时事热点亦不失为扩展学生视野、激发情境的着手点之一。例如，老师在讲授"形式主语"这一内容时，讲到"it is reported that"这个句型，可以创建新闻情境，引导学生运用这个句型对时下新闻进行描述，帮助学生学会使用形式主语相关的句型。这样能够充分调动学生的积极性，让学生有话可谈的同时巩固语法知识，加深理解。在采用这类情境教学法时，掌握好趣味性原则非常重要，这有助于发挥学生课堂表达的主体地位。

第三节 案例与解析

案例（一）：人教版（2019）《英语》高一 Unit 4 History and Traditions 语法教学设计

主题语境：人与社会——历史与传统	语篇类型：科普说明文
设计教师：单婧	
内容分析	
本节语法课以人教版高中《英语》必修二Unit 4 "Reading and Thinking"的课文《What's in a Name?》为基础开展语法教学。本板块的主题是"通过历史了解一个国家的概况"，学生通过阅读英国历史的简要发展进程，了解英国地理、社会及文化概况，并深入思考历史与社会文化之间的关系。本版块涉及的语法主题为"表达情感和描述情境"（express your feelings and describe situations），学生通过观察、分析与归纳总结，掌握过去分词作定语和宾语补足语的用法，并运用这一结构表达情感及描述情景。	
学情分析	
高一学生已经在初中阶段的英语学习中，积累了一定的语法基础，并掌握了一些简单的语法学习策略和技巧，具有初步的英语听说读写能力。该班级学生的英语水平参差不齐，教学需要调动所有学生的积极性，在学习的过程中享受到乐趣。学生已具备了直接思维和抽象思维的能力，正处于发展、培养创造性思维能力的最佳时期和智力向高水平发展的关键时期，有极强的好奇心和求知欲。学生对老师的期望也大大提高，不仅希望老师传授文化知识，更期望从老师那里获得更多的学习策略、人生经验。因此，需要留有时间让他们自己研究、讨论、发现，从而得出结论，这种方法可激发学生的热情和兴趣，使他们带着挑战的心理去探索新知。	

续表

教学目标
在结束本课学习时,学生能够: (1) 学习和掌握过去分词作定语和宾语补足语的用法; (2) 恰当运用所学语法描述情景、事物及个人情感等。

教学重难点及资源
教学重点:在较为真实的语境中,恰当运用过去分词作定语和宾语补足语的结构进行表述。 教学难点:运用所学语法较为生动细致地描述事物、情境及个人情感等。 教学资源:教材、多媒体、黑板和粉笔。

教学过程			
步骤	教学活动	设计意图	时间
复习导入				
Step 1	Ask Ss the following questions about the reading part "What's in a name?": 1) How do most people call the UK? 2) What are the flags of these four countries? 3) What did the Normans do after they conquered England? According to Ss' answers, show them the correct answers: 1) Most people just use the **shortened** name: the United Kingdom or the UK. 2) They use the same flag **known** as the Union Jack. 3) They had castles **built** and had the legal system **changed**. Ss identify the structure and discuss the meanings and functions of the past participles in the sentences.	基于本单元主阅读文本情境,回顾所学,引出课文中的语法结构,讨论过去分词作定语和宾语补足语的句子。	2 mins
实践内化				
Step 2 Activity 1	Guide Ss to identify the differences of these attributes: • tired visitor — visitors tired of the long wait; • a well-organized trip — a trip organized well by my workplace; • beautifully dressed stars — stars dressed beautifully at the event. Introduce the forms and meanings of pre-positive and post-positive attributes. Ask Ss to find more similar structures in the text.	学生自我寻找、发现规律,能够识别并理解过去分词作定语的形式和意义。	4 mins

续表

步骤	教学活动	设计意图	时间
Activity 2	Based on the summary of the structures, Ss practice making sentences with the given phrases above and pay attention to the difference uses of pre-modifiers and post-modifiers. Summarize the rules of attributes and practice again by blank-filling a paragraph.	及时锻炼运用过去分词作定语的用法,并在练习中区别后置定语和前置定语的不同之处。	2 mins
Activity 3	Show another piece of writing from the text, ask Ss what roles the past participles play here and lead them to work out the rule of the past participles as object complements. The key sentence in the text here is: They had castles **built** and had the legal system *changed*. Let Ss read more sentences with this structure and understand the uses of past participles as object complements.	在语境中加强对过去分词作宾语补足语的用法的识别。	4 mins
Activity 4	Give fragments of expressions and ask Ss to work in groups to combine the fragments into a whole story about English culture. Identify the past participles in this story. Summarize the structures of past participles as object complements.	用过去分词作宾语补足语重组句子,在组成故事、整合思维、消化理解的基础上总结规则。	10 mins
迁移创新			
Step 3	Error correction: Discuss in groups, tell the grammar mistakes in the sentences and explain why.	综合理解,判断过去分词的作用。	5 mins
Step 4	Based on the corrected sentences, summarize the differences in the meanings and functions of past participles.	学生自主比较,总结今日所学过去分词的意义和作用。	3 mins
Step 5 Conclusion	Use the sentences above to create a short conversation with your partner with proper use of past participles. Volunteer to present your conversation in front of the whole class.	在理解语法意义的基础上,进一步将语法知识整合运用于口头和书面表达上。	10 mins
Homework	Introduce the native culture of your hometown with the use of past participles learned in class.		

【案例评述】

该教学设计是以主题单元的阅读文本为基础,立意符合语篇语法教学法的基本理念,有助于引导学生在语篇、语境中习得"过去分词作定语和宾语补足语"的意义和用法,并运用其描述文化故事。从教学设计步骤来看,该设计利用了"语境导入——文本探究——发现规律——总结规律——操练运用"的步骤,体现了对学生在语境下的启发式教学,引导学生在该单元主要语篇内进行语法学习运用,同时联系学生自身生活体验,让学生联想国家文化,关注学生的思维构建、价值取向。

该语法教学设计体现了对效率原则的重视,语法教学各步骤的重点明确。就效率原则下的效能和动机两个角度而言,该设计缺乏对学生理解程度和注意力的合理关注,步骤衔接和语境设置上依旧缺乏足够合理的解释。此外,本次教学设计多次提及"总结语法点",实际上略微偏向对语法规则的输入,在教学实践中容易陷入传统语法形式教学的圈套。在设计语法教学时,我们强调要重视文化背景下的交际,语法教学需体现对文化交流能力的培养和锻炼。建议教师在进行"历史与传统"的主题语篇下的"过去分词作定语和宾语补足语"教学时,尽量避免引导学生往"形式""结构"的方向去靠,而是多依靠语境和语篇,潜移默化地让学生从语法意义层面去建构相关理解,并带领学生发现现实交际中"过去分词"的使用方法、情境,鼓励学生多多积累英语语言交流的生活经验,在体悟本单元主题的背景下恰当得体地应用所习语法表情达意。

案例(二):人教版(2019)《英语》高一 Unit 5 Music 语法教学设计

主题语境:人与社会——音乐	语篇类型:科普说明文
设计教师:单婧	
内容分析	
本节语法课以人教版高中《英语》必修二 Unit 5 "Music"的"Reading and Thinking"板块的阅读文本"The Virtual Choir"为基础展开语法教学。本板块主题是"了解在线体验音乐"。本板块介绍的虚拟合唱团(virtual choir)是音乐与新科技、互联网联姻产生的一种新的音乐形式。来自世界各地的成员不需要来到同一个地方,而是借助新技术,在家唱歌就能组成各个声部和谐美妙的虚拟合唱团。学习本单元,学生理解到"音乐是人类通用的语言",它可以把不同种族、不同国家、不同性别的人们联系在一起。该板块的语法活动主题为"表达情感和描述情境(express feelings and describe situations)"。即使在语法部分,教科书也呈现了丰富的语境,在本单元的音乐主题语境下,学生学习非谓语动词过去分词的用法,理解过去分词短语作表语和作状语的功能。	
学情分析	
上个单元学生已经学习了过去分词作定语和宾语补足语的用法,本单元继续学习过去分词(短语)的其他重要功能——作表语和状语。学生在初中阶段就接触到过去分词作表语的用法,如"I'm interested in the book.",当时学生只是把 interested 当作形容词。但实际上,interested 来自动词 interest 的过去分词形式,且包含被动意义。理解过去分词(短语)作状语有两个关键点,一是过去分词短语的逻辑主语就是句子主语;二是过去分词表达被动意义,与现在分词表达主动意义形成对比。学生群体整体英语知识和技能水平中上,对英语语法学习较为重视,也热衷于进行口语表达。因此,给学生足够时间展示自我学习的能力很有必要。	

续表

教学目标				
在结束本课学习时,学生能够: (1) 学习过去分词作表语和状语的意义和用法; (2) 在语言交际中正确运用这一语法点表情达意。				

教学重难点及资源				
教学重点:理解过去分词结构的表意功能、逻辑主语和它表达的被动意义。 教学难点:在真实语境中正确使用过去分词。 教学资源:教材、多媒体、黑板和粉笔。				

教学过程				
步骤		教学活动	设计意图	时间
复习导入				
	Step 1	Watch a video clip and then pick out several sentences containing past participles. Let Ss express their questions and understanding.	基于音乐语境,学生欣赏的同时感知语法知识,并回顾初中所学。	3 mins
实践内化				
Step 2	Activity 1	Ask Ss to identify the past participles in the sentences and talk about their specific meanings and functions.	根据本单元文本,发现过去分词作表语的结构和功能,为后面作铺垫。	3 mins
	Activity 2	Show a short story based on the reading part and ask Ss to fill in the blanks with proper use of past principles. Retell one most impressive sentence to your deskmate.	在重述故事的任务中,改写句子,深入理解。	10 mins
	Activity 3	Let Ss find out the sentences in which they are not sure about the functions of the past participles. Discuss them within groups and share with the whole class.	找出困惑,引出过去分词作状语的学习。	3 mins
	Activity 4	Exemplify more past participles as adverbials and then ask Ss to work out the meaning and use of them in the presented article.	及时巩固训练过去分词作状语的用法。	4 mins
迁移创新				
	Step 3	Set up a situation where Ss are supposed to choose their favorite music work and share their comments. Use the grammar learned in class to express ideas.	在学校情境中、音乐主题下运用相关语法,强化语法的交际功能。	10 mins
	Step 4 Conclusion	Look back on what roles past participles play in today's class and invite several students to share what they feel about the other students' opinions about music appreciation.	课堂知识回顾,并衔接上一阶段的活动进行同伴反馈,在交流中表达个人观点。	7 mins
	Homework	Writing: Choose one type of music and use the grammar learned today to show your likes or dislikes.		

【案例评述】

该教学设计同样是以单元主题"Music"为基础，依据所学阅读板块的语篇文本，以学生的活动和任务为重心引导学生在语篇、语境中习得"过去分词作表语和定语"的意义和用法，并活学活用，将语法与生活实际相融合进行表述。从教学设计步骤来看，该设计利用了"复习导入——实践内化——迁移运用"的步骤，注意到了在具体的句子、文段中一步步指导学生理解、运用过去分词作表语和定语的形式、意义和使用。

然而，就效率原则下的经济、效能、动机这几个角度而言，该设计缺乏对时间的精准把控，每项教学活动的具体内容、所需时间、学生参与程度等并没有体现出较有把握的控制。学生的理解程度、实时注意力也不一定能得到合理关注。虽然学生是本节课学习活动的主体，但该语法教学设计中的各项活动、任务的设置并不能体现出别出心裁的新意，如何让语法教学的语言运用功能和目标得到进一步强化仍需教学设计者进一步的斟酌和细化。此外，本次教学设计的作业缺乏对学生的提示和辅助，所涉及的主题和情境过于宽泛。学生在进行语法学习后，往往需要通过及时地提示和回顾，才能确保运用合理得体的语言表情达意。该设计也应在培育学生价值观、审美观等思想观念、情感态度上有更为凸显的合理分配，而尽量避免使得语法教学只有"知识"和"操练"。

本章小结

本章主要围绕新课标要求下的语法教学展开，从语法教学的内容、语法教学原则以及语法教学方法这几个主要方面着手，从语法角度阐释了新课标所强调的紧扣单元主题、结合真实语境、以三维语法观为基础的相关教学重点。英语语法教学，以语法为中心，旨在引导学生在学习的过程中循序渐进地体悟并活用语言规则，在实际运用中掌握语法技能。英语教师要明白，语法教学需要以科学合理的原则和方法来指导实践，培养学生的语法技能和语法意识，这对学生英语学科核心素养的发展非常重要。因此，教师在语法教学中需立足"形式—意义—使用"，基于真实语境，探究切合实际的多样化教学风格，丰富并深化学生的语法认知、理解与运用。

参考文献

[1] 中华人民共和国教育部. 普通高中英语课程标准(2017年版2020年修订)[S]. 北京: 人民教育出版社, 2020.

[2] Larsen-Freeman D. Teaching language: From grammar to grammaring [M]. Boston: Thomson-

Heinle,2003.

推荐阅读书目

[1] Thornbury S. How to teach grammar [M]. Edinburgh: Pearson, 1999.
[2] 廖春凤. 初高中英语语法衔接研究[M]. 长春：东北师范大学出版社，2018.

课后练习

判断题

1. 新课标倡导的三维语法观，指的是在语法教学中注意"形式—意义—使用"三者的相互关联。（　）
2. 语法教学中的经济原则，要求语法教学强调效率，只求简单，不必考虑其他因素。（　）
3. 情境语法教学法建议教师可结合贴近学生生活经验的漫画情境、影视情境、真实情境等，创设丰富的语法学习环境，让学生在情境中理解语法知识。（　）
4. 语法教学与任务型教学相结合，重点是做任务而不是习得语法。（　）
5. 语法教学中，教师需要重视一定文化背景下的交际技能培养，因此语法使用的得体性比准确性更重要。（　）

简答题

1. 语法教学原则之一"适当原则（Appropriacy）"，着重提出了显隐性结合和文化背景下的交际。那么，您认为在具体教学实践中可以怎么理解并践行这一原则呢？可结合具体的教学实例谈一谈。
2. 三维语法教学观，要求以"形式—意义—使用"为整体开展语法教学，您是怎么理解语法的"形式""意义"和"使用"这三点的？
3. 语法教学同样需要激发学生学习兴趣和动力。根据动机原则，教师可以从哪些方面准备语法教学，以提升学生的学习动力呢？

教学设计题

请根据人教版（2019）高中《英语》必修一 Unit 4 "Natural Disasters"的"Discovering Useful Structures"部分，以"Restrictive Relative Clauses（限制性定语从句）"为语法教学内容，对以下环节展开设计：

1. 设计一个基于单元主题语境的语法操练活动。
2. 设计一个基于文化交际背景的迁移应用活动。

本 篇 导 论

一、聚焦英语学习活动观的落实

新课标提出了英语学习活动观，促进学生提高学习应用能力。英语学习活动观鼓励教师以活动引导课堂教学，紧密围绕单元主题设计多层次、综合性、实践性、针对性和内在联系的英语学习活动，创设结构化、情景化、过程化且环环相扣的教学环节，使学生以现有语言知识为基础，依托不同语篇通过学习理解、应用实践、迁移创新等活动方式，提升语言技能的发展、多元思维的锻炼、学习策略的应用、文化内涵的理解和价值取向的判断。英语学习活动观整合发展了语言知识和语言技能，在英语教学中注重锻炼学生的思维能力、语用能力，增强文化意识，提高学习能力，达到了培养核心素养的教学目的。

在英语教学课堂上如何落实英语学习活动观，对教师个人而言，把握好英语学习活动设计的"真实性"与"多元化"原则至关重要。一方面，情景设计要尽量创设真实或者接近于真实的环境，使学生尽可能多地接触到经过加工的真实语音材料，这样他们可以在实际生活中有效应用课堂上学习的语言知识和技能。新课标提出活动设计需要注意与学生已有语言知识技能和经验建立紧密联系，力求简洁、直接和有效，并以发展英语学科核心素养为目的，围绕学生"理解—发展—实践"的认知过程。在活动设计的"理解"环节中，教师围绕主题创设真实情境，对语言文化背景进行铺垫，激活学生原有知识和经验，引导学生分享背景知识，准备语言技能，了解主题活动。另一方面，活动设计所应用的工具需多元化。教师在践行英语活动观的过程中可以运用多种教学手段，例如信息结构图、流程图、思维导图，组织学生进行自主学习、同伴学习、小组学习、探究学习等方式对信息获取梳理，概括整合，内化运用。

除此之外，管理层面，学校应帮助教师形成英语学习活动观的意识，提供优秀的英语教学专业的理论及实践刊物、书籍，使得教师跟进最新英语学习活动观的研究成果并运用到课堂实践中。培训层面，学校可以通过改进以往的讲座式培训，搭建英语工作坊，教师可在设计活动前亲身体验活动的可行性以及需要注意的地方。教研层面，学校可以请教研人员和专家引领示范英语学习活动观的实施过程,与教师共同探讨,发挥专业学术的支撑作用。总之,在核心素养背景下,英语教师要不断更新教学理论和教学理念,创造性地设计个性化的教学方案,将英语学习活动观落到实处。

二、重视"教—学—评"一致的评价方式

新课标指出完整的教学活动包括教、学、评三个方面。教、学、评过程要求教师合理设置课堂教学目标,不断丰富课堂教学形式,完善教学评价机制,使学生更加有效地进行课堂学习,进而更加全面地了解学生,不断提高课堂教学质量,真正实现学生的全面发展。教师需要处理好三者的关系,达到以评促教、以评促学的共同学习目标,提升教学质量。"教—学—评一致性"是进行有效教学的全新基本理念,是一种新型的教学方式和评价方式,具体指教师能够按照课前制订好的教学评价方案和教学目标,在进行英语课堂教学时,将教学与学习、教学与评价、学习与评价相互紧密结合,依据一定的标准、观点和要求,使最终的学习效果在内容和程度两个层面与之前制定的教学目标相符合。教师可以从以下几个方面出发,将"教—学—评一致性"理念运用到实际的英语教学工作中去。

第一,建构系统化的目标体系,设置分布目标。英语教师需要明晰英语学习的最终目标,并根据学校的学期教学进度计划将长期目标分为多个阶段性目标,再细化为课程目标,以此制定可行性和实用性较强的课题计划和课时计划。有了明确的目标引领,教师能够循序渐进地进行课堂教学,对学生的学习效果和快慢进度有清晰的评判标准。第二,创设有意义的互动。课堂教学中高质量的师生互动,即在深入地提问、倾听和反思性的回应后及时给予课堂评价,具有互动性和共时性,是促进学生学习的重要手段。在语言教学过程中,教师的评价反馈既要关注学生语言内容表述的正误,又要鼓励学生积极拓展高阶思维,在学生表达个人观点和情感态度的同时培养文化品格。第三,丰富教学活动形式。教学环节的设置不是固定不变的,教学活动应当以学生为主体,围绕教学目标展开,调动学生主动性,根据学生的课堂表现和反馈进行调整完善,使学生积极主动地参与教学活动。同时教师也应将教学内容和活动与学生的兴趣、生活相结合,利用多样的教学形式和教学手段,转变思维模式,创造丰富的活动形式。第四,研究学生,完善个性化教学评价机制。教师通过研究学生,关注学生动态,在整体教学目标一致的前提下,根据不同学生的学习情况,不断完善个性化的教学计划和评价机制,帮助学生对自身的学习效果形成清楚透彻的认识。在结合教与评的过程中,教师可以创设出宽松开放的积极评价氛围,以测试或非测试的方法进行多样化评价,例如学习效果自评、他评、活动评比等。第五,发挥形成性评价的功能。

"教—学—评"一体化注重形成性评价的功能。形成性评价以评价为导向,以发展学生语言能力、推动课堂教学为目的,是教师在进行多样化的课堂任务活动中,系统地搜集记录学生学习过程中和学习结束的相关信息,再分析、阐释、评价信息的意义,进而调整教学方式的过程。形成性评价的方式多种多样,包括各种测试例如单元测试、平时测验、当堂检测、课堂提问和反馈、访谈、同伴评价和自我评价、问卷调查、成长记录袋等。形成性评价记录了学生学习过程的状况,而不仅仅是学习结果的信息。第六,形成教学反思的习惯。教学反思作为教师的一种自省行为,贯穿于整个教学过程之中。它不仅能够帮助教师总结教学计划的完成度以及教学实施中的成败得失,同时也能够促进新一轮的教学过程的循环,保证下一次教学的质量与效果。教师进行教学反思后若能及时地进行备课,根据上一堂课总结的经验对下一堂课的内容进行优化与调整,这必将大幅度提升备课的效率,促进教—学—评的动态循环。

综上所述,新课改背景下的"教—学—评一致性"理念要求教师不断提升自身专业素养,学习先进理念,坚持素质教育,用发展的眼光看待教学,不断总结实践中积累的教学经验,提高教学水平。

三、关注教学与信息技术的深度融合

新课改形势下,以网络和多媒体为核心的信息技术与英语教学的融合是全面实施素质教育,培养学生创新精神及实践能力的重要手段,彰显出了巨大的发展优势和潜能。实现现代技术与英语学科教学的深度融合,是通过将现代信息技术、信息资源、信息方法、人力资源充分融入到课堂内容的有机整体中,从而优化英语课堂的教学环境,开发扩展空间和资源,改革教师的教学方式,帮助学生实现个性化、自主化、终身化学习,培养其思考、探究、实践、综合运用的能力。信息技术与课程整合改善了传统接受式学习,以现代认知学习理论为指导基础,促进指导性教学与体验式、探究式学习的实现。教师利用现代技术开展的英语课堂有如下优势:

第一,帮助教师优化教学环境。信息技术如网络、多媒体、计算机等通过多种信息传输方式,例如大量生动形象、色彩鲜明的动态画面及音频展现教学内容,刺激学生多种感官,营造振奋、愉悦的学习氛围和模式,充分激发调动学生学习英语的积极性和主动性,提高英语课堂教学质量和效率。信息技术为学生营造了一个新的学习环境,使英语教学不再局限于课本,提供了广泛充足、实时更新的教学资源和内容,这些多样化的学习内容也衔接了其他学科的相关知识,丰富了英语课堂的教学材料,为学生提供了更广阔的发挥空间。

第二,帮助教师完善教学方法。现代技术与英语课程相结合,是对传统英语教学课堂的更新与改良,其教学关键在于运用与实践,实现双向交流互动。例如听说课上,教师可以应用英语教学软件对英语课程教学实践进行指导,帮助学生提升自主学习能力。教师与学生都需要熟练掌握英语学习软件和应用技巧,例如教师综合运用多媒体影音对词汇内容进行讲解和练习,学生可以自觉寻找词根拓展方式、词汇使用方法及常用语境等,以此促进提升学生的学习主动性、学习质量和学习效率。

第三,帮助教师建构真实情景。多媒体网络技术可以帮助学生有效突破时空限制和封闭式的课程体系,为学生提供全方位的开放性学习资源。英语学习者可以运用网络根据自己的兴趣、特长、爱好营造真实的语言环境,更深层次地优化学习模式,拓宽国际视野,获取信息、技术和知识。例如与不同文化背景英语母语者"面对面"进行跨文化交流,登录优质英文网站浏览原滋原味的英文真实材料,学习有文化背景的英语。与此同时,教师要注意校内与校外网络资源的畅通,构建动态的开放教学资源体系,使英语课堂不断更新,适应时代发展新趋势。

第四,促进学生自主学习。现代信息技术与英语课程的整合使教师的角色发生了本质性的变化,教师角色从提供教学信息者变成了学生学习的促进者和指导者。教师组织指导学生参与课堂学习活动,引领学生根据自己的基础、步调进行自主学习,选择适合自己知识水平的教学方法和练习内容,激发学生学习兴趣,发展其主动探究、主动发现、主动思考的能力,帮助学生建构自己的英语知识体系,认识学习英语的重要意义,优化教学内容和提升教学效率。

第五,发展学生实践能力。在英语课堂运用信息技术进行教学的过程中,教师可以指导学生利用计算机和网络工具进行个人展示,例如设计制作中英文对照的个人网页或者作品集,包括个人经历、爱好、学习情况、反思等。通过个人展示的机会,学生可以锻炼创新精神和实践动手操作能力。

除此之外,信息技术与英语课堂整合也有需要注意的部分,如下是一些建议。整合的过程中,其主体是课程,而不是信息技术,信息技术只是学生达到既定目标的一项认知工具,这就要求教师以课程目标为最根本的出发点,围绕如何促进学生学习开展教学,切勿以牺牲课程目标的实现为代价,再增设有关信息技术的新目标。同时,运用信息技术多媒体辅助的信息量不宜过大,内容要适度且有代表性,坚持教学中心内容,留有充足的时间进行师生交流和反馈。另外要避免计算机辅助教学"一刀切"、完全放弃传统的教学手段,教师要根据具体的教学内容选取最恰当的教学方式和媒体设备。现代信息技术和英语相互支持,相互促进,二者都是解决问题、获取知识的工具。整合的过程中,教师应为学生设置合适的情境,运用恰当的教学手段,使学生循序渐进地探究规律,主动掌握方法,提升分析问题和解决问题的能力。利用现代技术进行英语课程教学是培养创造型和素质型人才的有效途径。

本篇将基于新课标理念下的英语教师应具备的相关专业素质展开解读,具体包括指向英语学习活动观落实的学习活动设计与学习能力的培养方式,贯彻教—学—评一致性的课堂教学评价与反思能力,以及现代信息技术与英语教学的深度融合能力等。各章主要内容如下:

第九章为基于新课标的课堂学习活动设计。主要对新课标所提出的学习活动观进行详细解读。活动作为学生学习的主要方式,对教师的重要性不言而喻。活动不仅能够传递教学性知识,而且充分调动了师生互动、生生互动的积极性。本章将明确学习活动观的分类与实践方式,并结合案例解析帮助教师进一步了解英语学习活动的设计原则和方法。

第十章为基于新课标的学生学习能力培养。主要关注教师对学生学习能力的培养方式。教师上课不仅要教会学生知识,而且要培养学生的学习能力,培养学习能力是教师教学的重要目的。本章将明确教师学习能力培养的原则与方法,引导教师在实际的英语教学中尝试有意识培养学生掌握学习策略,运用合作学习等具体方法提升学生的自主学习能力。

第十一章为基于新课标的教学评价。主要对教学评价的原则与方法进行解读,促进"教—学—评一致性"的形成。教学评价是检查情况、发现问题、找出差距、明确方向和促进发展的重要阶段,没有评价的教育活动是不完整而无意义的。本章将从课堂教学评价、学生评价与语言测试三个方面出发帮助英语教师认识课堂教学评价的魅力。

第十二章为基于新课标的课堂反思。主要关注教师教学反思能力的形成。教学反思作为实现"教—学—评一致性"的重要方式,有利于教师在反思中行动,在行动中反思,在行动与反思中快速获得专业化成长。本章将介绍教学反思的基本原则与常见的反思方法,并结合反思日志详细说明如何进行有效的教学反思。

第十三章为现代信息技术下的英语学科教学。主要关注教师信息技术与英语教学深度融合能力的形成。以网络和多媒体为核心的信息技术与英语教学的深度融合已成为英语教学改革的潮流之一,本章将从现代信息技术在英语学科资源的应用层面出发,结合案例详细阐明资源应用的原则与方法,帮助英语教师提升信息技术与教学融合能力。

第九章
基于新课标的课堂学习活动设计

本章内容概览

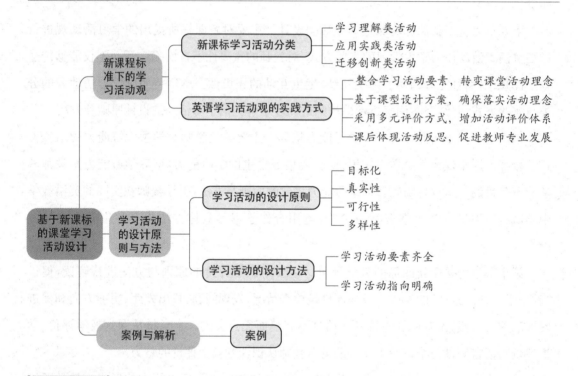

课前思考

　　活动作为学生学习的主要方式,其重要性不言而喻。任务型教学进入中国以来,课堂任务、课堂活动构成了教师备课的主要内容。活动不仅能够传递教学性知识,而且充分调动了师生互动、生生互动的积极性。那么,同学们思考一下,为什么活动设计对上好一堂课如此重要?活动设计应该遵循哪些原则?我们又该如何进行教学活动设计呢?本章将基于新课标的理念来详细解读英语学习活动观的理论与实践内涵。

第一节　新课程标准下的学习活动观

《普通高中英语课程标准(2017年版2020年修订)》(以下简称"新课标")指出"英语学习活动观应该指向学科核心素养,明确活动是英语学习的基本形式,是学习者学习和尝试运用语言知识,提升语言技能,培养文化意识,精进学习策略的主要途径"。活动是人类生存和发展的基本形式,是人与人、人与社会、人与自然相互发展和影响的过程。学生的主要活动是学习,学习是获得知识、技能和价值观念,实现自身成长的过程。教师的教学活动则是帮助学生满足自身成长和社会发展需求的活动。学习活动观的本质体现了工具性价值和人文性价值融合统一的语言教育观。过去的英语课堂中并不缺少活动,但是活动脱离语境,缺乏逻辑,因此无法真正实现语言学习工具性和人文性的统一。

英语学习活动观指导下的教学围绕主题语境,基于书面和口头等多模态语篇,通过学习理解、应用实践、迁移创新等层层递进的活动,引导学生习得语言知识,运用语言技能,探索文化内涵,形成正确的情感、态度和价值观。指向核心素养的英语课堂活动以主题为引领,以语篇为依托,以解决问题为目的,引导学生整合学习语言知识和文化知识,运用听、说、读、写、看等技能理解和表达意义、意图和情感态度,发展逻辑思维、批判思维和创新思维,充分体现语言学习工具性和人文性的融合。

一、新课标学习活动分类

学习活动的分类方式很多,传统的分类按照教学输入到输出的一般逻辑,分为呈现型、练习型和应用型活动三大类。其次,为体现具体的课堂活动目标可细分为理解型、策略型、情感型、反馈型、评价型活动等。

- 呈现型活动,即呈现新学习内容的活动。
- 练习型活动,即围绕新内容展开的操练活动。
- 应用型活动,即创造性地使用新学的知识和技能。
- 理解型活动,旨在帮助学生理解书面和口语文本。
- 策略型活动,旨在训练和培养学生的学习策略。
- 情感型活动,旨在激发学生的学习兴趣和学习动机。
- 反馈型活动,旨在为学生提供学习反馈。
- 评价型活动,旨在评价活动目标或课程目标的达成情况。

新课标遵循呈现新知、操练新知到熟用新知的基本课堂逻辑，并融合理解、策略、反馈等具体课堂目标将课堂活动分为学习理解类活动、应用实践类活动、迁移创新类活动三大类。

（一）学习理解类活动

新课标要求"学习理解类活动主要包括感知与注意、获取与梳理、概括与整合等基于语篇的学习活动，如教师围绕主题创设情境，激活学生已有的知识和经验，铺垫必要的语言和文化背景知识，引出要解决的问题。在此基础上，以解决问题为目的，鼓励学生从语篇中获得新知，通过梳理、概括、整合信息，建立信息间的关联，形成新的知识体系，感知并理解语言所表达的意义和语篇所承载的文化价值取向"。

英语阅读课上的学习理解类活动主要有梳理文章脉络、概括段落大意和整合文本信息三个方面。具体的活动形式包括引导学生猜测文本信息、寻读关键信息、分层概括大意、利用表格整合段落信息等。

英语听说课上的学习理解类活动主要有感知文本信息、获取有效信息、整合有效信息三个方面。具体的活动形式包括带动学生感知文本大致内容、以填空或简答题形式整合文本信息、听写或者复述文本信息等。

英语读写课上的学习理解类活动主要是针对所给文本有效信息进行感知、获取和概括，即侧重阅读的活动。

英语词汇和语法课上的学习理解类活动主要是指学生利用主题语境对新词汇、新语法进行整体感知，具体表现为集体跟读和正音，了解词汇、语法的使用规则等。

（二）应用实践类活动

新课标要求"应用实践类活动主要包括描述与阐释、分析与判断、内化与运用等深入语篇的学习活动，即在学习理解类活动的基础上，教师引导学生围绕主题和所形成的新的知识结构开展描述、阐释、分析、判断等交流活动，逐步实现对语言知识和文化知识的内化，巩固新的知识结构，促进语言运用的自动化，助力学生将知识转化为能力"。

英语阅读课上的应用实践类活动主要有基于文本描述事件发生原因、分析人物个性、判断作者态度等。教师设计学习理解类活动时，应该挖掘内涵丰富的信息点，引导学生对该信息点深入思考，从而促进应用实践类活动的有效实施。

英语听说课上的应用实践类活动主要是学生基于所学内容口语生成类似的观点，达成知识的内化和运用。从听力文本到口语文本的转化可能有一定的障碍，因此教师在口语活动之前可以提供支架信息，以协助学生生成完整的文本。

英语读写课上的应用实践类活动主要是学生基于所学内容书面生成类似的观点，达成知识的内化和运用。阅读过程要求学生对原有文本结构及内容进行深层学习模仿。与听说课类似，输入到输出的过程中教师可以提供支架信息明确结构，以帮助学生发散思维。

英语词汇和语法课上的应用实践类活动主要是学生在特定语境中运用新词汇、新语法表达观点，达成知识的内化和运用。想要落实应用实践类活动，教师应在新授课中设定具体情境，结合语境讲解新词汇、新语法的使用规则。

（三）迁移创新类活动

新课标要求"迁移创新类活动主要包括推理与论证、批判与评价、想象与创造等超越语篇的学习活动，即教师引导学生针对语篇背后的价值取向或作者态度进行推理与论证，赏析语篇的文体特征与修辞手法，探讨其与主题意义的关联，批判、评价作者的观点等，加深对主题意义的理解，进而使学生在新的语境中，基于新的知识结构，通过自主、合作、探究的学习方式，综合运用语言技能，进行多元思维，创造性地解决陌生情境中的问题，理性表达观点、情感和态度，体现正确的价值观，实现深度学习，促进能力向素养的转化"。

英语阅读课上的迁移创新类活动可以根据文体采用不同的形式和内容。常见的文本类型有议论文、记叙文、小说、剧本、说明文等。议论文本的读后活动通常引导学生辩证地看待某一话题，通过摆事实、讲道理的方式针对论点进行阐述，这有助于培养学生的批判性思维。记叙文本的读后活动一般要求学生评价文中的经历或仿写一段类似的经历，这有助于学生提高叙事能力，说好身边故事，以小见大思考生活意义。小说、剧本等文本读后环节一般要求学生续写故事或者改编剧本，充分激发学生的创新意识和想象能力。说明文本一般是对客观事物或者知名人物的介绍，读后环节一般采用访谈、解说、报告等形式整合课堂内容，或学生自主探究与课堂相关的内容等。

英语听说和读写课上的迁移创新活动分别通过口语和书面的形式呈现，体现在对于某一特定话题的辩证思考和合理论证。不论形式，迁移的过程都以读中环节的文本解读为基础，因此教师要充分解读原文本的结构和内容，从而引导学生建构知识。创造性在迁移环节主要取决于学生的思维活跃程度，教师应适当引导学生结合时代背景思考问题，解决问题。

英语词汇和语法课上的迁移创新活动同样需要借助语境，比较简单的迁移一般是对所学语境的直接迁移，比较复杂的间接迁移则考验学生的真实学力，即将所学语言点运用到其他语境中。要达成间接迁移,教师在日常教学中应及时回顾旧知,挖掘新旧知识点之间的联系,帮助学生构建清晰的知识网络,以帮助学生在语用过程中定位知识,使用知识。

二、英语学习活动观的实践方式

英语学习活动观落实中的主要障碍是活动流于形式,活动未深入语境意义,学生无法将所学知识迁移到现实生活中解决问题。基于不同的课型,活动观实践存在的具体问题如下:阅读课缺少思维活动:教师偏重对文本的表层理解,基于阅读文本的输出和反馈偏少;听说课缺少过程性活动,听力课的功能侧重在测试环节,针对习题讲解,忽视听力文本中的口语素材;语法课缺少应用性活动:过分关注形式,忽视语法承载的意义和用法功能,缺乏必要的活动体验和感悟。

英语课堂活动观下的课堂应该是依托主题语境、指向活动目标、强调学生本位的活动课堂。一方面教学的基本目标是学生知识和技能学习,另一方面,教学最终指向学生运用所学解决问题。具体的教学过程应按照以下四方面的要求操作:

(一)整合学习活动要素,转变课堂活动理念

过去英语学习活动中主题语境、语篇类型、语言知识、文化知识、语言技能和学习策略六大要素相对分裂,如今英语学习活动具有综合性:课程内容六要素有机整合,五大语言技能(听、说、读、写、看)相互影响,充分体现学科核心素养发展的全面性。同时,学习活动具有关联性和实践性。因此,活动主题语境需关注与学生生活的相关性以及学习活动本身的内在逻辑,活动应突出学生的主体性地位和任务的可迁移性。

(二)基于课型设计方案,确保落实活动理念

英语课堂活动应突出重点和难点,解决不同课堂类型存在的典型问题。阅读课作为最常见的课型,首先课堂活动目标应与主题单元目标相契合。其次,语篇教学要深入挖掘文本,找到文本与学生已有经验知识的联系。另外,语篇教学应根据学生不同水平提出不同认知、技能和素养方面的要求,实现教、学、评的融合统一。听说课要以"语篇类型"和"学习策略"为主线,帮助学生了解听力体裁和语篇结构,提高学生的语篇意识,科学地引导学生完成口语输出。语法课则要以"语言知识"和"语言技能"为主线,注重语法的语用功能,增强学生的语用意识。

(三)采用多元评价方式,增加活动评价体系

活动评价是活动目标的落脚点,有深度的评价能够有效引导持续性学习。英语学习活

动具有工具性和人文性两方面的基本特征：工具性涉及语言知识、语言技能和学习策略三大要素，而人文性则对应文化知识、情感态度等内容。其中针对语言知识、语言技能和学习策略，教师可以采用量化评价；针对思维品质和文化意识则可以采用质性评价。另外，教师应注重引导学生尝试同伴评价和自主评价，通过现象把握事物本质和知识内核，对现有知识或同伴观点进行质疑和批判，学会运用整体和发展的观点认识事物。

（四）课后体现活动反思，促进教师专业发展

教师在日常教学反思中，应在教学日志等书面文件中反映英语学习活动观。在教育培训部门搭建的英语工作坊中，教师应充分自主探究、合作学习，真正理解英语学习活动观的理念和实践价值。在教研员、专家教授与一线教师的英语教学研讨共同体中，教师应与专家学者共同讨论学习活动观的有效实践，群策群力共同推进英语学习活动观的理论深化并进一步积累实践经验。

第二节 学习活动的设计原则与方法

一、学习活动的设计原则

学习活动的原则主要有：目标化、真实性、可行性和多样性，其中目标化是课堂活动的出发点和落脚点。

（一）目标化

目标化是学习活动的首要原则，是指学习活动指向教学目标，反映学生的学情与需求，反映课堂的重点和难点。英语学习活动集合理解、产出和互动目标语言任务，是师生双方利用语言的媒介进行一系列复杂认知和建构任务的过程。课堂活动不是面面俱到的"大杂烩"，而是精挑细选的"烹小鲜"。因此，教师在设计环节要精心制定教学目标，在学情分析后选择最合适教学目标的教学活动，避免没有重点的任务叠加。综上所述，课堂活动是为实现特定教学目标而选择或设计的一系列师生理解、模仿、产出和互动目标语的有意义活动。

（二）真实性

真实性是指教师根据生活中真实存在的情境，为实现教学目标而设计的符合真实情境的活动。学习活动不是简单机械的形式操练，而是深入语境的语用实践。学习活动承载的不仅是语言知识的学习，更是语用能力的培养。课堂活动涵盖学习者理解、模仿、产出和互动目标

语的一系列活动,并且活动侧重语言意义而非语言形式,充分强调语言的交际互动功能。因此,教师应适当改编日常语境,创设活动情境,帮助学生运用语言培养解决问题的能力。

(三) 可行性

可行性意味着课堂活动难度必须在学生的能力范围之内,既不可以过于简单,也不可以过于复杂。可行性衡量标准应该以学生"最近发展区"为参照,学习活动设计应充分考虑学生在教师的帮助和指导下可能实现的解决问题水平和自主活动可能实现的解决问题水平之间的发展可能性。课堂活动应充分调动学生的学习动机,最大限度发挥学生的学习潜力,进而帮助学生培养新课标规定的核心素养。

(四) 多样性

为满足新课标不同核心素养的要求,教师应设计形式多样、内容丰富的学习活动以实现具体的课堂活动目标。学习活动形式主要有个别活动、小组活动和全班活动。个别活动,如学生单个回答教师提问,这有利于教师及时纠错,但其他学生参与度不高。小组活动形式多样,如配对活动或者三人及以上的小组活动,能调动大部分学生的积极性,但教师针对个人的反馈较少。全班活动的形式更是多种多样,如讨论、游戏及辩论等。全班活动气氛活跃,但是很难平衡不同能力水平的学生。

二、学习活动的设计方法

(一) 学习活动要素齐全

学习活动是教师为了实现某一特定教学目标而设计的任务,由若干基本要素构成。课堂活动通常包含活动目标、活动程序、活动材料、活动要求、活动形式、活动时间、活动成果、活动评价及活动顺序九大要素。

活动目标是课堂活动的指南针,英语教师确定活动目标主要基于全面的文本分析和系统的学情分析,进而把握课堂活动的重难点,有的放矢实施教学方案。教师应从新课标"英语学习活动观"的角度制定目标:学习理解类活动准确使用"感知与注意、获取与梳理、概括与整合"等动词立足语篇,帮助学生建构知识;应用实践类活动准确使用"描述与阐释、分析与判断、内化与运用"等动词深入语篇,帮助学生将知识转化为能力;迁移创新类知识准确使用"推理与论证、批判与评价、想象与创造"等动词超越语篇,利用内化的知识与能力培养学生素养。

活动程序是指学生活动所需的环节和步骤,教师应基于新课标指导下的活动目标设计具体的活动,合理安排不同形式、不同内容的任务。在保证活动内容充分契合活动目标、语篇信息和语篇语言的前提下,活动形式应满足学生本位的教学要求,充分调动学生的学习积极性,最大限度实现全体学生的学习需求。

活动材料指的是师生为完成教学活动所需的材料,主要包括文本材料和与文本材料相关的图片、音频、视频、实物等。活动材料的选择除了教材之外,教师应充分考虑语篇背景信息所需的辅助材料,使用相关图片、音频、实物等帮助学生理解和掌握语言知识和文化内涵。此外,材料的选择应充分考虑学生的水平和需求,既要能够让学生学有所获,又要让学生学以致用。

活动要求体现在针对不同学生的认知水平设计或选择不同难度的任务,对应课堂活动设计原则的可行性。新课标要求活动任务应充分考虑到学习者的差异性,通过分层设计实现不同学习者的共同发展。

活动形式对应课堂活动设计原则的多样性,确定是个体活动、小组活动还是集体活动等形式。教师根据不同活动形式的优缺点,统筹安排,合理实施。另外,教学活动形式应具备一定的趣味性和真实性,教师应在寓教于乐中帮助学生提高解决实际问题的能力。

活动时间即完成该活动所需的时间,教师应充分考虑不同课堂活动的容量,合理分配时间。活动时间的安排还需要教师提前考虑活动的预设和生成,如果遇到学生表现与预期不符的现象,教师应妥善处理,保证时间的有效使用。

活动成果指的是一项活动产出的成果形式,比如听力后复述,阅读后填表等以确保评价环节有明确对象。

活动评价主要针对活动目标、步骤、材料使用、组织形式、时间安排、成果体现等方方面面进行综合的考量。

活动顺序体现的是课堂活动之间的逻辑顺序以及课堂活动与其他教学环节之间的关系,课堂活动的先后顺序应充分对应学生理解知识、内化知识和运用知识的活动目标,环环相扣,层层递进。

(二)学习活动指向明确

英语学习活动观最终指向的是培养新课标核心素养,课堂活动设计必须体现新课标核心素养的目标要求。

核心素养中语言能力要求提高语言学习者听、说、读、写、看五种语言技能,实际课堂实践中,教师应统筹安排不同课堂类型以满足五大技能的共同发展。其中,"看"的技能需要教师重视思维可视化工具的使用和设计,帮助学生参与学习理解类和应用实践类的高阶活动。

核心素养中文化意识要求语言学习者弘扬中外优秀文化,培养跨文化意识,树立人类文明共同体意识。实际课堂实践中,对于具有明确中外文化特色的语篇,教师需要深入解读其文化内涵,培养学生正确的跨文化意识。同时,教师应明确任何语篇均有一定的文化背景:人类先进思想、崇高品德和智慧结晶等均可以成为文化内涵解读的具体所指。

核心素养中思维品质要求教学工作者培养语言学习者逻辑性、批判性和创造性思考的能力。实际课堂实践中,教师应精心设计应用实践类活动和迁移创新类活动以帮助学生内化语言知识,从而实现思维品质素养的提升。

核心素养中学习能力要求语言学习者使用英语学习策略,拓宽英语学习渠道,从而提升英语综合学习能力。实际课堂实践中,教师应遵循语言输入到输出的基本规律合理配置时间、信息资源,激发学生学习动机,生成最佳设计方案。

总之,课堂活动的设计与实施需要兼顾四个核心素养,不可偏颇。只有四大素养的共同作用才能落实新课标所要求的"英语学习活动观"。

第三节　案例与解析

案例:人教版(2019)《英语》必修三 Unit 1 听说教学设计

主题语境:人与社会——传统节日	语篇类型:对话文本
设计教师:彭佳妍	
内容分析	
听力部分共有三段对话,分别展示了街头采访、日常交际、导游讲解三种不同语境下的对话文本。对话 1 发生在日本"成人节",一位外国记者正在采访刚参加完"成人礼"仪式的日本年轻女性,询问她的感受以及随后的庆祝活动。对话 2 发生在两个好朋友之间,中国女孩李梅(Li Mei)第一次体验里约狂欢节,她的外国朋友卡拉(Carla)显然更有经验,善意地为她提供了着装上的建议,以便她能够尽情地参与狂欢盛典。对话 3 发生在中国,一位中国导游带着一群外国游客来到张灯结彩的元宵灯会,向他们介绍中国人的元宵节习俗。三段对话都带有强烈的生活气息,真实、自然而巧妙地融入了各具特色的节日文化元素,例如:在日本"成人节",女性大多身着色彩艳丽的传统和服;参加里约狂欢节的人们大多衣着轻便,这是为了适应炎热的气候和长时间的游行、舞蹈;在中国元宵节,人们吃的"元宵"代表着团圆和幸福。另外,对话文本中也渗透了本单元的目标语言结构—动词-ing 形式作定语和表语的用法,目的是让学生在真实合理的语境中感知、体会语言,为后续集中学习该语言结构作好铺垫。	
学情分析	
(1) 学生来自高二第一学期实验班,有了一定的单词积累和听力训练,为完成本课的听力练习奠定了基础。 (2) 本课的话题是学生非常喜欢的,并且贴近生活。 (3) 学生对于表达观点并不陌生,但是利用自身经历表达观点有一些难度。	

续表

教学目标	
在结束本课学习时,学生能够: (1) 从课本中和课堂中的视频和图片获取并整合主要节日的信息; (2) 关注对话中说话人的态度,判断人物之间的关系; (3) 根据所学知识描述自己最喜欢的节日,并在真实的导游情境中产出完整的语言信息。	
教学重难点及资源	
教学重点:学生能够从课本中和课堂中的视频和图片获取并整合主要节日的信息。学生能够关注对话中说话人的态度,判断人物之间的关系。 教学难点:学生能够根据所学知识描述自己最喜欢的节日,并且在真实的导游情境中产出完整的语言信息。 教学资源:教材、多媒体、学案、黑板和粉笔。	

教学过程

步骤		教学活动	设计意图	时间
复习导入				
Step 1		Individual work: Watch short videos on each festival introduced in the textbook. Pair work: Match the phrases and pictures.	通过视频和图片了解节日文化背景,引发学生思考,导入话题。 积累相关主题词块,为后续听说打下基础。	8 mins
实践内化				
Step 2	Activity 1	Pair work: Listen and identify the festivals and the relationships between speakers.	引导学生在听的过程中关注说话人的态度,辨别人物之间的关系,掌握文章大意。	8 mins
	Activity 2	Individual work: Listen and spot dictation.	引导学生根据听力内容获取细节信息。	6 mins
	Activity 3	Group work: Listen and list the activities of each festival.	引导学生获取零散信息并分类,整合归纳成完整体系。	8 mins
迁移创新				
Step 3		Individual work: Let students choose their favorite festival of the three and tell the reasons.	回顾所学知识,提供口语素材。	5 mins
Step 4		Group work: Students are required to finish a dialogue between a foreign tourist and a local guide. Each student should introduce at least one festival to others.	通过小组口语活动帮助学生操练从听力中所获得的语言信息、文化信息和语用信息,并充分运用这些信息进行表达,变输入为输出,培养综合语言运用能力。	10 mins
Homework		① Students are required to make a brochure of the three festivals with the information in the text. ② Time permitting, students are required to search online for more information related to the three festivals.		

【案例评述】

指向发展语言能力的学习活动设计：本案例教学目标在语言能力维度侧重培养学生看、听、说三方面的能力，符合听说课的基本目标要求。从具体活动来看，听前环节要求学生通过看视频和读图片的方式把握背景知识。听中环节要求学生把握文本人物关系、了解文本大意并归纳文本细节，层层递进，深入学习。听后环节，以口头问答引导回顾所学知识积累素材，再通过角色扮演输出完整的对话。

指向发展文化意识的学习活动设计：本案例教学目标在文化意识维度紧扣文章主题"传统节日"，要求学生弘扬中外优秀文化，培养跨文化意识。从具体活动来看，此案例通过归纳不同节日活动，可以帮助学生明确不同传统节日的特点。最后的角色扮演通过模拟真实情境使学生能够体验文化交流的实际意义。

指向发展思维品质的学习活动设计：本案例教学目标在思维品质维度侧重培养学生批判性思维。从具体活动来看，最后的角色扮演可以让学生充分辩证思考中外文化，从而形成正确的跨文化交流意识。

指向发展学习能力的学习活动设计：本案例教学目标在学习能力维度侧重培养学生合作学习和自主学习能力。从活动形式看，本案例综合使用个别活动、配对活动、小组活动等多种形式确保合作与自主性学习。从活动内容看，自主思考文本人物关系、同伴合作归纳文本信息、小组合作完成角色扮演等活动能够确保学生将合作与自主学习落到实处。

本章小结

本章主要阐释了英语学习活动观的理念，即语言学习是工具性和人文性的统一。新课标明确活动是英语学习的基本形式，并将英语课堂活动分为学习理解类活动、应用实践类活动和迁移类活动。当前英语学习活动观的实践仍存在较多问题，教师应按照文中的四大建议改进教学。结合案例来看，教师在日常教学中应充分考虑课堂活动的基本定义及设计原则和方法。同时，新课标英语学科核心素养的实现也离不开课堂活动的精心设计和有机组织。

推荐阅读书目

[1] 高洪德. 英语学习活动观的理念与实践探讨[J]. 中小学外语教学(中学), 2018, 41(4): 1-6.

[2] 冀小婷, 代俊华. "六要素"整合下的英语学习活动观及其实践[J]. 教学与管理(中学版), 2018, (7): 64-66.

[3] 章策文. 英语学习活动观的内涵、特点与价值[J]. 教学与管理(中学版), 2019, (7): 47-50.

课后练习

判断题

1. 新课标将学习活动分为呈现型活动、练习型活动和应用型活动。（   ）
2. 学习活动的实施主要帮助学生实现对于目标语言的输入和理解。（   ）
3. 设计学习活动时,要以学生的需求、能力、兴趣爱好为依据,并且与教学目标紧密相连。（   ）
4. 评价学习活动的途径多采用量化评价,很少使用质性评价。（   ）
5. 学习活动的首要原则是目标化,因此设计的目标越多,课堂效果越好。（   ）

简答题

1. 新课标英语学习活动观对学习活动有哪些分类？
2. 新课标对课堂学习活动设计提出了哪些新要求？
3. 新课标英语学习活动观如何通过具体实践落实？

操作题

1. 请结合本章节所学内容对以下课堂活动进行评价,字数不限。

授课内容源自人教版(2019)高中《英语》必修一 Unit2 "Travelling Around"的"Reading and Thinking"部分的"Travel Peru"。本课时为阅读课的第一课时,目标是让学生明确文本类型,读懂文本信息并能够完成旅行计划的制定。

Stages	Activities	Purpose
Lead in (5 mins)	Play a video "Welcome to Peru" and answer the questions: • What did you see in the video? • What other sources of information can you find about Peru?	To elicit the topic and arouse students' interest in the lesson.
Pre-reading (5 mins)	Let students recognize the text type after presenting two short texts on the book. • What types of text are they: encyclopedia or brochure? • What information is given in the texts?	Help students develop the awareness of the text type.
While-reading (20 mins)	Read the first two short texts and answer two questions: • Where is Peru? (Read the map) • Why Spanish is the main official language of Peru? (3 mins)	To help students practice the skill of skimming and know something about Peru.
	Read the four main parts and work in pairs to fill the blanks on the book. Skim 4 parts in Travel Peru: Amazon Rainforest Tour, Machu Picchu Tour, Cusco Tour and Lake Titicaca Tour and notice the new words. (6 mins)	To help students practice the skill of skimming and learn some new words.

Stages	Activities	Purpose
	Read the four main parts and work in groups to fill the table on the book. The table needs students to finish the blanks on the following information: Days/Transport/Accommodation/Activity. (8 mins)	To help students practice the skill of scanning and learn how to read the brochure.
	Group discussion and critical thinking: ● Which tour(s) would you recommend for people who enjoy history and culture? (3 mins)	To integrate the inforamtion and prepare for the post-reading output.
Post-reading (13 mins)	Give an example of travel plan of Xi'an. Let students figure out the main elements. (3 mins)	To help students know the structure of travel plan.
	Group work: Use the results of their critical thinking in while-reading to finish the plan. Invite individuals to share their travel plans and evaluate the work. (10 mins)	To help students apply what they have learned in class.
Homework (2 mins)	● Write down your profits and questions. ● Complete the exercises on the textbook.	

2. 请结合本章节所学内容对人教版(2019)高中《英语》必修一 Unit2 "Travelling Around"的"Reading and Thinking"部分的"Travel Peru"进行自主设计,字数不限。

第十章
基于新课标的学生学习能力培养

Chapter 10

> **本章内容概览**

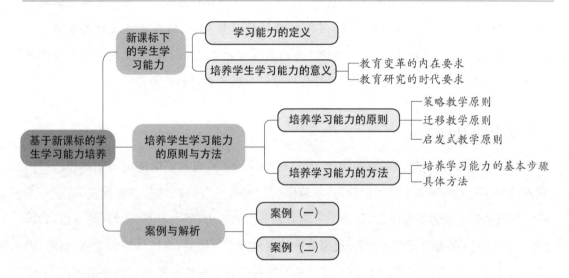

> **课前思考**

曾有教育专家指出,老师上课不仅要教会学生知识,而且要培养学生的学习能力。可见,培养学生的学习能力是教师教学的重要目的。那么,同学们思考一下,为什么学习能力对学生的成长会如此重要?学习能力在新课标背景下定义得到了什么样的延伸?我们又该如何高效地培养学生学习能力呢?本章将基于新课标的理念来详细解读学习能力背后的秘密。

第一节 新课标下的学生学习能力

《普通高中英语课程标准(2017年版2020年修订)》(以下简称"新课标")强调了学习能力的培养,新课标指出"学习能力指学生积极运用和主动调适英语学习策略、拓宽英语学习渠道、努力提升英语学习效率的意识和能力。学习能力构成英语学科核心素养的发展条件。学习能力的培养有助于学生做好英语学习的自我管理,养成良好的学习习惯,拓宽学习渠道,提高学习效率"。新课标还进一步提出了学习能力的目标,即"进一步树立正确的英语学习观,保持对英语学习的兴趣,具有明确的学习目标,能够多渠道获取英语学习资源,有效规划学习时间和学习任务,选择适当的策略与方法,监控、评价、反思和调整自己的学习内容和进程,逐步提高使用英语学习其他学科知识的意识和能力。"

一、学习能力的定义

由于研究目的、视角和兴趣不同,学者们对"学习能力"有着不同的定义和解释。目前学界对学习能力的定义主要可以分为"领域说"和"组合说"两种类型。"领域说"从某一学科或领域学生的能力体现出发,认为学习能力是学生的智力、能力与某一学科的有机结合,同时,学生可以在实践、创新、生活、道德等领域表现出学习能力,具体体现为素质、素养、道德等的习得。"组合说"则从系统的角度对学习过程中各要素的关系加以综合阐述,认为学习能力主要由知识力、解析力、生成力、迁移力、执行力和强化力六大成分组成,并表现为结构化、网格化和程序化的知识、技能和策略。

因此,学习能力并不仅局限于学生学习知识的能力,还包括学生在实践、生活、道德等方面的学习能力。具体来说,学习能力是在已有知识的基础上,对学习的新知识进行加工、解析后形成新的认知结构,并且可以运用于新的情境的能力。学习能力的定义可以用图10-1进行归纳整理。

新课标不仅要求教师对学习能力的培养予以高度重视,还逐步要求教师培养学生的自主学习能力,即学习能力的高级体现。自主学习指的是在学习过程中,学生能够主动积极地确定学习目标和学习内容,实施合适的学习策略,监控学习进程并在学习结束后对学习效果进行评价。可见,自主学习者有主动学习的意愿,并且能够有准备、有计划地开展学习活动。教师需加强对学生的情感和能力支持,进而提高学生的自主学习能力。

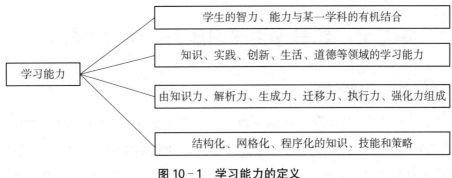

图 10-1 学习能力的定义

二、培养学生学习能力的意义

（一）教育变革的内在要求

"培养什么人"始终是教育在改革和发展过程中必须回答的问题。许多重要纲领性文件对此问题都作出了一些解答。《中华人民共和国教育法》规定教育要培养德、智、体、美等方面全面发展的社会主义建设者和接班人。《国家中长期教育改革和发展计划纲要（2010—2020 年）》中指出教育要培养社会主义合格公民，并且"优化知识结构,丰富社会实践,强化能力培养。着力提高学生的学习能力、实践能力、创新能力,教育学生学会知识技能,学会动手动脑,学会生存生活,学会做事做人,促进学生主动适应社会,开创美好未来"。因此,对"培养什么人"的回答就是培养具有学习能力的人。

（二）教育研究的时代要求

学习是教育的永恒话题。随着时代的发展,人们对学习的关注从"学什么"转向"如何学",即如何才能有效地提高学生的学习能力。学习能力是提高学生学习质量的关键,也是学生终身发展能力的基础。因此,教师有必要运用各种教育手段提升学生的学习能力,这也满足终身学习的时代要求。

学习能力的重点并不在于要学会知识的多少,而在于学习过程中学习者自身学习知识和策略的能力是否得到发展（时龙,2016）。学习能力是影响学生发展的关键因素,同时也是教育研究和教育变革不可忽视的问题。学校教育应该在提升学生学习能力中起到重要作用,为学生提升学习能力创设恰当的学习环境并提供学习指导,进而促进学生的全面发展。

第二节　培养学生学习能力的原则与方法

一、培养学习能力的原则

学习能力的培养，主要发生在课堂教学中。课堂教学是培养学习能力的主要途径，也是培养学习能力的关键手段。要充分利用课堂教学培养学生的学习能力，教育工作者必须遵循一定的基本教学原则。这些原则同样也为具体的课堂教学策略提供依据。

（一）策略教学原则

在课堂教学的时候，教师既要向学生传授知识，也要采用"润物细无声"的方式向学生传授学习策略，使得学生能够灵活地采用学习策略。注意，教师在向学生传授学习策略时，要展现自己的思维过程，易于学生感悟并掌握学习策略。要掌握学习策略，学生还需要进行一系列策略训练，例如人教版高中英语教材内容中常见到的"analyze underlined words and sentences through context"学习策略，教师可以训练学生通过上下文理解课文中的重点词汇与词组含义，使学生能够灵活使用这一方法。

（二）迁移教学原则

教师要引导学生建立自身的知识结构，在知识结构的基础上学会知识的迁移和应用。教师可以分阶段采取一系列的迁移训练，例如迁移尝试、迁移实施等，促进学生习得迁移。新课标强调英语单元整体教学，教师将一个单元视为整体开展教学设计，可以将单元内、单元间的知识延伸进行迁移训练，促进学生学习并掌握更深的语言知识或语法结构。

（三）启发式教学原则

教师应关注启发式教学，并发挥学生的主观能动性，引导学生自主学习。教师可以从培养学生学习动机入手，通过一步步地提问，让学生理解头脑里没有的东西，并教会学生学习方法和思维方法。教师还应在课堂教学中创设良好的学习氛围，协助学生确定学习目标，促使学生对自我学习作出评价，让学生学会学习。

二、培养学习能力的方法

（一）培养学习能力的基本步骤

教师可以在课堂教学中从以下四个方面入手提高学生的学习能力：

1. 分享学习目标

分享学习目标是教师在课堂教学中培养学生学习能力的第一步。虽然许多教师可能会详细地向学生解释学习任务，但很少有教师会与学生分享他们期待学生能够学会多少知识，以及学习后达到的程度。但是只有当学生自身意识到有关学习的信息，他们才能在自己学习的时候承担更多的责任。英语教师可以在课前和学生分享学完本课后希望学生们达到的程度，如在学完本课后，学生需要学会的单词、句型等，以及对以上单词或句型的掌握和运用程度等。

2. 提出更好的问题

教师在课堂教学中与学生互动时所说的话语被称为教师话语。教师话语最重要的两部分就是教师提问和教师反馈。教师提问的主要目的在于考查学生对于课堂知识的掌握程度。合适的提问方式和提问类型对学生学习质量有着重要的影响。传统的课堂往往是教师的"一言堂"，教师单方面对学生传授知识。学习性评价就是要打破这种传统观念，促进和提高师生课堂互动的质量。

通常低阶问题（包括管理类问题、检查知识类问题、理解类问题）占到了较大比例，而高阶问题（包括鼓励学生交谈类问题、思考类问题）非常少。教师需要增加高阶问题的数量，达到启发思考的目的。英语教师应该反思自己的课堂提问，尽量变封闭式问题为开放式问题，让学生有更多的思考空间；更关注学生找到答案的过程，而不是答案的正误；提出的问题要有多种类型、不同层次。教师可以从对英语课本的简单复述问题开始，逐步拓展到挑战性的问题，例如英语课文体现的价值观和启示等。

3. 让口头反馈更有价值

教师反馈也能够促进学生的讨论和思考。教师在口头反馈时有可能进行名不副实的表扬或消极的回应，例如"Good""Excellent""Great"等简单回应。教师应该避免以上情况的出现，积极具体对待学生的回答。例如，当学生回答英语课文体现的价值观和启示类问题时，教师不仅可以针对回答的对错进行评价，还可以对学生的语音发音、语言逻辑等进行具体的指导，关注学生的个体差异，以鼓励和建议为主。

4. 促进学生的自我评价

促进学生的自我评价目的在于,学生在合作学习的过程中不断给予小组其他成员支持和反馈,对自身的学习效果也能较好地进行评价。人们发现,学生在教师再次讲解后仍然不理解的话,他们会倾向于不再提问,因为他们不想显得很愚蠢或浪费老师的时间。但当这种情况出现在同伴学习中,学习者会继续追问直到弄清楚问题为止。因此,英语教师需要帮助学生发展同伴评价和自我评价能力。

学生组成合作学习小组前,教师需要着重说明小组讨论的设置。教师需要告知学生慎重选择学习同伴,并在课堂上进行示范,帮助学生更好了解对方,促进同伴学习的开展。例如,在视听说课型时,教师可以积极指导学生选择学习同伴,通过小组合作学习完成"输入—输出"的教学活动,帮助学生能够评价自我及同伴的课堂表现。

(二) 具体方法

1. 分层教学法

教师在课前、课中、课后三个阶段,对学生、目标、学习任务、提问、作业、评价等进行分层,从而提高课堂效率,并提升学生的英语综合能力。具体操作方式如下(余兴明,2018):

(1) 课前对学生和教学目标进行分层

实施分层递进教学法的前提要求教师充分关注和了解班级每一位学生的特点与情况。因此教师在课前需要尽可能根据每一位学生的情况做好学生分层,既要考虑到学生的英语能力,也要对学生的性格特点有所了解。了解学生情况的方式可以有多种,包括摸底测试、性格分析测试、学生家长访谈、学生档案袋等多种途径。出于对学生隐私的保护,教师需要谨记不能公开学生的分层情况。

教师还需在课前做好教学目标分层。教师可以依据学习内容设置有明显难度梯度的教学目标,从基础知识到阅读技能的培养再到运用所学知识展开活动。在设计好教学目标后,教师可提前告知学生学习目标,让学生在课前进行自学。

(2) 课中对提问和辅导进行分层

在英语课堂中,教师应根据学习任务的难度,选择不同层次(英语水平)的学生回答相应的问题,否则无法有效发挥教师提问对学生的启发作用。对待各层次学生时,教师需要采用因材施教、因人而异的教学方法,充分调动不同层次(英语水平)学生的积极性,使他们踊跃参与课堂活动。教师也需做到辅导分层,对于英语水平较低或中等的学生,教师可以告诉学生任务所在课文段落或一些具体的时间提示词等;对于英语水平较高的学生,教师可以不作指导。

（3）课后对作业和评价进行分层

教师需要布置层次分明的课后作业，课后作业按照难度可以分为基础题、巩固题和拓展题三类。学生需要完成基础题和巩固题，对于拓展题学生可以自主选择是否完成。但教师也要注意防止部分学生出现忽视作业要求或不做作业的情况。

教师要做好评价分层，让每个层次的学生都能受到激励。对学生不理解的地方或者回答有偏差的地方，教师要根据不同学生的性格、学习特点等因时制宜。除了教师评价之后，还应结合同伴互评、自评等评价方式。

但教师需要注意：采用分层教学法，不代表在完成要求较高任务时部分学生可以不参与，依旧是全班参与，只是在完成难度较高任务时，对英语水平较低学生的要求可以放低。对于不同层次学生，大致可以采用以下评价方法：

① 优等生

可以指出他们的学习问题，因为他们的学习接受能力与心理承受能力都比较强，能正视教师提出的学习建议。

② 中等生

先让他们感觉到自己受重视，然后以客观公正的语言来评价他们的学习过程，希望他们能了解自身的问题。

③ 后进生

主要是以鼓励性评价来激发他们对英语的学习兴趣，将评价重点放在他们的课堂表现之中。

2. 制作思维导图

思维导图（mind mapping）是一种组织信息的图表，现已发展成为一种组织性思维工具。绘制思维导图能够有效建立新旧知识之间的联系，帮助个体掌握知识并反思对知识的熟练程度。

新课标强调了发展学生"看"的技能。教师在教学过程中强调思维导图的重要性，可以有助于发展学生"看"的能力，以培养学生的学习能力。思维导图作为一种可视化思维工具，教师可以在课堂上应用思维导图辅助课堂教学，建立新知与旧知的联系，开展教学评价，有效提高课堂效率；学生可以应用思维导图记录课堂笔记，巩固教学内容，掌握零散知识，并评价自身的学习效果。英语教学中思维导图主要可以运用在以下两方面：英语单元学习任务规划和语篇归纳，以培养学生的调控策略和语篇归纳策略。

(1) 制作单元学习任务规划思维导图

教师需要指导学生制作单元学习任务思维导图,以便于学生规划、反思、调控自己的学习过程。学生能够在开始单元学习前,把握单元的语言目标,包括分布于听、说、读、写各个步骤的词汇、语法、复杂句式、语篇结构等,促进学生在自我实践及反思中形成自己的单元学习规划。

(2) 制作语篇思维导图

在传统的英语教学中,教师往往把语篇分裂为词汇、语法等教授给学生,这可能造成以下后果:学生学完课文后只机械记忆相关知识语法点,缺乏对整篇课文的理解和掌握,这将进一步导致学生语篇掌握能力和阅读能力水平较低。制作语篇思维导图,能够有效培养学生的语篇分析能力。

3. 开展合作学习

(1) 合作学习的定义

合作学习的特点在于:以小组学习活动为依托,依赖于组员间的信息交换;各组员能够为自己的学习负责;且同伴之间相互促进学习。

根据合作学习的内容与参与人数,合作学习可以分为三种类型:①同伴之间的互助合作学习,该类型一般为2—3人;②小组合作学习,该类型人数可以较多,一般为4—8人,如课堂中的小组讨论学习、研究性小组学习、兴趣小组学习等;③全班参与的合作学习,也可称为合作教学,具体表现为讨论学习、角色扮演活动等。目前,中小学教师在课堂上使用较多的还是小组合作学习,因为小组合作学习是最基本和最有效的学习方式,但教师也应多重视其余两种类型的应用。

(2) 合作学习的实施

在实践中,许多教师通常会以为合作学习就是把学生分为几个小组,以小组为单位解决问题或完成任务。但实际上,合作学习并不是简单地把学生分为小组完成课堂任务。在真正意义上的合作学习中,学生需要自觉对自己和同伴的学习负责,在分工明确的小组任务中承担一部分学习任务,同时学生必须有面对面的交流,并对彼此的学习产生积极作用。

合作学习分组也是达到合作学习目标的重要因素。如果随意对合作学习小组分组,很有可能出现合作学习流于形式,小组成员参与度不高等情况。为改善合作学习小组分组的情况,教师除了自身积极学习合作学习相关理论,还需要做到科学分组。如何做到科学分组呢?需要考虑以下两个因素。

第一,小组规模。小组人数是影响合作学习成效的重要因素。小组人数过多并不利于提高合作学习小组每个成员的参与度,随着人数的增多,组员参与度反而会降低,仅有几位成员阐述想法。为了避免这种情况的发生,教师应该尽量保证每个小组人数为4—6人,使得每一位小组成员都能参与讨论,并充分阐述自己的观点。小组规模也需要考虑到任务的难易程度和任务所耗的时间长短。对于较难的学习任务,可以适当增加小组人数;对于耗时较长的任务,也可增加小组人数,以保证每一位成员都有充分的时间参与讨论(郑家福、江超,2015)。

第二,互补原则。教师在进行分组时,需要考虑到学生的性别、学习成绩等多个方面。小组的男女比例可以按照全班的男女比例来安排和调节。教师同时需要尽量保证每个小组的"实力"相当,小组中应该有优等生、中等生和后进生三类学生,让他们共同进步。

第三节 案例与解析

案例(一):人教版(2019)《英语》高一课文 Unit 5 The Chinese Writing System: Connecting the Past and the Present 分层递进教学设计

主题语境:人与社会——中国文化	语篇类型:科普说明文
设计教师:芦婧	

教学目标分层设计	
Students' English proficiency	At the end of the class, students are able to:
Low	Understand the development of written Chinese through time indicators.
Medium	Write down the development of written Chinese using the learned words and phrases.
High	Retell the development of written Chinese using their own words.
教学提问和辅导分层设计	
Learning tasks: Scan the text to find the words and phrases that describe a time. Then write down what happened at each of those important times.	
Students' English proficiency	Teachers can use the following strategies after asking questions:
Low	Provide some learning strategies, such as telling students the paragraph range of the article required for the task, or prompting time indicators and conjunctions in the article.

续表

Medium	Help students locate the time indicators in the passage, and find what happened during that period, meanwhile emphasize key words and phrases repeatedly.
High	Ask students what happened during that period, meanwhile teacher can provide some key words to help students retell the events using their own words, watch their language usage and give immediate feedback.
课后作业分层设计	
Routine tasks	1. Copy the vocabulary and sentences from the text. 2. Read this passage carefully, pay attention to the pronunciation and intonation and share your voice record with the WeChat group.
Task for consolidation	Write down your opinions with supporting details about which other language(s) you want to learn and why.
Optional task	Search the Internet to know more about written Chinese' history and make a detailed timeline.

【案例评述】

- 教学目标分层设计

对于英语水平相对较低的学生，教师设定了符合他们学情的教学目标，即在学完这堂课后，关于语言能力的目标，他们只要通过时间指示词在文中找到书面中文的发展过程即可；对于英语水平中等的学生，他们需要用所学的词汇完成书面中文发展史的时间线，教师需多注重脉络层次、结构衔接、用词准确度方面的反馈，及时给予纠错；而对于水平较高的学生，他们需要用自己的话重述书面中文的发展史，教师可引起其关注自己语言的结构、多样性、灵活性，并给予其语言亮点的"重复"，多涉及语言合适性。不同层次的目标根据不同层级的学生而定制，难度逐渐增加。

- 教学提问和辅导分层设计

针对此项任务，教师需根据题目的难度，选择不同层次的学生进行作答，并设计了提问分层。对于英语水平较低的学生，教师可以让他们回答难度相对较小的问题，例如"找出文中和时间相关的单词或词组"；对于英语水平中等的学生，教师可以让他们根据"找出文中和时间相关的单词或词组"这一问题的回答在课文内容中找出相应时间发生的重要事件，例如"at the beginning""By the Shang Dynasty""in modern times"等，在回答问题时强调每段中的重点词汇或词组，进一步加深记忆；对于英语水平较高的学生，教师可以适当提高问题难度，尝试让学生用自己的语言复述不同时期的重要事件，例如"Qin Dynasty"，老师可以给予关键词 Qin Shihuang、his achievements、culture 等做脚手架。教师也根据学生不同的英语水平设置了不同的辅导策略。要完成这项任务,对于英语水平相对较低的学生,教师可以提供一些学习策略,如告知学生任务所需的文章段落范围,或者提示文章里的时间指示词、连接词等。而对于英语水平较高的学生,教师可以适当帮助学生用自己的话复述课文内容。

- 课后作业分层设计

教师可以在完成教学内容后,根据难度布置三类作业,分别为常规作业(即基础作业)、巩固作业和拓展题(自行选择题)。对于拓展题,学生可根据自身学习情况选择完成与否,但教师应该鼓励学生完成拓展题。

案例(二):人教版(2019)《英语》高一课文 Unit 4 The Night the Earth Didn't Sleep 合作学习设计

主题语境:人与自然——自然灾害	语篇类型:科普说明文
设计教师:芦婧	

内容分析
本文讲述了唐山大地震发生的前后经过:第1段讲述了唐山大地震发生前的种种警告迹象;第2段讲述了地震发生时的可怕迹象;第3段主要讲述了唐山大地震带来的严重的人员伤亡和经济损失;第4段讲述了全国人民对唐山的支援和帮助;第5段则描述了唐山重建后取得的巨大成就。学习本课重点是理清唐山大地震发生前后的变化过程。
学习方式
小组合作拼图式阅读(jigsaw reading) 说明:教师将全班分为若干小组,5—6人一组,学习小组自行选出组长,并自行分工。全文共5个段落,教师将段落随机标为"A、B、C、D、E",小组派代表随机抽取段落。如果班上人多,则可能两个组学习同一段落,人少则一个小组负责一个段落。
学习过程
(1) 各小组选出所负责段落中比较难的词汇,尝试通过语境、词典等方式理解词义,然后教授给班上其他同学,包括语音、词义、相关搭配等; (2) 各小组自行学习所负责段落,理解段落大意与细节,并向班上其他同学展示各小组学习成果; (3) 通过各小组的展示,全班一起排列出段落的正确顺序,并理解全文大意,清楚唐山大地震发生的前后过程。

【案例评述】

该篇课文共有五个段落,具体描述了唐山大地震发生的前后经过,赞扬了唐山人民永不放弃的精神和全国人民对唐山的支援与帮助。该篇课文按照时间顺序展开,较适合实施合作学习设计。教师依据科学分组方法,既考虑到该篇课文难度,将全班同学分为5—6人小组；还应遵循互补原则，尽量保证小组成员的男女比例和"实力"相同。随后各小组派代表随机抽取一个课文段落展开阅读与自主学习。学习过程中各小组自行尝试通过语境、词典等方式理解单词、词组等，梳理段落大意，并将小组学习成果展示给班级其他同学。展示结束后，其他同学可以根据展示小组的成果进行评价和分析，教师可以适当点评和补充学生没有涉及的要点。

本节课小组学习模式贯穿始终，学生占主导地位，大部分时间由学生完成学习任务，而教师只是作为一个引导者、补充者，引导学生开展活动，补充学生所没有涉及的要点。在这样的环境中，学生的主体作用得到了发挥，有利于培养学生对自己学习负责任的态度，发展学生的自主学习能力。

本章小结

本章主要围绕新课标要求下的学生学习能力培养展开，主要讲解了学习能力的定义、培养学习能力的重要原则以及培养学生学习能力的教学方法等几个方面。英语教师需要时刻铭记，学习能力是影响学生发展的关键因素，是新课标要求下学生应该掌握的基本能力。因此，教师在培养学生学习能力时应该从实际问题出发，合理而灵活地运用相关的教学原则和方法，通过转变英语教学方法、有意识培养学生形成自身学习策略、运用合作学习等具体方法，引导和帮助学生发展自主学习能力。

参考文献

［1］时龙.当代教育的主题和归宿:提升学生学习能力［J］.中国教育学刊，2016(10): 45 - 49.

［2］余兴明.分层递进教学法在高中英语教学中的实施与应用［J］.中国教育学刊，2018(S1): 105 - 107.

［3］郑家福，江超.英语课堂教学中合作学习小组分组的问题及策略［J］.教育理论与实践，2015, 35(11): 54 - 56.

推荐阅读书目

［1］陈爱平.让合作学习真实有效地发生［M］.上海:上海教育出版社，2019.

课后练习

判断题

1. 启发式教学的主要步骤为:观察、发现、呈现、运用。　　　　　　　　　　　　　　　　　　(　)

2. 分层教学意味着某个学习任务只需部分学生参与。（　　）

3. 教师可以通过转碎片化教学为整合式教学,注入式教学为启发式教学,创设有关联性、综合性、实践性的学习活动,培养学生的学习能力。（　　）

4. 英语教师应该注重引导学生建立新知与旧知的联系。（　　）

5. 合作学习分组只需考虑到小组人数。（　　）

简答题

1. 请结合当前中学英语教学现状谈谈:传统的英语教学方式的优缺点以及如何改进英语教学方式。

2. 在培养学习能力的原则中,你是如何理解策略教学和迁移教学两项原则的?

3. 请简述分层教学法的基本步骤。

设计题

1. 请为以下文本设计相关的分层递进教学设计,文本选自人教版(2019)高中英语必修一 Unit 4 Reading：The Night the Earth Didn't Sleep：

Everywhere survivors looked, there was nothing but ruins. Nearly everything in the city was destroyed. About 75 **percent** of the city's factories and buildings, 90 percent of its homes, and all of its hospitals were gone. **Bricks** covered the ground like red autumn leaves, but no wind could blow them away. Most bridges had fallen or were not safe to cross. The railway tracks were now useless pieces of **metal**. Tens of thousands of cows, hundreds of thousands of pigs, and millions of chickens were dead. Sand now filled the wells instead of water. People were in **shock** — and then, later that afternoon, another big quake shook Tangshan again. Even more buildings fell down. Water, food, and **electricity** were hard to get. People began to wonder how long the disaster would last.

But hope was not lost. Soon after the quakes, the army sent 150,000 soldiers to Tangshan to dig out those who were **trapped** and to **bury** the dead. More than 10,000 doctors and nurses came to provide medical care. Workers built shelters for survivors whose homes had been destroyed. Hundreds of thousands of people were helped. Water and food were brought into the city by train, truck, and plane. Slowly, the city began to **breathe** again.

2. 请根据上题的文本设计相应的语篇思维导图。

第十一章
基于新课标的教学评价

本章内容概览

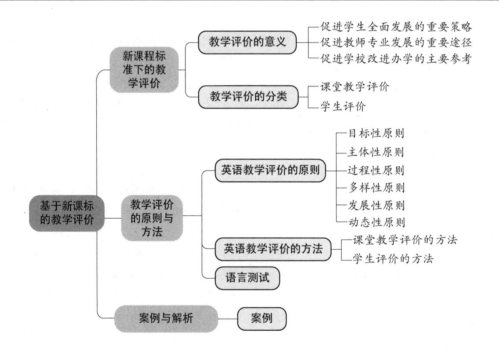

课前思考

有学者说,没有评价的教育活动是不完整而无意义的。教学评价是检查情况、发现问题、找出差距、明确方向和促进发展的重要阶段。请同学们思考一下,你认为什么是教学评价呢?教学评价对英语教学的重要意义体现在哪里呢?本章将基于新课标的理念来带你认识英语教学评价的独特魅力。

第一节 新课程标准下的教学评价

《普通高中英语课程标准(2017年版2020年修订)》(以下简称为"新课标")中指出:"教学评价是英语课程的重要组成部分,其目的是促进英语学习、改善英语教学、完善课程设计、监控学业质量。科学的评价体系是实现课程目标的重要保障。"可见,教学评价对实现有效的英语教学十分重要,是开展教学实践和理论研究时无法忽视的重要元素。

一、教学评价的意义

新课标从以下三个维度分析了教学评价的意义,见图11-1。

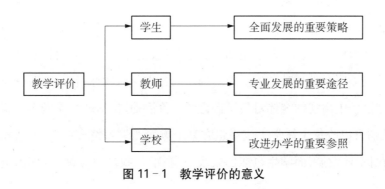

图 11-1 教学评价的意义

(一) 教学评价是促进学生全面发展的重要策略

教学评价能够反映学生的学习效果,明确学生的学习优点与不足,进一步促进学生的学习反思,使学生从学习经历中积累经验。同时,教学评价帮助学生在英语学习过程中通过调整学习策略,不断体验进步与成功,不断认识自我、建立自信,以此促进学生英语学科核心素养的形成和发展。

(二) 教学评价是促进教师专业发展的重要途径

教师的专业发展体现在知识背景、能力水平、专业自治、人际交往、科研成果等各个方面,其中教学质量是体现教师专业性的重要因素。新课标提出:"英语教学评价使教师获得英语教学的反馈信息,从而对自己的教学行为进行反思和调整,不断提高教育教学水平。"同时,教师能够在不断开展评价活动的过程中逐步形成"教—学—评"一体化观念,将自己成长为反思型教师。此外,教学评价能够有力地促进教师与教育管理者的对话,使日常教学与政策保障的联系更加紧密,从而在实现教师专业自治的同时推动教育的良好发展。

(三) 教学评价是促进学校改进办学的主要参照

学校作为开展教育活动的主要场所,其办学理念、体系、政策等都直接影响教学效果,因而教学评价有意识地开展能够使学校及时了解课程标准的执行情况,改进教学管理,促进英语课程的不断发展和完善。同时,学校管理者也能根据教学评价的结果对教师员工的待遇、任期等实际利益进行决策,从优化教师队伍上提升办学质量。

二、教学评价的分类

(一) 课堂教学评价

1. 课堂教学评价的定义

"课堂教学评价"的主要目的是改进教学质量,在不同的情境下有不同的内涵。一般来说,课堂教学评价是在系统地、科学地和全面地搜集、整理、处理和分析教学信息的基础上,对学生目标达成情况和教师教学价值作出判断的过程。新课标指出:课堂教学评价是对在课堂教学实施过程中出现的客体对象所进行的评价活动,包括教与学两个方面。通过课堂教学评价,教师可以收集个体学生或小组在某个方面的学习情况信息,改进指导学习的方案,并促进自身专业发展;而学生也能够发现自身优势、找准自身缺陷,作出进一步的学习规划。

综上所述,课堂教学评价可理解为如图 11-2 所示的过程:评价者基于"促教"和"促学"的基本取向制定评价标准,确定评价内容,通过课堂观察、学习档案、反思日志等方法收集教学信息,并对数据进行整理、处理和分析,最终对教与学进行价值判断,从而改进教学。

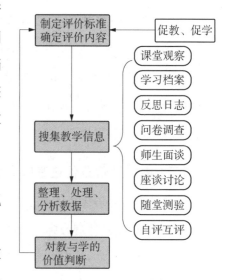

图 11-2 何为课堂教学评价

2. 课堂教学评价的要求

(1) 适度有效地进行激励性评价,让课堂气氛热烈

激励性评价是指教师在教学活动过程中,注重鼓励学生、激发自信、强化正确观念、引导正确言行的一种积极评价。所谓"适度"的激励性评价是指教师要

注意表扬的分寸,立足于客观表现,既不能随意夸大学生的优点,也不能直接忽视学生的进步。对于不同时间,面对不同心理状态的学生,针对不同评价内容开展的课程评价活动,教师都要尤其注意评价的方式需贴合学生的身心发展状况,并得到学生的认可。而"有效"指的是教师的表扬要把握时机,恰如其分,基于学生的真正需求,实现激励学生和促进学习的作用。在进行表扬时,教师要能够投入情感,尊重学生,真诚慷慨,但不该表扬时,也要能够"三缄其口"。

(2) 委婉含蓄地进行批评性评价,让课堂充满温情

批评性评价是指对课堂教学中出现的偏离教学目的和妨碍教学秩序的现象和行为作出反面调节的评价手法。课堂教学中,教师开展的任何批评性评价都要本着保护学生自尊心和自信心的基本原则,既要能够对学生的回答及时反馈,也要能够客观准确地指出学生的错误和改进的方向。因此,教师要能够灵活使用巧妙的批评性评价方式,如:幽默式批评——将批评寓于诙谐之中,既化解了课堂尴尬,也使学生改正了错误;自省式批评——直接给予学生批评的主动权,不仅能够发挥其主体意识,也能够强化对错误的记忆。

总的来说,批评性评价的目的在于让学生能够修正错误,树立更高的标准,扬长避短,不断前进。

(3) 立体互动地进行多元性评价,让课堂变成"伯乐"

教师要始终坚信:教学评价活动的最终目标是能够促进学生不断反思现状,激发学生的兴趣和积极性,从而开展更明智、更科学的学习,切忌让学生"为了受到表扬而学习"或"为了不受到批评而学习"。为避免上述两种情况,教师和学生要能够有意识地通过合作,建立更加健全的、多元视角的、多种评价方法相结合的立体评价机制,这不仅有助于建立良好的师生关系,也能够促进学生间合作交流,形成相互鼓励、共同进步的良性循环,充分发挥课程评价的诊断性、形成性和发展性等重要效果。

3. 课堂教学评价的内容

课堂教学评价贯穿着整个课堂开展的过程,包含如下内容:

对于教学目标的评价首先关注目标设计的合理性:教学目标是否符合课程标准的基本要求,是否与单元教学目标相适应,是否考虑到学生的接受能力以及自身发展的需求,是否符合教材内容特点,是否具有层次性等;其次,还应查看教学目标是否表述清晰,以及是否能够直观地指导教学。课堂教学目标的陈述虽从分析课程标准要求的"大概念"开始,但最后需落实到具体行为,因此教师的教学目标用语应倾向使用意义较为单一的行为动词,使教学目标具有可观测性和可操作性。

对于教学内容的评价应判断课堂教学内容是否建立在正确理解教材内容的基础上；教学内容是否囊括学科基础知识，是否适应学生的兴趣、学习风格和身心发展特点，是否同时具有高频性、趣味性和新颖性，是否难度适中、与新旧知识相关联，是否同时注重学生知识和技能的训练、情感态度的培养和价值观的教育，是否重点突出，有否攻破难点。

对教学方法与手段的评价注重选择教学方法时的恰当性和灵活性，判断其是否有效利用了教学资源；是否满足了不同学生的学习需要，发挥了学生的主体作用；是否适应教师的教学风格；是否能够根据教学内容、教学目的和学生特点等客观因素进行调整；是否有机地结合了现代教育技术；板书设计是否规范，与其他教学媒体的配合程度如何等等。

对教学过程的评价首先审视课堂教学结构设计是否合理，思路是否清晰，是否符合知识的内在逻辑体系和学生的认知规律，教学环节是否主次分明，教学活动是否层次分明、与内容相关、为目标服务；其次分析教学过程中师生互动程度有多高，学生的积极性有多强，以及是否注重了对学生意志、气质、性格等个性品质的培养等。

对教师教学基本功的评价包含教师语言使用能力的评价、教师推进教学技能的评价、教师教学方法的评价和教师教学媒体选择与运用的评价。评价者应判定教师是否使用了流利、准确的英语进行教学；其课堂指令语是否简洁而明了；教师是否善用各类教学技巧推进课堂进程；是否采用科学的教学方法，配合适宜的教学媒体开展教学等。

最后，对教学效果的评价强调课堂是否按时完成规定的教学任务；本堂课的教学容量和强度是否适宜；课堂效率如何；是否基本达成课堂教学目标；是否有助于学生提升语言能力，培养文化意识，发展思维品质，增强学习能力，从而促进英语学科核心素养的培养；更重要的是，是否使学生对英语学科产生了学习兴趣。

(二) 学生评价

1. 学生评价的定义

学生评价是指在一定教育价值观的引导下，教师或学生自己根据一定的标准，运用教育评价的一系列方法和技术，对学生学习进展和变化的价值判断。学生评价应包含学生个体成长发展情况的各个方面，如对学生学习成绩的评定和对学生思想品德、个性等各方面的评价，且应强调对其改善和发展给予指导的过程。因此，学生评价可以理解为以下过程，见图 11-3。

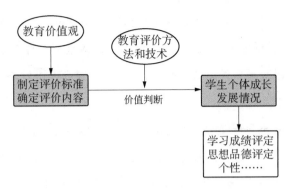

图 11-3 学生评价

2. 学生评价的要求

(1) 设立"促学"和"促教"的评价目的

学生评价的本质是能够诊断学习问题与提供解决方式以促进发展,而不是一味地通过评价对学生进行甄别和选拔。因此评价过程要以发展为本为指导思想,关注个体差异性和多样性,以明确的评价目的和标准,使学生评价的效益惠泽每一位个体。同时,学生评价也帮助教师从学生评价中获得教学反馈,从而改进教学质量。

(2) 确定促进学生全面发展的评价内容

新课标指出学生评价不再只是基于学业考试的评价,评价内容的关注焦点不再只是学生知识的掌握程度,而是既注重学生的知识水平,也不忽视技能方法、情感态度的内容。并且应以多元的视角,坚持形成性评价为主,终结性评价为辅的基本原则,从学生素质、学习过程、学业成果等多方面进行综合评价和反馈指导,落实学生英语学科核心素养的培养,促进学生全面发展。

(3) 采用定性与定量相结合的评价方法

我国目前的学生评价方法多为量化评价,无论是百分制纸笔考试,还是等级制评定,虽能一定程度上体现客观性和公平性,但形式单一僵化,难以对一个人提供全面的评价。因此,在选择学生评价方法时,评价者要能够将成长档案袋评定法等定性评价方式纳入使用,从而在考查学生学习成果的同时,兼顾对其学习态度、习惯等的评定,帮助学生全面认识自我。

(4) 确定多元化的评价主体

新课标重点提出了学生评价应当一改以往的以"他评"为主,尤其是教师作为唯一评价主体的"自上而下"式的评价模式,而更加强调"他评"和"自评"相结合,学生对评价的整个过程具有发言权,甚至家长、学校、社区等也能够参与进来。

多元的评价主体思想可使学生主动跳出机械冷漠地应对评价活动的被动心态，从亲身体验中正视自己，客观反思他人。因此，学生评价活动应能囊括学生自评、同伴互评、教师评价、家长评说、社区评鉴等多种方式，使评价活动真正成为促进发展的有效手段。

3. 学生评价的内容

在新课标思想的指导下开展学生评价的标准需要关注三个维度的内容：知识和技能的评价、过程和方法的评价以及情感与态度的评价。对知识和技能的评价要以课程内容为主要的参考标准，制订合理的层级评价要求，不仅要考查学生对课程知识、技能要领的理解程度，也要关注学生运用知识和技能的程度；对过程和方法的评价强调学生在参与学习活动过程中的表现情况，对学习方法的领会和运用能力，以及思维逻辑性、批判性和创造性等方面的情况；对情感与态度的评价则要从学生的动机和兴趣、克服困难的毅力、合作与交流意识等方面入手。

第二节　教学评价的原则与方法

一、英语教学评价的原则

在中国特色指导思想体系的指引下，党的教育方针是要求落实立德树人的根本任务，坚持"以人为本"的基本教育理念。为此，新课标对于英语教学评价作出了以下原则性规定：

（一）目标性原则

实施评价的主要目的是反映教师的教学效应和体现学生的学习质量和效果，因而评价的目标要与课程目标保持一致，尤其要落实对学生英语学科核心素养的评价。同时评价应从学生的全面发展出发，既要有针对性，也要有反馈性，既落实短期效益，也关注长远效益，保证切实为学生提供进步的指引。

（二）主体性原则

明确学生在评价过程中的主体地位，就是要学生成为评价活动的参与者和合作者。在形式上，教师应适当组织学生开展"自评"和"互评"活动，促进自我反思、自我督促、自我修正和自我成长。

（三）过程性原则

课程评价应当将重心放在学生的学习过程、认知过程和成长过程以及教师在过程中的指导和帮助上。评价本身也成为一个持续的、开放的、民主的、循环的过程，教师和学生要能够在课程进行过程中根据评价反馈及时调整教学方案或学习目标，由此才能真正实现"促教"和"促学"。

（四）多样性原则

英语课程的评价活动要能够采取多样的评价方法，并对不同的评价方法进行科学组合，以期达到最好的反拨效果，如要以形成性评价为主，终结性评价为辅，要将定性评价和定量评价相结合等。同时，评价的主体不单局限于教师一方，学生、家长、学校、社区等也应当参与合作。在评价过程中，评价者更要能够从多个视角和多个维度，对不同的教学内容、教学方法、教学活动等元素开展评价。

（五）发展性原则

英语课程的评价活动要立足于学生的长远发展，强调通过反馈使其获得成就感，帮助学生反思自身学习计划，调控学习策略，增强语言学习动力。教师应本着尊重和友爱的基本原则，从发展的角度和眼光评价学生，并以激励性评价为主，既要对学生已有成就进行肯定，也要鼓励学生不断进取。

（六）动态性原则

教师应认识到教学过程的动态性，从而开展因时、因地、因事、因人而异的课程评价活动，尤其是能够促进教学各个方面与教学评价活动之间的相互作用。一方面在基于学生个性特点和发展潜力的基础上，教师要根据动态的评价活动调整教学，另一方面也要因为各因素的变化而调整评价活动的形式和内容，做到真正客观、公正、科学。

二、英语教学评价的方法

（一）课堂教学评价的方法

课堂教学评价的方法具有极大的多样性，其主要目的是收集教学信息，便于教师全面了解课堂效果。常见的途径如下：

1. 课堂观察

课堂观察是指在一定观察目的的指引下，观察者利用自身感官系统或相应的辅助工具，从课堂情境中收集教学资料，并以此为基础展开课堂教学研究的方法。需要注意：任何形式的课堂观察都以校正和调整教师后续行为为主要目的的取向。而针对教师不同的角色，课堂观察具有不同的性质：教师既可以作为授课者有意识地监控自己学生的课堂行为，也能够作为观察者记录他人整堂课的细节行为。

常见的课堂观察工具为观察量表。对一堂课的观察可以从学生学习、教师教学、课程性质和课堂文化四个维度入手，再针对各个维度的不同视角制订相应的观察条目，四个维度既可同时观察，也可以有针对性地进行记录。

如下表 11－1 列出对于学生学习情况的观察条目：

表 11－1 学习情况课堂观察量表(王林发，2018)

维度	视角	序号	观察条目	记录	评分
学生学习	个人	1	学生个人学习的时间有多少？主要形式有哪些？使用者的数量如何？		
		2	优等生、中等生和学困生的学习状况各自如何？分别有何优点和困难？		
		3	学生个人学习的质量如何？		
	合作	4	学生合作学习的时间有多少？主要的合作模式是什么？学生的接受程度和适应程度如何？		
		5	学生合作学习的质量如何？		
			……		

课堂观察有效地帮助教师提升把控课堂的能力，但由于其只针对课堂中的可视化行为，且依赖于观察者良好的观察能力，因此要求观察者的判断尽量不受对学生现有印象的影响，课堂观察也具有一定的局限性。不过，现代教育技术的发展为课堂观察提供了更好的技术支持，将有望帮助课堂观察克服弊端。

2. 学习档案

学习档案又称为"成长记录袋"，是由学生将自己的学习作品或成果进行分类归档，从而记录其学习进程，以此对学习效果进行价值判断的工具。囊括至档案袋中的内容灵活多样，既可包括课堂任务生成物，如小组讨论提纲、思维导图、学生录音、课堂测验、辅助资料、作文等，也可包括课堂评价和反思记录，如阅读课后的反馈表、自我评价表等。教师更可组织学生自主设计个人成长记录袋的样式，规划所收集内容的整理方式等等。

3. 反思日志

反思日志应如实记录教师或学生的教学行为和学习行为，以及他们对于经验的反思性分析过程。相比档案袋记录，反思日志强调了对已发生行为的批判性思考，有效帮助教师总结教学的得失(详见第十二章《基于新课标的课堂教学反思》)。

4. 师生面谈

师生面谈也是课堂教学评价的常见形式,既可以是教师和学生的一对一咨询,也可以是群体的座谈讨论。面谈的内容可因人而异,但都与教师的教学和学生的学习相关。通过面谈,教师能够直接快速地了解到学生的需求,也能够拉近师生距离。

5. 问卷调查

问卷调查法是指列出问题清单,让教师和学生根据个人对课堂教学过程和效果的主观印象回答,从而收集他们对于教学的反馈。问题内容可涉及教师的教学能力、学生的学习情况、学生对老师的评价等等方面。如阅读课后,可以让学生填写表11-2所示的自我评价问卷。

6. 随堂测验

随堂测验即在课堂上开展的小型测验,它具有效率高、时间短、题量小的特点。一般情况下,随堂测验除了检测学生短期内的学习情况,还有巩固知识的功能,是教师快速获得反馈的常用方法。

表 11-2 阅读课后评价问卷

```
1. How did I perform in today's reading?
   ◎ Very well    ◎ Well    ◎ Just so-so
   ◎ Not too well  ◎ Not well
2. Was the passage easy/difficult for me? What might be the reasons?
   ◎ language _____
   ◎ vocabulary _____
   ◎ topic _____
   ◎ others _____
   ◎ ...
3. What did I know from this article? (content, structure, vocabulary ...)
   ◎ content _____
   ◎ structure _____
   ◎ vocabulary _____
   ◎ others _____
4. Questions I still have:
   ◎ _____
   ◎ _____
```

7. 自评互评

如前所述,教师要在课堂教学中巧妙适时地开展学生自评和互评,培养学生的评价思维,促进其形成评价和反思习惯。自评和互评也常借助量表等工具辅助开展,比如,写作课中可设计互评和自评量表如表 11-3：

表 11-3 写作评价量表

姓名：			最终得分：		
评价内容	评价描述		自评	互评	师评
内容	覆盖题目要求的所有写作要点。文章大意清晰，内容具体。(5分)				
组织	全文主题明确，逻辑清晰。有效地使用语句衔接工具，具有连贯性。(5分)				
句子	句式灵活，句意清晰易懂。没有语法错误，符合英语表达习惯。(5分)				
词汇	词汇丰富而生动，使用正确而得体。(5分)				
拼写和标点	书写规范，拼写正确，标点使用无误。(5分)				

（二）学生评价的方法

学生评价的方法根据不同的标准有多种分类方式，如图 11-4 所示：

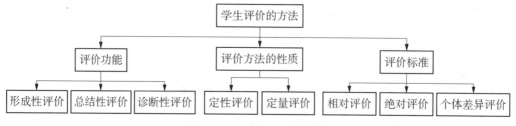

图 11-4 学生评价的方法

1. 按照评价功能的不同，我们可以将学生评价分为形成性评价、总结性评价和诊断性评价

（1）形成性评价

形成性评价指在教学过程中，为更好地达成教学目标，及时掌握学生的学习情况，对学生所学知识的掌握程度、学习能力、学习策略、学习态度等内容进行的系统性评价，是日常教学过程中由学生和教师共同参与的评价活动。形成性评价能够有效改进与强化学生的学习，使学生看到自己的进步，为自己的学习定步调，并给教师提供及时的反馈。

开展形成性评价主要有两种途径：量化评价法和质性评价法。量化评价法包含调查表和评价量表等；质性评价法包含优秀作品、概念图、录音或录像、成长记录袋、教师观察法、访谈和座谈法、读书笔记、学习日志等。

（2）总结性评价

总结性评价又称"终结性评价"或"事后评价"，一般是在教学活动后，为了解教学活动的最终效果而进行的评价。总结性评价对学生成绩给予了综合评定，为学生的阶段性学习提供了总体反馈，同时为学生掌握知识的程度和达到教学目标的程度提供证明，以帮助学生确定后继学习的起点，同时为教师制定新的教学目标提供依据，使教师能够基于评价结果，预测学生在后继学习中成功的可能性。常见的总结性评价方式有口试和纸笔测试等。

（3）诊断性评价

诊断性评价又称"教学前评价"，一般是指为了使教学适应于学习者的需要，在某项教学活动前，对学生的知识、技能以及情感等状态进行的预测。诊断性评价为教学活动设计提供基本的依据，帮助教师确定学生的学习准备情况，明确学生发展的起点水平，识别学生的发展差异，辨别造成学生学习困难的原因，以便教师在课堂活动中恰当地安置学生，并提供相应的补救措施。诊断性评价的资源主要来自以前的相关成绩记录、摸底测试、智力测验、态度和情感调查、观察、访谈资料等。

2. 按照评价方法的性质划分，可将学生评价分为定性评价和定量评价

（1）定性评价

定性评价是对评价材料作"质"的分析，即用非数量化的方法进行价值评定，运用的是分析、综合、比较、分类、演绎、归纳等逻辑分析方法，分析结果是没有量化的描述性资料。常见的定性评价方法包括等级评价法、评语评价法、评定评价法等等。

（2）定量评价

定量评价是对评价材料作"量"的分析，即对事物用数量化的方法进行价值评定，运用的是数理统计、多元分析等数学方法，强调从纷繁复杂的评价数据中提取出规律性的结论来，是一种立足于确定评价项目与统一评分标准的评价方法，具有标准化、精确化、简便化等鲜明的特征。

3. 按照不同的评价参考标准，可将学生评价分为相对评价、绝对评价和个体差异评价

（1）相对评价

相对评价又称"常模参照评价"，是根据评价对象的整体状态确定评价标准，以被评价对象中的某一个或若干个为基准，再通过各个评价对象与基准之间进行的对照比较，从而判定出每个被评价对象在这一集体中所处位置的一种评价方法。常规的操作方式是以个体成绩与同一团体的平均成绩或其他常模相互比较，从而确定其成绩的适当等级。相对评价衡量了

个体在团体中的相对位置或名次,具有较强的甄选性,可以作为选拔人才、班级编制、教材选用的标准,但因为其强调学生之间的比较,一定程度上忽视了对个人进步和成长的评价。

（2）绝对评价

绝对评价又称"标准参照评价",是指在被评价对象的整体之外,确定一个客观标准,将被评价对象与这个客观标准进行比较,以判断其是否达到标准程度的一种评价方法。常规的操作是以具体体现教学目标的标准作业为依据,确定学生是否达到标准以及达标的程度如何。绝对评价以教学目标为参照,描述了学生掌握了什么和能做什么,可用于了解学生的基本学习情况,发现教学问题并及时改进。常见的例子如升级考试、毕业考试、合格考试等,但实际生活中难以编制全面考查学生各方面情况的绝对评价测试。

（3）个体差异评价

个体差异评价是以被评价对象自身某一时期的发展水平为标准,判断其发展状况的评价方法。常规的操作是把被评价对象个体的过去与现在的成绩进行比较,或把个人有关方面进行相互比较判断的评价。这种评价方式充分尊重个体差异,减轻了被评价对象的压力,但因个体差异较大,此方法本身缺乏客观标准。

三、语言测试

（一）语言测试的定义

测试(test)是一种常见的收集信息的方式,与其相关的概念常有评价(evaluation)、评估(assessment)和测量(measurement)等。前文已经提到,评价是指在一定评价目的的指导下,搜集相关数据,并基于数据处理结果对评价内容作出价值判断的过程,而评估则是评判和估计个体某种特性的程度或深度的过程,在语言教学中指对学生语言、能力、态度等表现情况进行资料搜集和价值判断。一般来说,评估是一个持续进行,几乎不会停止的过程。测量则是根据某种规律,对测量对象作出量化描述的过程。

测试、测量、评价、评估和教学的关系可用下图 11-5 表示：

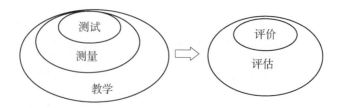

图 11-5　测试、测量、评价、评估和教学的关系

因此,语言测试可理解为一种收集学生语言学习信息的方式,而语言学习信息一般包含语言知识和语言能力两个方面。语言知识是指语音、词汇、语法等方面的知识,而语言能力主要强调对学生听、说、读、写、译等技能的考查。

(二) 语言测试的功能

语言测试是检验语言教学有效性的重要手段,不同的语言测试在不同场合都有着相应不同的功能。具体情况如下表11-4所示:

表11-4 不同语言测试的特点和功能

语言测试类别	使用时间	主要功能
分班测试 (placement test)	学生入学时	快速定位学生当前语言水平,帮助合理分班。
诊断测试 (diagnostic test)	课程开始前	测试学生已有知识水平,帮助确定课程教授内容。
阶段测试 (progress test)	学期、学年或课程进行中	测试学生阶段性学习效果,帮助改进教学。
成就测试 (achievement test)	一般为学期末	测试学生在课程结束时对课程内容的整体把握,帮助确定是否给予该课程相应的学分、达标证书等。
水平测试 (proficiency test)	有相应测试进行的任意时间	测试学生语言水平达到的具体程度,一般有证书作为官方凭证,主要作为参加国际项目、出国留学等的依据。

(三) 语言测试的方式

语言测试的方式常有两种分类方法,一种是按照测试的形式划分为正式测试和非正式测试,另一种是按照测试的功能分为形成性测试和总结性测试,见图11-6。

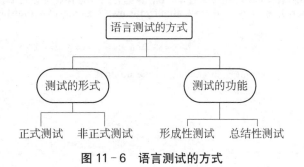

图11-6 语言测试的方式

1. 正式测试和非正式测试

正式测试一般以学校、年级或教师组织的统一考试或测试为主要的形式,通常前文提到的分班考试、诊断考试、阶段考试、成就考试和水平考试都属于正式测试,因此正式测试具有评估学生整体能力水平,了解其在课程中或课程结束后对课程内容掌握程度,确定其是否能够进行下一阶段的学习等功能。正式测试一般以评分或评级方式呈现学生的测试结果。

非正式测试蕴含于日常课堂教学活动和学习活动中,也包含着教师日常布置的家庭作业等,形式更丰富,灵活性也较大。非正式评价能够及时地为教师提供反馈信息,帮助他们评估自己的教学能力,并且为选择进一步教学的材料和方法提供重要依据。此外,非正式测试也能让学生了解到当前自己的学习进度,确定下一步的学习计划。因此,非正式测试的结果一般是以由教师或学生跟随教学进度不断记录和搜集的资料为主要形式。

2. 形成性测试和总结性测试

总的来说,形成性测试和总结性测试都能够有效地为学生提供学习反馈,并帮助教师进行更科学的教学设计,但二者在使用的时间和形式上稍有不同。

形成性测试是教学过程之一,一般作为教师根据学生不同个性需求改进和设计进一步教学的依据。常见的形式有随堂测试、教师课堂观察、课堂任务、家庭作业、小作文等。此外,为使测试过程更加清晰明了、方便快捷,测试者常在形成性测试途中根据需要融入图表、思维导图等信息转换工具。如图 11-7 为人教版(2019)高中英语必修一教材中 Unit 1 的阅读任务之一,要求学生在阅读文本之后完成时间线和人物情绪的梳理,并参考文章谈论自己进入高中的经历,这能够有效体现学生理解文章的程度。

4 Fill in the table with the words and phrases from the text, and tell a partner about Han Jing's day. Then talk about your own first day of senior high school.

Time	What was Han Jing texting about?
7:00 a.m.	senior high school, a little anxious
12:30 p.m.	
5:32 p.m.	
10:29 p.m.	

图 11-7 阅读任务示例

教师也可以在课堂中为学生准备一张纸条,名为"321 exit ticket",用于课堂反馈。纸条上包含三个栏目:3 things I learned today, 2 things I found interesting, 1 question I still have。教师需要在课后给每位学生的反馈纸条做批注,促进学生进步,并且学生的英语写作能力也能在此过程中得到发展。教师们还能不断翻新"exit ticket"的形式,如添加情境、表情文字、练习题与反馈信息等,如图11-8。

图 11-8 Exit Ticket

总结性测试一般是对一个阶段的总体学习成果进行测试,用以了解学生已经掌握的知识和仍需强化的内容,如单元测试、章节测试、期中考试、期末考试等。

(四)阅读测试

阅读测试指学生依托于文本阅读完成的测试,常见方式有:

1. 单项选择题

阅读测试中单项选择题指学生基于对文本内容的理解,从题目所给选项中选出符合题目要求的项目的一种题型。这种题型具有充分的客观性,易于批改,但因只需要学生从已给选项中选出正确答案,难度较低。单项选择题示例如下:

21. Where did Zac get a Purple Heart medal for himself?
   A. In the army.
   B. In an antique shop.
   C. From his mother.
   D. From Adeline Rockko.

（选自 2019 年高考浙江卷英语试题）

2. 正误判断题

"正误判断题"指学生根据文本内容，判断题目中给出的各个说法是否正确的题型。一般正确说法标注"T"，错误说法标注"F"；或正确说法在答题卡上涂"A"，错误说法涂"B"。这种题型虽然客观，方便评分，但难度相对更低，答题者有 50% 的几率得出正确答案，因而可采取投机取巧的方式答题，并非基于文本理解，此题型一定程度上并不利于出题者考查答题者真正的语言水平。正误判断题示例如下：

八、阅读下面对话，根据对话内容判断句子的正误。正确的写"A"，错误的写"B"。（共 5 小题，每小题 2 分；计 10 分）

……

(　　) 61. Walking is the only rewarding way to see a city.

(　　) 62. Many hotels and cities offer free bikes to visitors.

(　　) 63. The city's website can help to take public transport.

……

（选自 2017 年四川省成都市英语中考试题）

3. 段落与信息匹配题

段落与信息匹配题要求学生根据给定句子的信息，找到其在文章中的对应段落进行匹配的题型。这种题型要求学生对文章具有良好的整体把握，但因为给予了特定的信息支撑又不会显得过于困难。示例如下：

二、阅读七选五（本大题共 4 小题，共 8 分）

　　A scheme was first put forward recently by an expert that certain criminals should be sent to prison in their own home.　(1)　One very experienced social worker expressed his serious reservation about the scheme in a television interview. When asked to explain why, he thought for a moment and finally confessed, "Well, I guess because it's new. That's my only reason."

　　Advocates of the scheme pointed out that courts frequently sentenced first offenders to community service of some kind rather than send them to prison.　(2)　Nothing positive was achieved by sending some types of convicted people to prison.

(3)　"If a murderer is allowed free in the community like this, what is to prevent him from killing somebody else?" This argument ignored the fact that nobody proposed to allow convicted murderers to use the bracelet system. One criticism put forward was that an offender could take off his bracelet and leave it at home or give it to a friend to wear while he himself went off to commit another crime. The reply to this was that the bracelet would be make so that the computer would immediately detect any attempts to take it off or tamper with it.

　　……

　　A. The idea, however, was not rejected.
　　B. They should spend their lives in prison.
　　C. It met with strong objections.
　　D. Most of the criminal cases are unpredictable.
　　E. Some critics rushed to take extreme cases.
　　F. The shame of having a criminal record was adequate for them.

（选自2020年上海市某区高考模拟测试题）

4. 填空或完形填空题

　　测试者常根据一定的测试目的对这类题目的文本作挖空处理，要求学生利用有限的信息，联系上下文推测空格内容。这类题型不仅需要学生运用相应的阅读技巧理解文本作答，更需要学生从语法角度关注所填内容的合理性。如：

Ⅲ. Reading comprehension
Section A
Directions: For each blank in the following passage there are four words or phrases marked A, B, C and D. Fill in each blank with the word or phrase that best fits the context.

　　Serendipity — an unexpected delight — is the word that comes to mind when describing the seven-day hike my wife and I recently did in the wild and undeveloped northwest coast of Galicia, Spain.

　　Simply __41__, anyone is adventurous, loves traveling to Europe and is fit enough to do 10-mile hikes should seriously consider doing this hike.

　　Before this experiences, I had never heard about On Foot Holidays programs that allow hikers to go at their own pace, with maps and detailed hiking __42__, but without a guide or other travelers, while still enjoying a high level of local support.

　　What __43__ caught my attention was an announcement about On Foot Holidays' newest hike, the Lighthouse Way, which they described as a journey along "the last __44__ coast of Europe". This particular hike sounded both challenging and rewarding enough to __45__ a try.

　　……

41. A. lost	B. moved	C. urged	D. put
42. A. strings	B. instructions	C. devices	D. materials
43. A. initially	B. gradually	C. smoothly	D. firmly
44. A. recommended	B. developed	C. unspoiled	D. discovered

45. A. warrant B. provide C. imagine D. evaluate
......

（选自 2019 年上海市某区高考模拟测试题）

5. 简答题

简答题则是要求学生在阅读文本之后简明扼要地回答问题，带有一定的开放性，如图 11-9 所示人教版（2019）高中英语必修一 Unit 5 的阅读任务：

2 Scan the text for answers to the questions.
1 How did Tim Doner first become interested in learning languages?
2 Do you think that Tim Doner would say that polyglots are "especially talented"? Explain.

图 11-9　简答题示例

6. 排序题

排序题要求学生把给定的句子或段落按照逻辑顺序重新排列，组成一篇完整段落或文章，对学生的逻辑思维能力要求较高。排序题示例如下：

B. 阅读排序。阅读下列各句，根据其内容重新排列所有句子的顺序，使其构成意义完整正确、逻辑顺序合理的语篇，并将代表句子或语段的大写字母填写在答题卡对应题号的位置上。（共 10 小题，每小题 0.5 分，计 5 分）

　　Have you ever saved anyone's life?
A. One night in July, Danny and Gray, two 15-year-old school boys, were chatting online.
B. On the girl's Facebook, she was writing scary apologies and say goodbye.
C. The two boys are Facebook friends for a long time, but they have never met before.
D. They have created a Facebook page to help keep teens from suicide.
E. On that hot night, the two boys were talking about how to help teens in danger when message from a girl's Facebook that was showing her suicidal feelings.
F. It's a place where teens can ask for advice, express ideas, and support other teens.
G. The next morning, the girl wrote back to Danny, "I would be dead right now without help."
H. When the girl said she still decided to end her life, Danny called the police, and they finally saved her in time.
I. The two boys each sent caring messages to the girl, who went to Danny's school, asking her to reconsider.
J. "To know that the girl's life was in our hands was really scary. We must do something." Says Danny.

（选自 2013 年四川省成都市中考英语试题）

7. 信息转换题

信息转换题是指学生在阅读之后,将文本信息转换为其他形式的信息的题型。如将文本形式转化为图表形式:

> 完成表格。阅读下面短文,根据短文内容,完成表格中所缺的信息,并将其答案的完整形式写在答题卡上相应的位置。每空一词。
> ……
>
> | Title | Libraries in __71__ |
> |---|---|
> | __72__ Libraries | A large selection of books and other resources can be used and borrowed by library members for __73__ . |
> | | Edward Edwards was the first __74__ of the first British public library. |
> | …… | |

(选自 2018 年四川省凉山州中考英语考题)

8. 读写综合题

顾名思义,读写综合题是将阅读和写作结合起来的题型,如阅读之后撰写文本总结,或对文中的句子进行释义训练(paraphrase)等。例如:

> **IV. Summary Writing**
> **Direction**:Read the following passage. Summarize the main idea and the main point(s) of the passage in no more than 60 words. Use your own words as far as possible.
> **Wilderness Therapy**
> When most people hear the term "psychotherapy", they picture traditional talk therapy—someone sitting on a couch or a chair talking about their troubling thoughts and feelings with a psychologist or other mental health professional ...

(选自 2018 年上海市某区高三英语模拟试题)

(五)听力测试

听力测试指学生听取文本信息之后完成的测试,常见方式有:

1. 单项选择题

指考生根据听力文本内容,从题目所给选项中选出最符合题目要求的项目。一般听力测试中的单项选择题有两种提问方式,一种在试卷呈现出问题句,一种不呈现,相比之下前者比后者的难度更低。例如:

➤ 试卷给出问题句：

听下面5段对话。每段对话后有一个小题，从题中所给的 A、B、C 三个选项中选出最佳选项。听完每段对话后，你都有 10 秒钟的时间来回答有关小题和阅读下一小题。每段对话仅读一遍。

1. Where does this conversation take place?
    A. In a classroom.   B. In a hospital.   C. In a museum.

……

（选自2019年高考浙江卷英语试题）

➤ 试卷不给出问题句：

Section A

Directions: In Section A, you will hear ten short conversations between two speakers. At the end of each conversation, a question will be asked about what was said. The conversations and the questions will be spoken only once. After you hear a conversation and the question about it, read the four possible answers on your paper, and decide which one is the best answer to the question you have heard.

1. A. Thursdays and Fridays.   B. Tuesdays and Fridays.
   C. Tuesdays and Thursdays.   D. Tuesdays, Thursdays and Fridays.
2. A. Her sister's.   B. Her Aunt's.
   C. Her mother's.   D. Her brother's.

……

（选自2018年上海市某区高考英语模拟卷）

2. 信息匹配题

考生需要一边听录音，一边将试卷上所提供的内容进行匹配，该匹配内容一般是听力文本中的重点内容，如下图 11-10 信息匹配题示例，考生需根据所听内容，将每段听力材料与对应的图片相匹配：

1. 听句子选图画（共1小题，每小题5分，满分5分。看图听句子，选出与句子意思一致的图画。每个句子读一遍。）

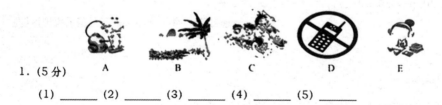

1. (5分)
(1) _____ (2) _____ (3) _____ (4) _____ (5) _____

（选自2019年海南中考英语试题）

图 11-10 信息匹配题示例

3. 填空或完形填空题

填空题要求考生一边听录音一边阅读试卷上的文本材料，并将文本材料中所缺信息补全。一般来说,试卷上的文本材料不完全是照搬原听力文本,而是以提纲、图表等形式进行文本主要内容的信息转换,如人教版(2019)高中英语必修一 Unit 2 中的听力任务,要求学生听完对话之后完成提纲,见图 11-11。

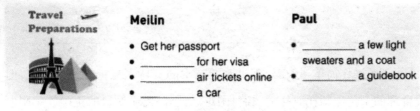

图 11-11 听力填空题示例

4. 听写

与其他听力测试题型不一样的是,听写需要考生完整地将听力文本内容书写下来,以准确性为主要的评分标准。教师可在日常教学中采用听写方式考查学生需完整记忆的重点教学内容,检测学生的掌握情况。

5. 听写综合题

听写综合题即将"听"与"写"结合起来的题型,一般情况下需要考生在听完文本之后有所产出,对考生的语言理解能力和表达能力都有较高的要求,因而更常见于英语专业相关的水平测试中,如雅思考试中的听录音完成总结、口译训练中的笔记任务等。但教师在日常教学中进行分层教学任务设计时仍可合理设置听写综合题,如针对同一篇文本,层次较低的学生以完成信息匹配和选择类的题目为主,层次较高的学生则鼓励以自己的语言重写材料总结或回答关键问题,如:

> Direction: Answer the following question using your own words after listening.
> *How are we supposed to use a shared bike?*

(六) 词汇语法测试

语法和词汇的测试形式既包括只针对特定语法和词汇的题型,也包含着与阅读相结合的题型,常见的语法词汇测试方式有:

1. 单项选择题

考查语法和词汇的单项选择题一般是给出完整的句子,但空出关键的信息,要求考生从下设的四个选项中选出最合适的项目，将原句补充完整。例如下表中的示例便是要求学生从选项中选出使原句在形式、意义和用法上都合理的选项：

单项选择题

从 A、B、C、D 四个选项中，选出可以填入空白处的正确答案。

1. To save time, many students have _____ lunch at school every day.
   A. a   B. an   C. /   D. the ...

（选自 2019 年江苏省淮安市中考英语试题）

单项选择题操作简单，且在计算机改卷技术的支持下显得方便而快捷，但于出题者而言，设置合理的干扰项却耗时耗力，相对困难。此外，由于题目的正确答案限制在四个选项之内，考生也能够依靠猜测或死记硬背考点完成测试任务，因而并不能完全准确地体现考生的词汇和语法水平。

2. 搭配题

搭配题则是要求考生根据词汇或语法的形式、意义或用法进行信息匹配。如以下两个例子，一个要求学生进行反义词匹配，一个要求学生将左右两栏的信息匹配成完整句子：

➢ 反义词匹配

Column A	Column B
1. happiness	A. cheap
2. expensive	B. heavy
3. similar	C. sorrow
4. light	D. different

➢ 将左右两栏组合成完整句子

Column A	Column B
1. He just passed the supermarket	A. whose shirt was blue.
2. Lisa is talking to an old lady	B. which was surprising.
3. Dad didn't bring us a gift	C. where we used to shop.

和单项选择题一样,搭配题也操作方便,评分快捷,但大多数时候考生会直接采用排除法完成题目,并非直接根据自己的语言知识和能力进行思考。因此,搭配题也存在一定的局限性。

3. 完形填空题

和阅读测试中的完形填空题一样,考生需要根据上下文将最合适的内容填入空格以补全整篇文章,但不同的是此时文中空出的部分主要是针对语法和词汇的考核,而不是简单完善文本意义。这种题型既考查学生对上下文的解读能力,也考查了他们提取已知信息、进行意义搭配的能力,但测试者需要花费大量的精力和时间,设置真正符合学生水平和测试目的的空格内容。常见语法和词汇的完形填空题如下:

II. Grammar and vocabulary

Section A

Directions:After reading the passage below, fill in the blanks to make passage coherent and grammatically correct. For the blanks with a given word, fill in each blank with the proper form of the given word; for the other blanks, use one word that best fits each blank.

Going out to Sun Peaks for Fun

We went looking for some family ski fun, not too far from great Vancouver, and we found it more at Sun Peaks Resort, (21) _____ (locate) just 20 minute outside of Kamloops. Pulling into the village, you feel like you've come along a mountainside wonderland (22) _____ two hills. Right away you feel at peace in the mountains.

……

Section B

Directions:Fill in each blank with a proper word chosen from the box. Each word can be used only once. Note that there is one word more than you need.

A. determined	B. titled	C. officially	D. seeking	E. version
F. established	G. rejected	H. various	I. completely	J. priced
K. absorbed				

The Historical Change of *Reader's Digest*

During World War I, Mr. DeWitt Wallace was wounded in a battle. During his recovery in the hospital, he read a lot of magazines and (31) _____ a lot of interesting information. At the same time, he also found that few people had time to read so many magazines that he realized the idea of excerpting(摘录)these articles and publishing them.

He was (32) _____ to publish a pocket magazine they call *Reader's Digest* with his wife Lila Acheson…

……

(选自 2019 年上海市某区高考英语模拟卷)

4. 完字填空题（C-test）

完字填空题是完形填空题的一种变式，但不同的是完字填空的文章篇幅一般不长，并保留了首尾句，中间的句子每隔一个词便设置空格，但每个空格的原单词只删去一半左右的字母，学生依靠仅剩的信息完成整篇文章，能够较好地测试学生的总体语言能力。完字填空因为文章篇幅更小，空格答案更加固定，能够使教师节省改卷的时间，并且因为每个空格都保留了原有的单词字母，使得学生在做题时也有线索可循。唯一的难度在于教师需要在测试编写时确保每个空的答案相对固定，并且原文本的信息相对完整，这也体现了完字填空题一定的局限性。如：

> Old Peter liked fishing. Whenever he had any free time he drove into the countryside, found a good place to fish, and spent a few hours fishing.
>
> The pro_____ was th_____ most o_____ the be_____ places t_____ fish we _____ on pri_____ land, a_____ Peter of_____ has t_____ pull h_____ rod o_____ of t_____ water qui_____ and r_____ off wi_____ it wh_____ the ow_____ of t_____ land ca_____ along.

5. 句型转换题

句型转换题指学生在一定的提示下，不改变原句的意义，用另一种形式或结构重写句子。如下题所示：

> 根据提示改写句子
> Did you ever meet the scientist? His name is Stephen Hawking.（改为定语从句）

6. 句子重组题

考生将打乱的句子成分重新组合成一个完整的句子。如：

> 将下列句子成分组合成完整句：
> ever/been/Shenzhen/you/to/Have/?

7. 改错题

改错题一般分为两种形式，即单句式改错题和篇章式改错题。错误设置包含语法错误、词汇错误和文章的逻辑错误等，能够综合考查学生的语言能力。常见出题形式如下表所示：单句式改错题常标注 A、B、C、D 四处选项，要求考生识别错误并改正。篇章式改错则是需要考生通读全文,逐句判断错误并改正。篇章式改错的难度相对更大。

> 单句式改错题:
> 　　The article suggests that when a person be under unusual stress, he should be especially careful
> 　　　　　　　　A　　　　　　　　　　　　B　　　　　　　　　　　　　　　　　　C
> tohave a well-balanced diet.
> 　D
>
> 篇章式改错题:
> 　　假定英语课上老师要求同桌之间交换修改作文,请你修改你同桌写的以下作文。文中共有10处语言错误,每句中最多有两处。每处错误仅涉及一个单词的增加、删除或修改。
> 　　增加:在缺词处加一个漏字符号(∧),并在其下面写出该加的词。
> 　　删除:把多余的词用斜线(\)划掉。
> 　　修改:在错的词下面划一横线,并在该词下面写出修改后的词。
> 　　注意:1. 每处错误及其修改均仅限一词。
> 　　　　 2. 只允许修改10处,多者(从第11处起)不计分。
> 　　When I look at this picture of myself. I realize of how fast time flies. I had grown not only physically, but also mentally in the past few years. About one month after this photo was took, I entered my second year of high school and become a new member of the school music club. Around me in picture are the things they were very important in my life at that time: car magazines and musical instruments. I enjoyed studying difference kinds of cars and planes, playing pop music, and collecting the late music albums. This picture often brings back to me many happy memories of your high school days.
>
> 　　　　　　　　　　　　　　　　　　　　　　　　(选自2017年高考全国Ⅲ卷英语试题)

(七) 口语测试

1. 口语测试的常见方式

(1) 访谈

访谈(interview)与真实对话不同,它强调考官和考生之间的问答关系,即考生在访谈过程中以回答考官所提问题为主。这种考查方式能够有效覆盖到学生大部分所学的内容,学生要能够在短时间内组织语言,进行产出。为保障测试的相对有效性,测试者需注意将提问方式与学生的已有知识背景相照应,且考官的语速、语音、语调在不同学生、不同问题之间应尽量保持稳定统一。如高考口语测试题目,考官一般就某一特定主题对考生进行提问交流:

> 注意:1. 考生口试时间一般不超过5分钟。
> 　　 2. 考生进场后,主考一般以下面两句开始:
> 　　　 1) Show me your admission card, please. 2) Sit down, please.
> Questions:
> 　 1. What do you usually do at weekends?

> 2. Which teacher do you like best in senior high school? Why?
> 3. How do you feel about your middle school life?

(2) 口头展示

口头展示(oral presentation)是一种非交互式的口语考核方式,它要求被试者基于一定主题或范围,梳理相关信息,并以口头讲演的形式解说给测试者听。口头展示能够实现迅速的信息交换,而展示者不仅需要考虑演说用语的正确性,更要考虑内容内部的逻辑关联性,甚至必要时还需要使用视觉教具(visual aids)等辅助工具,常见于学术性较强的英语课堂。如中学英语教师可根据学生实际情况布置主题性口头展示的小组任务,学生应在汇报中展示所给主题的相关内容,具体要求如下:

① 该口头展示应包含对主题内容的简要介绍、评述或自我启示。

② 展示应提高现场观众的兴趣和参与度。

③ 展示过程应有力并有效。

④ 展示的时间控制合理。

(3) 朗读或复述

朗读指考生朗读所给材料中的部分或全部段落,复述则是指考生在听一篇短文之后陈述短文的主要内容。这种口语测试将重心放在学生口语的准确性和流利性上,尤其是朗读,对学生组织语言能力几乎不作要求,而复述则进一步考查了考生转述已知信息的能力。如某高一老师在学期末进行口语考核时,将所学的人教版(2019)高中英语必修二中的重点文章部分段落整理为选项,要求学生自选段落进行朗读,以此检测学生对所学内容的熟悉度,以及其口语的准确性:

> **Test for speaking skills**
> **Part 1**
> Choose one of the following paragraphs and read it aloud.
> 1. Unit 1 *From Problems to Solutions* (para. 2,3)
> 2. Unit 2 *A Day in the Clouds* (para. 4,5,6)
> 3. Unit 3 *Stronger Together*: *How We Have Been Changed by the Internet*. (para. 1,2)
> ...

(4) 互动型任务

互动型任务即基于学生互动而开展的口语教学任务,如同伴活动、小组讨论汇报等。通过教学任务形式测试学生口语十分适用于人数较多的班级,能够有效节约考核时间,但是教师应尤其注意任务分工,以防出现"优秀学生一枝独秀"的现象。如人教版(2019)高中《英语》必修一 Unit 4 中的口语活动,要求学生首先在小组讨论交流急救箱中所需的工具,再汇报讨论结果。活动过程中学生需要互相交流,通力合作。

(5) 陈述式任务

陈述式任务则是以学生自我陈述为主要形式的口语教学任务。如描绘图片、对比事物、讲述故事、给予信息等等。教师可根据实际情况给学生预留准备时间,就任务本身的重心来确定不同的评价标准。如下图所示的高考口语测试模拟题,考生在拿到题卡之后的有限时间内快速组织提示信息进行陈述。

> Part Five: You will have one minute to prepare and another minute to talk about the following pictures in at least seven sentences. Begin your talk with the sentence given.
>
> *Yesterday was Xiao Ming's seventeenth birthday.*

2. 口语测试评价量表

最常见的口语测试评分方式是采用口语测试等级量表,常分为整体评定量表(holistic rating scale)和分析评定量表(analytic rating scale)。其中,整体评定量表直接给出不同水平的整体描述,评分者根据描述的符合程度进行等级评定,而分析评定量表则是设置多个评价维度,并对每一个维度进行分级标准描述,测试者根据每个维度的符合程度进行评级或打分。一般来说,针对不同的口语测试任务应有不同的标准,而标准的制定也要充分考虑流利性、语言逻辑性、词汇量、语法的准确性、语音语调的准确性等因素。整体评定量表如下表 11-5 所示的高考口语测试中朗读短文题的评分标准:

表 11-5 朗读短文题评分标准

评分等级	评分标准描述
一档(9—10 分)	语音、语调正确,朗读自然流利,且有节奏感。
二档(6—8 分)	语音、语调基本正确,虽有一两处错误,但朗读还比较自然流利。
三档(3—5 分)	语音、语调不够正确,朗读不够连贯,有一些错误。
四档(0—2 分)	语音、语调较差,朗读不连贯,错误较多,影响意思表达。

分析评定量表则如下表 11-6,采用等级评分制,从准确性、流利性和语音、语调三个方面进行考查,其中针对每一个标准的不同分值还需进行清晰、指向明确的描述。

表 11-6　口语评分量表

等级	语言准确性	语言流利性	语音语调
5	使用丰富的语法和词汇,且准确得体。	语言十分流畅,几乎无停顿和词穷。	语音准确清晰,擅用重音和语调表达句意。
4	语法和词汇使用基本准确,或有少数错误,但不影响意义理解。	或有停顿,偶有词穷。	语音基本准确,对重音和语调的使用基本合理。
3	时不时出现语法或词汇错误,有时影响了意义表达。	时常停顿,词汇和句式有限。	时常出现语音或语调错误,有时影响了意义的表达。
2	语法和词汇错误很多,几乎无法正确表达意义。	语言极不流畅,经常停顿,词汇和句式单一。	语音语调错误很多,极大影响了意义表达。
1	几乎无法表达和交流。		

(八) 写作测试

1. 写作测试的常见方式

为使写作测试结果充分体现学生的语言运用能力,测试者在编写测试时需注意以下几点:第一,所考查的写作技能要与课程标准要求、教学目的和需求相符合;其次,写作任务应明确,并充分考虑考生的特点,清晰说明文章体裁、受众以及写作目的等信息;第三,从考生对话题的熟悉程度、进行该话题写作时所需的语言知识复杂程度、题目的深度等入手,严格把握写作测试的难度;最后,所设置的写作情境应具有真实性和交互性,尽可能贴近考生生活或未来可能遭遇的场景,并在此基础上增加任务的趣味性。常见的写作测试题型有:

(1) 应用文写作

应用文写作指考生根据题目所设情境,以传递信息、处理事务或交流感情等为主要目的开展的写作。这种题型不仅考查学生对日常生活情景的感知和思考,也关注考生在真实语境中运用语言的能力,示例如下:

第一节　应用文写作(满分 15 分)

假设你是红星中学高三学生李华。你的英国好友 Jim 打算暑假期间来北京、天津和上海旅游,发来邮件询问相关信息。请你给他回复邮件,内容包括:

1. 交通出行;
2. 必备衣物。

注意：
1. 词数不少于50；
2. 开头和结尾已经给出，不计入总词数。

Dear Jim,

_____

_____

Yours,
Li Hua

（选自2019年高考北京卷英语试题）

（2）读后续写

读后续写即考生在阅读所给文本之后进行写作，内容包括撰写概述、故事续写等。此题型不仅考察学生提取和归纳所给文本信息的能力，也利于发挥考生的个人想象力和语言水平，示例如下：

第二节　读后续写（满分25分）
　　阅读下面短文，根据其内容写一篇60词左右的内容概要。
　　Parents everywhere praise their kids. Jenn Berman, author of *The A to Z Guide to Raising Happy and Confident Kids*, says, "We've gone to the opposite extreme of a few decades ago when parents tended to be more strict." By giving kids a lot of praise, parents think they're building their children's confidence, when, in fact, it may be just the opposite. Too much praise can backfire and, when given in a way that's insincere, make kids afraid to try new things or take a risk for fear of not being able to stay on top where their parents' praise has put them.
　　……

（选自2019年高考浙江卷英语试题）

（3）看图写作

看图写作通常指题目给出特定情境或部分关键词，而考生需在识别和提取所给图片信息之后，通过写作表达图片信息。此题型不仅要求考生发挥语言表达能力，更考查考生通过"看"图提取关键信息，并与情景相连，进行解读和阐述的技能。

2. 写作测试评价量表

写作测试评价量表也分为整体评定量表（holistic rating scale）和分析评定量表（analytic rating scale）两种。整体评定量表示例如下表11-7所示的上海市高考英语写作评分标准，共分为五档，每档直接说明满足标准：

表 11-7 整体评定量表

等级	描述
上海市高考英语写作评分标准	
第五档（很好）(21—25 分)	完全完成了试题规定的任务；覆盖所有内容要点；应用了较多的语法结构和词汇；语法结构或词汇方面有些许错误，但为尽力使用较复杂结构或较高级词汇所致；具备较强的语言运用能力；有效地使用了语句间的连接成分，使全文结构紧凑；完全达到了预期的写作目的。
第四档（好）(16—20 分)	完全完成了试题规定的任务；虽漏掉 1、2 个次重点，但覆盖所有主要内容；应用的语法结构和词汇能满足任务的要求；语法结构或词汇方面应用基本准确，些许错误主要是因尝试较复杂语法结构或词汇所致；应用简单的语句间的连接成分，使全文结构紧凑；达到了预期的写作目的。
第三档（适当）(11—15 分)	基本完成了试题规定的任务；虽漏掉一些内容，但覆盖所有主要内容；应用的语法结构和词汇能满足任务的要求；有一些语法结构或词汇方面的错误，但不影响理解；应用简单的语句间的连接成分，使全文内容连贯；整体而言，基本达到了预期的写作目的。
第二档（较差）(6—10 分)	未恰当完成试题规定的任务；漏掉或未描述清楚一些主要内容，写了一些无关内容；语法结构单调，词汇项目有限；有一些语法结构或词汇方面的错误，影响对写作内容的理解；较少使用语句间的连接成分，内容缺少连贯性；信息未能清楚地传达给读者。
第一档（差）(1—5 分)	未完成试题规定的任务；明显遗漏主要内容，写了一些无关内容，原因可能是未理解试题要求；语法结构单调，词汇项目有限；较多语法结构或词汇方面的错误，影响对写作内容的理解；缺乏语句间的连接成分，内容不连贯；信息未能传达给读者。
不得分（0 分）	未能传达给读者任何信息；内容太少，无法评判；写的内容均与所要求内容无关或所写内容无法看清。

表 11-8 是一份分析评定量表，评价者将标准进一步分为"内容""结构""语言运用"和"整体"四个维度，每个维度下再细分五个等级，即"优秀""良好""一般""合格"和"不合格"，并对每个等级进行详细的描述。

表 11-8 分析评定量表

维度	内容	结构	语言运用	整体
优秀	完全完成了试题要求的所有任务；字数合适，覆盖了所有内容要点，重点突出。	有效地使用了语句衔接手段，行文流畅，逻辑性较强。	应用了丰富的词汇和语法结构；尽管有些错误，但仍尽力使用复杂句和高级词汇，表现出较强的语言运用能力。	文章中心思想健康向上，观点明确，陈述清晰。
良好	完全完成了试题要求的所有任务；字数相对合适，覆盖了所有重点内容，或忽略 1—2 个次重点。	使用了语句衔接手段，行文前后有关联。	所使用语法结构和词汇基本满足写作需求；或有因尝试使用复杂句或高级词汇出现错误。	文章中心思想健康向上，观点基本明确。

续表

维度	内容	结构	语言运用	整体
一般	基本完成了试题要求的所有任务;字数或多或少不符合题意;虽有部分遗漏,但能基本覆盖重点内容。	简单使用了语句衔接手段,文章有基本的内容连贯性。	所使用语法结构和词汇基本满足写作需求;有部分语法结构或词汇使用错误,但不影响理解。	文章中心思想健康向上;或有陈述冗余的情况,但观点基本明确。
合格	未能恰当地完成试题要求的所有任务;字数或多或少不符合题意;遗漏某些主要内容,或部分内容无关紧要。	较少地使用了语句衔接手段,文章缺乏一定的连贯性和逻辑性。	所使用语法结构和词汇有限,句式单一;有较多语法结构或词汇使用错误,影响了对文章的理解。	文章中心思想和观点存在部分模糊不清的情况。
不合格	未完成试题要求的所有任务;字数或多或少,不符合题意;明显遗漏主要内容,或偏离主题。	缺少语句衔接手段,使得文章缺乏连贯性和逻辑性,甚至文意不通。	语法结构和词汇十分有限,句式单一;很多语法结构或词汇使用错误,极大地影响文章理解。	文章中心思想和观点基本模糊不清。

最后,除使用量表进行写作测试评价之外,测试者们还要保证测试结果的信度和效度。为实现此目的,测试者可以在编写量表时和领域专家或同伴相互合作,共同制定;在进行评价的时候可多人同时评价,共同商讨最终结果;对每一个学生的作品要用同样的标准看待。此外,为使写作测试达到促进学习的效果,测试者可根据具体教学任务和进度设置层次不同的写作任务,但需保证评分标准也要因此变通,为学生提供更加合理的反馈。

第三节 案例与解析

案例:人教版(2019)《英语》高一课文 Unit 3 Choose Your Favorite Athlete 教学评价设计

主题语境:人与社会——文学、艺术与体育	语篇类型:人物记叙文
设计教师:杨洋	
教学评价设计:	
一、形成性评价设计:个人简历卡	
相关活动	设计意图
学生基于个人简历卡,完成下列任务: 1. 扫读全文并填空。 2. 讨论:你如何评价这两位运动员? 3. 总结出两篇短文的基本结构,基于个人简历卡复述全文。 4. 为你最喜欢的运动员制作一张个人简历。	用个人简历作为活动开展的载体,不仅让短文内容和结构更清晰,教师和学生也能及时把握活动效果。

续表

Personal information
- Name: Lang Ping
- Gender: female
- Place of birth: Tianjin, China
- Job: once a volleyball player, now a _____
- TEL: XXXXXX

☆ Brought _____ and _____ to China as a player.
☆ Led the China women's volleyball team to _____ at _____ and the Olympics as a coach.
☆ Loved by fans at home and abroad as a person.

Major experiences

☆ _____ tested when preparing for 2015 World Cup:
Problem: her team was falling _____ - the best player had been injured and the team _____ had to leave.
Solution: She didn't _____ and believed _____.
Result: They were _____ two weeks later.
☆ _____ in 2016.

Evaluation

_____

Personal information
- Name: Michael Jordan
- Nickname: _____ -
- Gender: male
- Place of birth: New York, U.S.A.
- Job: a basketball player
- TEL: XXXXXX

Reputations and honors

☆ Time seems to stand still when his feet left on the ground.
☆ Changed basketball with his _____ moves and jumps.
☆ It's his _____ that made him unique.
☆ Can always find ways to win in the final seconds of a game.

Major experiences

☆ Secret to success: learning from _____. "I can accept failure. Everyone fails at something, but I can't accept not trying."
☆ Losing game taught him to _____.
☆ _____: he started the Boys and Girls club in Chicago.

Evaluation

_____

二、终结性评价

相关活动	设计意图
学生在课后填写 exit ticket。	了解学生本堂课的学习效果。
教师在课后填写课堂教学反思表。	帮助教师反思课堂教学效果，作出更科学的教学计划。

续表

NAME:		3-2-1					
TITLE:							

| 3 things I learned while reading... |
| ✱ _____ |
| ✱ _____ |
| ✱ _____ |

| 2 facts I get from the text... |
| ◇ _____ |
| ◇ _____ |

| 1 question I still have... |
| ✎ _____ |

In terms of my performance today, I'll rate myself _____ /100.

Contents	What I have done?		How did it work?		What I'll do in the future?	
	Records	score	records	score	records	score
Need Analysis						
Analysis of the teaching contents						
Teaching objectives						
Teaching procedures						
Teaching media						
Teaching reflection						

【案例评述】

上述所选阅读文章为介绍人物的记叙文,在设计教学任务时,该老师巧妙地将两则短文的内容转化为个人简历,并制作工作表(worksheet)辅助学生开展阅读任务,两则简历按照教学计划分别穿插在了"扫读找出所缺内容,读后讨论并对人物作出评价,文章结构分析,复述文章内容,根据示例为自己最喜欢的运动员制作简历"等任务当中,不仅是推进本堂课教学进程的主要工具,也能够在层层递进的阅读任务中不断检测学生对文章的把握程度,方便教师把控课堂,及时修正。此外,学生也能够通过校对自己所完成的工作表结果及时了解自己本堂课的表现情况,培养自我评价的意识。但在实际操作中,该教师需再结合所教学生的语言水平,进一步考虑和分析所设计的信息转换工具是否降低了原有阅读任务的难度。

就课堂终结性评价而言,该老师将教师和学生都作为了评价的主体,展开了不同目的的评价。小结表(Exit ticket)主要是帮助学生回顾本堂阅读课的基本内容,帮助他们记录自己的成长和疑惑,而教师反思表围绕着教学设计的每个步骤,帮助教师回顾自己的处理方式和实现程度,并基于已有的反馈规划未来的改进措施。课后反思量表进一步为该老师提供了本堂课的效果反馈,达到了促教和促学的基本目的。此外,学生反思表和教师反思表都体现了定性和定量评价相结合的思想,既有对于实际教学和学习行为的记录,也有自我评分栏目,能够直观地体现本堂课中师生各自的表现情况。

本章小结

教学评价是指基于一定目的,评价者在对教学行为资料的测量和分析基础之上,对教学效果和学习效果作出价值判断的过程。教学评价能够促进教师专业发展,引导学生个人发展,帮助学校改进办学。教学评价的开展要坚持目标多元化、过程动态化、内容全面化、主体多元化、方法多样化和着眼激励功能的基本价值取向。此外,教学评价应坚持学生为主体,教师应当积极开展学生自评和互评。基于新课标的教学评价可从课堂教学评价和学生评价入手,采用多样的方法开展。语言测试则是教学评价的重要手段,包括阅读测试、口语测试、听力测试、语法词汇测试和写作测试。

参考文献

[1] 梅德明,王蔷.普通高中英语课程标准(2017年版)解读[M].北京:高等教育出版社,2019.

[2] 王林发.教师课堂观察的智慧与策略[M].重庆:西南师范大学出版社,2018.

推荐阅读书目

[1] 刘建达,李雪莲.英语课程的教学评价改革[J].中国考试,2020(9):27-31.

[2] 刘敏.英语教学形成性评价云端测评模式构建[J].外语教学,2020,41(5):71-75.

[3] 王斌华,王洪伟.英语教师课堂教学规范评价指标体系——研制与解读[M].上海:上海教育出版社,2018.

课后练习

判断题

1. 开展教学评价可从课堂教学评价和学生评价两方面入手,灵活结合多种评价方式,对教学活动展开全面评价。( )

2. 按照评价功能的不同,学生评价可以分为相对评价、绝对评价和个体差异评价。( )

3. 教学评价的意义仅包括促进学生发展和促进教师发展。( )

4. 教学目标的评价要求目标设计合理即可。( )

5. 写作测试和口语测试都可以采用整体评定量表和分析评定量表进行评价。( )

简答题

1. 如何理解实施英语课程应遵循的评价原则?

2. 终结性评价、形成性评价与诊断性评价的区别在哪里？
3. 阅读测试的常见题型有哪些？

操作题
1. 尝试根据自己教学中的某个知识点，设计一份词汇、语法随堂测试题。
2. 采用本章所提到的课堂教学评价的方法，对自己的某堂课进行评价，并谈谈你的感想。

第十二章
基于新课标的课堂教学反思

本章内容概览

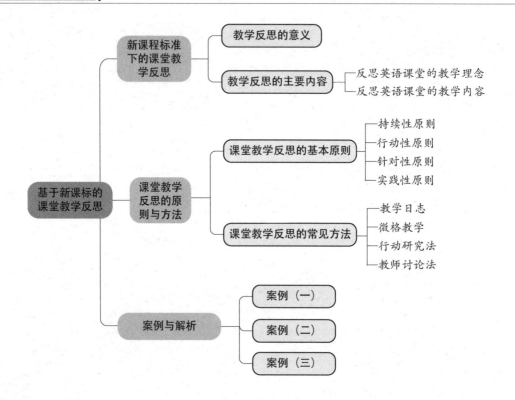

课前思考

曾有教育专家指出,老师仅专注写教案,但不作教学反思,对教师专业成长没有促进作用。可见,教学反思可以有效促进教师教学能力的发展与教学能手的培养。那么,同学们思考一下,为什么教学反思对教师的成长会如此重要?反思为何能在教师职业生涯中发挥重要作用?我们又该如何进行高效的教学反思呢?本章将基于新课标的理念来详细解读教学反思背后的秘密。

第一节 新课程标准下的课堂教学反思

《普通高中英语课程标准(2017年版2020年修订)》指出"教师要加强实践与反思,促进专业可持续发展"。那么,什么是教学反思?教育专家们经过对教学反思进行大量研究后发现,教学反思的界定主要有以下三种观点:第一种观点认为教学反思是一种分析教学技能的技术,帮助教师对日常教学活动中出现的问题进行分析;第二种观点认为教学反思是一种深度思考,它涉及教师的教育观念与教育背景;第三种观点则认为教学反思是对教师自身教学经验的重构。综合以上三种观点,我们可以发现教学反思本质上是一种对教育教学的思考,是教师为了实现有效的教育教学自觉地把已经发生的课堂教学实践作为认识对象而进行全面深入、周密、持续、积极、自我调节性的思考与总结,是教师通过反思不断地发现问题并积极寻求多种方法解决问题的过程。

一、教学反思的意义

在新课标的背景下,教学反思主要可以实现以下两条价值:

第一,教学反思有助于促进教、学、评的动态循环。一般而言,教学过程主要由计划教学(Planning)、实施教学(Teaching)和评价教学(Evaluation)三个部分组成,它是一个不断循环发展的动态过程。

如右图所示,该循环图揭示了教学过程周期性本质。计划教学是教学前的准备过程,教师在这个过程需要设定教学目标,准备教学资源。教师将计划实施后,随之而来的便是教学评价。教学反思作为教师的一种自省行为,贯穿于整个教学过程之中。它不仅能够帮助教师总结教学计划的完成度以及教学实施中的成败得失,同时也能够促进新一轮的教学过程的循环,保证下一次教学的质量与效果。这是由于反思能够帮助教师总结归纳自身教学中存在的问题,将问题记录下来有助于教师规避问题的再次出现。因此,教师进行教学反思后若能及时地进行备课,根据上一堂课总结的经验对下一堂课的内容进行优化与调整,这必将大幅度提升备课的效率,促进教、学、评的动态循环。

图12-1 教学评循环图

第二,教学反思有助于促进教师自身专业化发展。在新一轮基础教育改革以及后现代课程观的影响下,专家型教师、经验型教师已经不能满足现代教学的需要。传统教师专业发展由于受到技术理性的支配,以控制为中心,仅仅将教师看成是传授知识的"工具",这使得教师在专业发展中的自主性受到严重忽视,而新时代下的教师应积极成为教育教学的研究者与行动者,成为反思性教师。在行动中反思,在反思中行动,在行动与反思中获得专业化成长(韩雪军,2016)。

二、教学反思的主要内容

教学反思贯穿于整个教学过程之中,涉及教学活动的各个环节,因此表现出一种多维度、多视角的复杂系统。目前,学界对于教学反思的内容并无统一的观点,但对于教学反思内容的水平却进行了层次划分,主要分为以下三类层次:第一类层次为教学技术有效性反思。该水平反思往往关注技术层面,最关心达到目标的手段是否有效率,关注"怎么解决""如何做"的问题,属于低水平的教学反思。第二类层次为课堂教学有效性反思。该水平反思往往关注课堂情境层面,最关心教学行为背后的原因,但这一类的分析多根据个人的经验来进行,是对客观结果进行的简单描述,并非真正意义上的教学反思。第三类层次为理论判断有效性反思。这一水平的反思属于较高水平的反思。教师在反思过程中能结合教育理论以及与课堂教学有关的规范性标准如课程标准、教育心理学等相关理论将教学实践与教育理论结合在一起进行反思。依据以上三个层次的教学反思,英语教师教学反思的内容主要可以从以下几个方面来解读:

(一)反思英语课堂的教学理念

教学理念的反思是教学反思的重要内容之一。由于教学理念是教师行为的先导,不同的教学理念会导致不同的教学行为。许多教师具有不同的教学风格,其本质也是源自教师内心笃信的理念。

因此,教师在反思教学实践时,不仅要以"局内人"的视角去看待自身教学,还要以"局外人"的角度看待教学实践中的自己。多问自己:"我为什么会这样做?我这样做的理由是什么?"作为英语教师,教学反思亦可以基于英语新课标所提出的理念例如教师观、学生观、教学观的角度出发;多问自己:我在本课堂中所扮演的角色是什么,是被动向学生灌注知识还是主动引导学生思考,我的课堂是否符合英语学习活动观的理念,等等。教师只有通过对自身教育教学理念的不断思考,最终才能逐渐从单一的知识传授者向学生学习的促进者转变,而这种角色的转变也为教师专业发展提供了重要保障。

(二) 反思英语课堂的教学内容

教学内容是指教师在教学过程中依据教学目标与教学对象,通过适当的教学方法对教材内容进行创造性地演绎与开发。因此,英语教师对教学内容的反思必不可少,主要可以从以下五个方面入手:

第一,反思英语课堂的教学目标。教学目标是指学生通过教师所设计的教学活动要达到的预期学习效果。教学目标所指向的是整个教学活动中的具体部分与环节,关系到整个英语课堂教学的成败。新课程改革从知识、能力、情感态度价值观三个维度为教师的目标设定提供了参考方向。英语新课标则将英语的课程目标转向了学科核心素养的统整培养即语言能力、思维品质、学习能力、文化意识。因此,英语教师在进行教学反思时可以从以下角度进行:教学目标的设定是否达到了预期,若未达到,原因是什么;目标的设定是否指向了英语学科核心素养的要求,要求如何体现,目标有哪些地方需要改进,目标是否以单元总体目标为指导,目标是否符合学情,目标是否符合教材的特点,等等。

第二,反思英语课堂的教学对象。教师在课上"教"的效果如何主要通过学生最终"学"的效果来体现,"教"的过程则需通过学生"学"的过程来表现。英语教师能够学会从学生学习角度出发考虑教学问题也是专业化水平提升的重要表现。因此,英语教师对教学对象(学生)的反思成为了反思的重要内容之一。教师在对教学对象进行反思时可以从以下两个层面出发:一为学习动机层面。学生的课堂学习动机如何,学生是否积极,学生的语言学习兴趣表现如何,等等。二为学习行为层面。学生是否掌握了学习重点,学生的学习方法如何,课堂上与学生交流是否有障碍,学生在课堂的发言情况如何,是否出现"一言堂"的局面,等等。

第三,反思英语课堂的教学方法。自上个世纪以来,语言理论历史进展大体上可以分为三个阶段。从最初的结构主义再到后来的功能主义,最后人们开始关注语言交际的重要性。随着学习心理学的发展,学习理论经历了从联结理论到认知理论最后发展到人本主义理论的三个过程。因此,语言的教学方法也随着语言理论与学习理论的发展而发展,从最初的语法翻译法到后来的听说法、交际法、任务型教学法等。综上,对英语教师而言,在课堂结束后对自己所选择的教学方法的反思是必不可少的。每种语言教学方法都具备了一定的时代特色,教师需要学会去思考不同教学方法的利弊,才能使得语言教学的效果最大化;如反思所使用的教学方法的基本原理是否有助于教学目标的达成,教学方法的实施效果如何,所采用的教学方法是否能够激发学生的语言学习兴趣,等等。

第四，反思英语课堂所运用的教学技能。英语教学技能是英语教师从事教师职业必备的技能之一，也是开展英语教学推进工作的前提。在新课标的指导下，英语教师的教学技能除了常规的教学设计例如备课、说课、评课、板书、教态、课堂管理等之外，教师还要具备体现学科特色的基本功例如教师的语音、语调、教学活动设计等。由于英语教学技能具备一定的规范性，教师需要不断地在实践中巩固提升，反思自身教学技能所存在的问题，并进行有针对性的练习与改进。

第五，反思英语课堂中所使用的教材。为了落实中学英语课程目标即全面落实立德树人根本任务，培育社会主义核心价值观，弘扬中华优秀文化，培养具有中国情怀、国际视野和跨文化沟通能力的社会主义建设者和接班人。如何让教师树立起"用教材教"，而非"教教材"，从而使课程目标得以落地，教师对教材进行反思成为了有效路径之一。对教材反思的内容主要有：教学是否突出了教材的重难点；是否根据学生学情对教材的内容进行调整，化繁为简，促进学生个性发展；教材的容量是否适当；是否注意教材的思想引领作用，培养学生的文化意识，等等。

第二节　课堂教学反思的原则与方法

一、课堂教学反思的基本原则

课堂教学反思发轫于素质教育的大潮之中，它作为新课改背景下促进教师专业成长的有效途径之一，主要有以下五个原则：

（一）持续性原则

作为一种批判性思考能力，形成持续不断的教学反思行为对教师而言并非一蹴而就。一名教师要从新手教师蜕变为专家型教师，不可能只通过一次反思就达成，教师需要做到持之以恒，妥善规定反思频率，争取做到每课有思，一周一得。教师唯有持续地进行反思，其专业素质的提升才可能从量变达到质变。一天、两天是看不出教师任何成长变化的，教师只要坚持保持教学反思的习惯，假以时日，其教学境界、教育教学行为和教学能力定能形成质的飞跃。除此之外，在反思习惯养成过程中，教师还要以开阔的心胸面对教学中出现的问题，出现问题后及时地寻找有经验的老师进行讨论并解决问题，绝不能因为害怕面对错误，而放弃了学习与成长的最好机会。

（二）行动性原则

在日常教学中，教学反思的主要目的是使教师在回顾教学过程中发现问题与不足，从而修正自己的教学策略，提出新的教学方案。但新的方案的提出如果仅仅是停留在思考层面，不付出实际行动是远远不够的。真正对教师有帮助的反思必须有行动的跟进，没有行动跟进的教学反思是无用的反思。教师唯有在反思后立刻行动起来，做到在反思中行动，在行动中反思，才能够快速地提高自身的教学水平。

（三）针对性原则

教学反思需要有一定的针对性。教学是一门技术，同时也是一门有关遗憾的艺术。每一节课之后，无论是新手教师还是专家型教师多少都会存在遗憾，教师不可能每次都事无巨细地对每一个问题进行反思，如果教学反思缺少针对性的话，那么反思的效率将会大打折扣。因此，反思不一定要面面俱到，教师可以针对某一类问题进行反思，如课堂的导入情况、课堂提问等等。除此之外，教师的反思也要针对一定的教学实际进行，准确围绕问题的要害进行，如目标是否未达成，所给的例子与学生的生活相脱离。总之，反思者心里要做到有的放矢。

（四）实践性原则

教师反思能力的提高根源于教学实践，通过对专业自我、教学过程的反思，积累好的教学经验，促进自己的专业化发展，而不能够机械地套用、照搬别人的理论与方法。因此教师需要重视反思的实践性。除此之外，反思并不是最终的目的，教师通过积极、主动的反思提高教学的成效，促进自身发展才是教学反思的终极目标。这就要求教师不能将反思停留于手段层面，也应将教学反思从手段升华至教学观、育人观层面，并最终回归日常的教育教学工作，将理论与实践相结合，在理论的高地上审视、指导教学工作。

二、课堂教学反思的常见方法

（一）教学日志

"日志"一词最初源自日语，它是指个人对一天的经验与观察进行的总结记录，如航海日志、飞行日志。后来该词被广泛运用于教育领域如教学日志或教学日记。教学日志是指教师对自己思想变化与行为变化的文字记录。教学日志不是简单地记录、罗列教师日常教学生活事件，而是希望教师通过"动笔写"的方式反思自身的教学工作并总结工作经验，以写作锻炼教师思维能力的同时促进专业素养的提升(汪瑞林,2019)。

1. 教学日志的基本内容

在教学活动中,教学日志是对已发生事件的记录。教师记录自己的教学行为,总结成败得失,回顾、分析、审视教学目标、教学过程来提升教学水平。

一般意义上的教学日志内容主要包括以下几个方面:

第一,教学中的闪光点。在书写教学日志的时候,教师可以将教学中出现的闪光点写出来。对于闪光点的捕捉也是一位教师教育机智的体现。教育机智是一名优秀教师必备的内在品质。它包括了教师对教育情景的理解与把握,根据情景判断并采取恰当的解决方式。通过撰写教学日志记录和捕捉师生互动中共同构建的灵感与奇思妙想,积累教学实践中的宝贵经验,有利于教师的工作变得更加丰富多彩。

第二,教学中的成功与不足。教学日志是指将教学过程中所发生的事情进行记录,其中包括了教学的成功之处如课堂教学中教学思想的应用过程、教学方法的创新点、教学技术手段的运用等。除了成功之处,教师也要注意到课堂上存在的不足,比如没有讲明白的地方、学生作业中常见的错误等,这些方面/内容教师也应该在教学日志中进行详细的记录,为今后的教学工作提供参考,并在此基础上不断地改进与完善。

第三,学生自身的见解。学生在学习过程中会形成自身的看法与见解。教师在课堂上要充分肯定学生在发言中提出的一些独到的见解,这不仅可以使得学生好的想法得到肯定与认可,同时教师也可以从学生的见解中反思自身,拓宽教学思路,为日后教学积累丰富的素材。

对英语教学而言,教师在书写教师日志时,也可以从英语教学反思的内容角度出发,包括英语教学的理念、具体的英语教学的内容等方面。需要注意的是,日志需根据教学实际情况进行书写,上述的内容在教师书写教学日志时不一定都要面面俱到,仅仅是为教师教学日志的书写提供参考方向。

2. 教学日志的主要类型

教学反思日志的书写并无一个固定的写作格式或内容,根据不同教师的不同写作风格,日志比较常见的类型主要有以下三种:

第一,跟踪式教学日志。它是指以时间的推进对教学事件发生的过程进行记录,该日志的特征是以时间为线索,有明显的时间信号作为提示。

第二,随笔式教学日志。在随笔式的教学日志中,教师往往关注自己的所思所想,由于没有固定的主题限制,日志内容一般是课堂教学中的成败得失、闪光点等等。这一类的教学日志也是教师们最常使用的。

第三,主题式教学日志。它是指教师根据某一主题对所发生的事件进行观察记录。其主要特征是主题鲜明,具有较强的针对性,日志内容分析相对而言也更加深入。它包括教师对某一主题的深度思考与实践。

3. 教学日志书写的注意事项

第一,注重日志书写的及时性。由于教学是一个动态的过程。因此教师书写教学日志一定要及时,最好的书写时间是上课当天后。当天书写的优点在于教师对教学过程记忆深刻,记录的内容因此也更加细致、详实。

第二,保持日志书写的持久性。教师需要长期坚持记录教学反思日志才能形成一种习惯。习惯的养成需要平时的积累,教师通过日志积累教学点滴,持续性的反思也是教学反思重要的基本原则之一。

第三,尊重日志书写的客观性。教学反思日志一定要实事求是,既要记录教学过程的成功之处或者实施特色,同时也要反思不足之处与有待改进之处。因为从本质上来说,教学反思日志的受众是书写者本人。因此,日志内容一定要客观。

(二) 微格教学

微格教学法是以心理学、教育学以及现代化教学理论为基础,采用现代教学方法和信息技术对教师或师范生进行课堂教学实训的重要方法。作为理论学习和教学实践之间的桥梁,微格教学在提高教师教学能力上具有显著的效果(李学杰,2017)。微格教学操作工具并不复杂,教师在没有专业的微格教室的情况下使用一台可以录制视频的多媒体设备例如移动手机,便可以在任何地方通过微格视频记录自己的教学过程并反思教学效果。

1. 微格教学的基本特点

微格教学作为一种现代化的教师培训手段应具备以下三个特点:

第一,技能单一集中性。传统意义上的教师培训方法,通常是用听整节课的方法来进行,但对于只有某项技能比较薄弱的教师而言,这样做既费时又费力。而微格教学就是将复杂的教学过程细分为容易掌握的单项技能,例如导入技能、讲解技能,它使得每一项技能都可描述,可观察,也使得教师能够对单一的技能进行集中的训练。

第二,目标明确可控性。微格教学具备技能单一集中训练的特点,这使得教师在训练时有更加明确的目标。同时微格教学也是一个可控的实践系统,能够有针对性地帮助教师提升课堂教学能力。

第三,反馈及时全面性。传统的教学反馈是听课者在课堂上仔细观察和笔录,课后将观察到和笔录下的情况反馈给执教者,但执教者通常会遗忘课堂上某些细节部分。而微格教学利用现代的视听设备作为记录手段,执教者能够全面地看到本人上课的过程,因此可以说微格教学的反馈是及时而又全面的。

2. 微格教学的基本模式

作为一种现代化培训方式,微格教学的基本模式主要由六个环节组成,如图 12-2 所示。

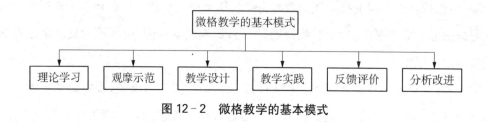

图 12-2 微格教学的基本模式

(1) 理论学习。微格教学本质上是理论与实践结合的活动。因此,教师在进行微格教学实践之前,有必要对教学理论进行学习。学习的内容主要包括:教学设计、教学目标的设定、教学技能的分类、教材分析、课堂观察方法、教学评价等。

(2) 观摩示范。微格教学的观摩示范步骤的主要目的是帮助被培训教师对接下来所要训练的技能形成一定的感知与理解。示范的内容主要是截取课堂教学的一部分内容如导入技能、课堂讲解技能等。示范的方法是让被培训教师观看录像中的例子,指导教师辅之以讲解。例子可以是正面的例子,也可以是反面的例子。教师可以从反面教材中吸取失败的经验教训,避免重复错误。

(3) 教学设计(教案编写)。观摩示范结束之后,被培训教师要根据自身所确定的教学技能,结合实际的教材进行教学设计,编写教案。在整个教案编写过程中,教师可以思考以下三个问题以帮助自己理清教案的思路——学生要学到什么,要选用什么方法推进以及如何判断学生是否已经掌握了所教内容。

(4) 教学实践。严格意义上来说,在进行微格教学时,被培训教师需要组建微型课堂。一个微型课堂需要有教师、学生若干(可以找同伴进行扮演)、教学评价成员以及录像设备等元素。在实践过程中,授课的时间一般应控制在 10 分钟左右并在授课期间进行实时录像。

(5) 反馈评价。被培训教师与在座的同伴或者指导教师一同进行录像观摩。教师通过录像观察自己的教学行为并进行反思,对自身的优势与不足进行记录,及时发现自己的教学问题。同伴或指导老师可以根据需要从学生角度、教师教育者的角度对整堂课进行反馈评价,指出问题,提供改进建议。

(6) 分析改进。教师根据自我教学反思与同伴专家的讨论建议,书写教学反思日志与改进计划书,准备进行第二轮微格教学,直至达到满意的教学效果。

3. 微格教学反思的注意事项

第一,平时注重加强理论学习。教师在开展微格教学之前除了学习教育教学的理论,同时也需要学习教育心理学。尤其是元认知能力的养成,它对教师通过微格教学进行教学反思具有重要意义,可以帮助教师提高自我监控的意识。

第二,贯彻"整—分—合"的培训模式。首先,教师通过观看示范课形成初步的感性认识。其次,通过教学技能的选定,将技能进行分解。最后,当每一项技能都得到充分训练后进行整合,最终形成完整的课堂教学。

第三,坚持多元评价相结合。微格教学实际上运用的仍然是定性的评价如同伴评价。教师可以运用一些标准化的量化评价如选用一些量表,将定量与定性评价相结合提升自身的教学技能。

(三) 行动研究法

行动研究法是指教育工作者即教师为了解决实际的教学问题将实际发生的问题作为研究主题,进行系统的研究,以期寻找解决问题的出路的一种研究方法。作为一种适用于广大教育工作者的研究方法,行动研究法不仅贯彻行动性的教学反思基本原则即在行动中反思,在反思中行动;同时作为一种研究理念,它有助于教师科研素养的提升。一个完整的行动研究的过程主要包括以下五个步骤:

1. 发现问题与界定问题。中小学教师在教学实践中首先需要以研究者的姿态用敏锐的意识去发掘隐藏在教学中的问题,根据具体的教育教学场景提炼问题以及从与学生的交流中捕捉问题。

2. 制订行动计划。教师在明确问题后需要对问题进行分析并制订一个详细的行动研究计划,主要包含以下五个方面:(1)问题的提出与研究目的。写出遇到的具体问题并对该问题产生的原因进行分析,计划实施后预期达到的目标,目标陈述要尽可能地具体。(2)研究对象和合作对象。写出具体的实施对象,一般而言就是研究者的教学对象如所教的学生。(3)形成具体的措施步骤与时间安排。要求措施具体、可操作,越细致越好,不能只是空话、套话或者原则的话,要明确计划实施的步骤,每一步骤的时间安排、工作程序等,避免盲目行动。(4)计划实施的客观条件和效果指标的确定。教师要充分考虑有利与不利条件,要对行动研究实施的现实性具有客观的认识,如人力、财力、物力的分配。(5)收集、积累资料的项目和方式。针对效果指标,设计收集、积累资料的具体项目和方式,如观察内容和指标、访谈提纲、调查问卷、测验试卷等。

3. 积极验证,具体实施。行动研究的核心步骤便是将计划付诸行动,这也是行动研究成败的关键即通过行动解决教学实践中的问题,改善教学实践的质量。因此,与其他研究方法相比,行动研究法更加强调情境性与实践性。对教师而言,一方面,需要尽量按照计划进行实践,积极地验证假设。另一方面,也需要根据现实因素的变化,灵活机动,作出弹性调整。

4. 反思与评价。积极行动之后,教师及时地进行反思与评价是提炼行动研究成果的有效路径。教师通过一段时间的实践,收集了相关数据后,进行反思与评价,并需要对原先的计划和实施进行一定的调整。主要包括两个方面:一是整理与归纳。整理工作日志,进行归纳总结,查看研究问题是否得到回答,研究设计的目标是否达到了预期等。二是评价与判断。这个环节主要是对行动研究的过程和结果作出判断评价,对行动中出现的一些现象与问题进行归因评价,找出结果与原计划的差异,从而根据分析形成基本的判断。

5. 撰写行动研究报告。整个行动研究结束后,教师还需要撰写行动研究报告。行动研究报告是行动研究的表现方式,是行动研究最终的理论成果。行动研究报告除了能见证教师专业的成长之外还能进行经验分享,让其他教师在阅读后能够快速明了研究者的研究结果,相互学习借鉴。

(四)教师讨论法

教师在时间与条件允许的情况下,还可以通过和同辈、同事讨论的方式进行教师反思,与同辈进行对话,交流各自的课堂教学经验。这种集体性的教学反思不仅能够促进教师之间的相互交流,同时也能提高教育教学的质量(王颖,2015)。

无论是教学日志、微格教学还是行动研究法都比较侧重教师个体单独开展教学反思。换言之,教师主要是通过自我评价、自我观察与自我行动的方式进行反思。相对而言,这种方式存在一定的局限性与封闭性。毕竟教师单纯地进行内省,往往容易导致自我封闭,使得反思的内容不够深入全面。反思活动不只是一种个体行为,它也能在群体中进行,如来自不同学校的教师聚集在一起,相互观摩彼此的教学,交流各自的教学案例,共同品味案例中蕴含的各种含义,分享种种教学体验。与教师们的交流对话不仅可以使自己的思维更加清晰,更能在收到交谈对象的反馈后激发自身的思考,产生更多的创意与思路。除此之外,在群体成员的共同审视下,教师可以对所讨论的教学案例形成某种理性共识,得到的方案可供所有参与讨论的教师共享。

第三节 案例与解析

案例(一):A 老师教学反思日志

A 老师教学反思日志

以牛津英语教材中关于"Colors"主题的课为例,我在教 green 和 yellow 的时候,进行了猜水果游戏;在教 blue 时,让学生观看大海的动画。同时也用魔术的方法来教单词如 orange、green、brown、purple。

在课前我准备了杯子,然后利用颜色混合变成其他颜色的道理,教授新单词。我不仅自己表演,还让一些学生到讲台上表演魔术变颜色。学生兴趣高涨,学习起来一点也不费力。原因在于我考虑到色彩本身有它独特的魅力,用魔术引导学生探究,又能使学生在活泼轻松的环境中,感知知识,掌握知识,并从中发现知识的兴味性和生活性,从而使他们终生受用。除此之外,利用魔术将学生刚认识的颜色逐一呈现出来,学生仿佛置身于实际情景之中,边看边兴致勃勃地读着自己认识的颜色单词,稚嫩的心田填满了成功的骄傲与喜悦。孩子们对于关于颜色的新单词的学习终于不用费太多的功夫了。

【案例评述】

从案例中可以发现,A 老师主要反思了课堂中所使用的教学方法。A 老师记录运用游戏法(魔术)进行单词教学的过程。最后得出的结论是利用魔术的方法能够帮助学生提高学习兴趣,日志内容关注到了教学中的闪光点。但是 A 老师的教学日志仍存在很大的不足。从反思的水平来说,A 老师仅仅关注到了技术层面即我是如何上课的,所书写的日志内容仅是对课堂的教学方法及其教学效果进行生动描述,并没有指出在教学中所出现的问题。

实际上,教师在运用任何一种教学方法时都应批判性地考虑其利弊。在该案例中,魔术虽然能够帮助学生形成对单词的感知,但是教师并没有反思学生单词习得的效果、教学过程中存在的问题及相应的解决对策。教学反思日志并不是简单描述自己的教学,而是内观教学,发现其中的问题,分析问题并寻找解决方案的过程。

案例(二):B老师教学反思日志

B老师教学反思日志

本堂课的成功之处与教学特色

本堂课的教材资源来自本单元11—12页的写作部分。由于教材本身这个部分的语料不多,大多教师选择跳过。但我认为这个部分有必要单独上一课,原因是投诉信属于应用文写作范畴,具有很强的实际应用价值,并且对于投诉信写作的训练可以有效锻炼学生思维的逻辑性和语言的准确性。

首先,在引入时,我播放了美剧《老友记》中的一个片段,创造了一个写作的情境,激发学生的写作兴趣。在视频和引出投诉信主题中间,用一个问题过渡,即"遇到商品有问题,你如何处理?"预期的学生回答是打电话投诉、利用社交软件抗议,但比较少的学生会想到利用书写投诉信的方法。而此方法在其他一些国家非常普遍,也是一种很有效的维权方法。因此,学生明白这一点不仅能够了解各国文化差异,同时也能学会开拓多种渠道维护自己的权益。其次,对于写作课,我在教授时采取层层递进的方式,即设计由低到高的难度的任务,并且在过程中加强师生、生生的互动,使学生能够收获更多的输出信息。这堂课的另一个亮点是让学生根据检查清单评价他们的习作,从而更加明确写作时的注意事项。本堂课的最后一个亮点,即作业布置。作业最后一项为一个拓展环节,即如果你是公司代表,你会如何回应这封顾客的投诉信?这个具体不作硬性的写作要求,但要求学生思考,因为有学生以后很可能从事公关等职务,处理顾客意见也是十分重要的,这也和上节课中的产品推销有联系。

本堂课的不足之处与改进措施

本堂课也存在一些不足之处。在课堂活动组织方面,我发现当我发布指令之后,有的同学开始交头接耳,可能是由于我的指令语不够简洁清楚,在以后的教学中,要尽量提前设计好指令语。此外,在学生根据清单评价同学的作品的时候,部分同学对于清单上的内容觉得比较困惑。在以后的教学中,我应该在布置任务之前先解释一些容易造成理解困难的概念。

【案例评述】

该案例中B老师从成功与不足两个角度出发进行了教学反思。在反思教学优点的部分教师交代了教学资源,对教材内容进行了讨论。B老师不仅说明了运用什么样的语料,同时也说明了为什么要用该语料。在反思课堂教学的过程时,B老师解释教学步骤的原因,并分析学生在教学过程中所遇到的问题以及学生本节课的收获。另外,B老师在教学反思中也指出了课堂教学的亮点——同伴评价与作业布置。除此之外,B老师也提到了教学的不足之处。一方面老师认为自己的课堂管理出现了问题,分析了出现该问题的原因是指令语不足后,思考如何改进——提前设计好简洁的指令语;另一方面老师指出了学生对清单的内容可能存在困惑,解决方式是下一节课要进行提前解释。

总体来说,B老师的教学反思是合格的。老师从教学的优点与缺点入手,对教学过程中所出现的问题进行梳理,并尝试解释,最终给出反馈与解决方案。虽然该日志能为B教师今后的教学提供借鉴意义,但B老师的教学日志也存在一个问题,即仅仅停留在教学层面。实际上,一个好的教学反思不应该仅仅从课堂教学出发,同时也要"跳出来",从一个更加宏观的理论角度对实际教学中出现的问题进行解释与分析。这不仅有利于教师视野的扩宽,同时也能提升教师的问题意识,促进教师的教学与研究的统一,有利于教师从授课型教师向研究型教师转变。

案例(三):C老师教学反思日志

C老师教学反思日志

目前中学单词教学中的问题及原因
　　中小学英语课程衔接的问题日益受到重视,学生在小学阶段学习英语,有着浓厚的兴趣。因为学生爱说话,爱表现自己。我们通过设计不同的活动,让学生有充分的表现机会。但到了中学,学生兴趣不大。随着年级的增大越来越害怕英语,究其原因,五、六年级教材内容跨度太大,六年级的单词量、知识点是小学的几倍。有时,我们为了赶进度,课上留给学生自主发挥的时间比较少。

本堂课中的成功之处与教学特色
　　牛津英语中庞大的单词让学生生畏,在我的这次课上,我采取了媒体辅助教学手段,让学生进行猜动作,使学生积极参与如 jump、run 等词的动作猜测中。运用该方法的原因在于多媒体辅助,特别是让学生看动作、造句型的方法是学生非常感兴趣的方法之一。这使得单词从静态转为了动态。该方法能够帮助学生更加集中注意力。另外,我在教学过程中,及时把握了新旧知识、单词之间的连贯性,帮助学生对单词进行建构。

本堂课中的不足之处与改进措施
　　整个课堂下来,我觉得有几个方面需要注意:
　　1. 放给学生的时间还不多,有些单词的读音完全可以让学生根据发音规律试读。
　　2. 真实展示情景还不够,得让学生有一种 real life 的感觉。在本堂课中同学仅仅从老师的提示中进行句型的操练,但实际上学生完全可以根据平时的生活进行拓展练习,这样才真正起到从生活中来到生活中去的目的。也可以设计一些卡片,让学生亲自上台表现,这样让学生在参与活动的过程中学会单词,达到语言交流的目的。
　　3. 整个教学好像就分为两个部分,一部分为单词,另一部分是句型,单词教好后没有重复。其实,我本意是让同学在两人对话中使用新单词(副词的比较级),并运用到句型中去,这样效果会好些。但实际上由于时间的原因在教学中并没有实现。而造成时间不够的原因我认为是在教授比较级词组时花费的时间太多,可以放一些时间让学生自学比较级(根据读音),这样收获的效果会更好。

本堂课的反思总结
　　英语新课程标准倡导的英语教学活动观,以培养学生的综合语言运用能力为目标。在教学中我努力贯彻这一理念,结合本课学习内容,设计各项活动,引导学生在完成用比较级造句子的过程中运用语言,达到学以致用的目的。如何在有限的教学时间内让同学进行大量的语言操练活动,以真实的情景让学生习得,同时能够提高学生学习英语的兴趣。这是我需要在今后的教学中注意的问题。

【案例评述】

　　C老师的教学反思首先指出了单词教学中的最大的问题——学生的学习动机不足、对英语学习有畏惧感。C老师除了对学情(年龄、教材难度)进行分析之外,也将问题指向了中小学英语课程衔接上,将问题从微观指向宏观。接下来,C老师分别从教学本身的优缺点出发进行反思。在优点中,该老师指出运用多媒体辅助的教学方法有助于提高学生单词学习的兴趣,同时也注意到了单词的建构需要把握新旧知识的联系。这些说明该老师对建构主义教学观有一定的理解。在反思不足之处时,C老师首先从学生角度出发,认为自己在课堂上没有给学生留出更多思考和表达的时间。其次,老师指出了自己教学中缺乏真实情景的问题,并试图给出两种解决方法——"单词卡片"和"上台展示",以促进学生在真实情境中运用单词。再次，老师认为自己的实际教学出现了时间偏差，并指出了偏差出现的原因是教授比较级词组时占用的时间过长，导致其他教学活动的时间不足。最后，该老师在总结部分，联系了新课程标准中对英语活动观的要求，认为在课堂上设计各种活动有助于提高学生英语学习兴趣，能达到学以致用的目的。

总体来说，C老师的教学反思水平较高。C老师一开始指出目前英语教学中最大的问题——学生兴趣不高；在课堂结束后及时进行反思，找出课堂教学存在的问题，并运用相关理论、相关教育政策进行分析，提出改进建议；该老师同时从教学本身进行反思，不仅指出了课堂教学中的问题，同时也从更宏观的角度对问题进行阐述。

本章小结

本章围绕新课标下的课堂教学反思展开。首先明确了教学反思的意义，指出教学反思能促进教学评的动态循环并实现教师自身专业化发展。在明确教学反思的重要意义后，本章结合新课标与英语学科特色，总结了中学英语教学反思的主要内容，主要分为反思英语教学理念、英语教学内容两大方向，为英语教师的反思提供理论指导。最后，本章介绍了教学反思的基本原则，并根据原则提供了四种常见的课堂教学反思方法（教学日志、微格教学、行动研究法与教师讨论法），最后通过呈现典型的教学反思日志案例帮助广大教师更好地掌握进行教学反思的方法。

参考文献

［1］中华人民共和国教育部. 普通高中英语课程标准（2017年版）［S］. 北京：人民教育出版社，2018.

［2］韩雪军. 反思型教师专业成长机制探析［J］. 教育理论与实践，2016，36(35)：37-39.

［3］汪瑞林."动笔写"：中小学教师专业成长的重要途径［J］. 中小学管理，2019(06)：31-33.

［4］李学杰. 微格教学：融通理论与感受教学的桥梁［J］. 教育评论，2017(07)：33-36.

［5］王颖. 集体教学反思的研究形式值得关注［J］. 中国教育学刊，2015(09)：106-107.

推荐阅读书目

［1］卢启银. 指导新教师撰写教学反思七招［J］. 教学与管理，2018(29)：23-25.

［2］李明军. 中小学教师教学反思的现实困境及其解决策略［J］. 教学与管理，2018(18)：60-63.

［3］彭保发，蔡旺庆. 说课、微格教学与教学技能训练［M］. 南京：南京大学出版社，2019.

[4] 叶瑞碧. 知行合一的教学反思[M]. 厦门: 厦门大学出版社, 2019.

[5] 杨鲁新, 裘晨晖. 反思性英语课堂教学: 理论与实践[M]. 北京: 外语教学与研究出版社, 2016.

课后练习

判断题

1. 书写教学日志需要注意日志的及时性、持久性、主观性。（　）
2. 教学反思是为了能够发现课堂中所存在的问题, 提升教师的教学能力。（　）
3. 利用微格教学进行反思的好处在于能够集中某一个单一的教学技能进行强化。（　）
4. 教学反思的主要常见方法包括教学日志、微格教学、行动研究法和教师讨论法。（　）
5. 行动研究法作为一种研究方法不能解决实际的教育教学问题。（　）

简答题

1. 结合本章所学内容, 谈谈你对教学反思的理解。
2. 在课堂教学反思的原则中, 你如何理解针对性原则与行动性两项原则。
3. 简述利用行动研究法进行反思的主要步骤。

操作题

1. 观看自己的一次教学录像, 尝试书写一份教学反思日志或完成一份个人教学反思记录表。

个人教学反思记录表						
反思人		授课对象		课型		
课时长度		授课时间		授课地点		
授课内容							
1. 在本堂课中, 我的教学理念是什么?							
2. 上课时, 我对教材内容把握情况如何?							
3. 我是否落实了教案的教学目标? 若没有落实, 原因是什么?							
4. 我是否考虑到了学生的主体性?							
5. 我是如何处理语言知识与语言技能的关系的?							
6. 我是否为学生提供了有效的教学反馈?							
7. ……							
自我评价	A. 优秀	B. 良好	C. 一般	D. 合格	E. 不合格	

2. 听一节你同伴的课,并完成一份课堂观察单。课后与你的同伴讨论你对这节课的看法。

课堂观察单

Time	Events	Questions/Comments

第十三章
现代信息技术下的英语学科教学

Chapter 13

本章内容概览

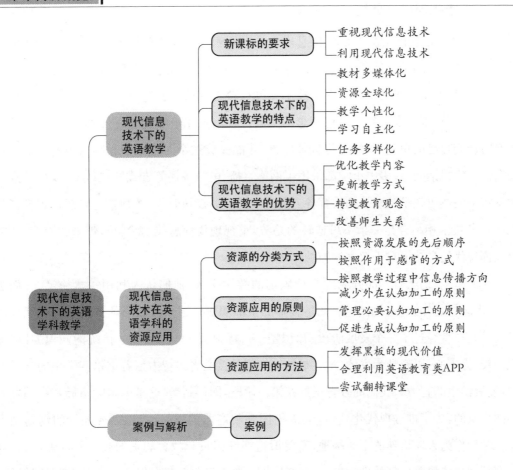

课前思考

有学者指出：以网络和多媒体为核心的信息技术与英语教学的深度融合已成为英语教学改革的潮流之一。让我们一起坐上时光机器，回想当年你学习英语的情况，磁带、录音机是不是随处可见呢？对比现在的英语教学，你发现学生的学习资源、学习渠道、学习场所发生了哪些变化,其中现代信息技术又扮演了什么角色呢?英语教师究竟如何利用信息技术促进英语学科教学?本章将走进现代信息技术下英语学科教学的世界。

第一节 现代信息技术下的英语教学

一、新课标的要求

(一)重视现代信息技术

当代社会是一个信息化社会,信息成为了人们赖以生存的基本要素之一,而传播信息的各种媒介,如互联网、计算机、多媒体等工具,即现代信息技术,成为了人们学习、工作、生活、人际交往的重要工具。各种信息技术工具在教育领域的普遍应用,不仅促进了教育教学方式的变革,也引发了教育思想理念的革新。在信息化浪潮给教育带来的冲击下,教师要及时转变自己的角色,重新定位教师职责,才能完成这个时代赋予教师的新的使命。在疫情公共危机期间,众多中小学都采用了网络直播、电视录播等方式开展教学,现代信息技术支持下的英语教学逐渐受到教育各方的重视。在后疫情时代,教师首先要意识到教育与现代信息技术相结合是一个不可逆转的趋势,重视现代信息技术给教育带来的影响,并充分发挥现代信息技术对于教育的辅助作用。

在课堂上,仍然有一部分老师坚持固定的教学模式,他们认为利用一盒粉笔、一面黑板、一本教材把知识传授给学生,就是教师的全部职责。这一类教师忽视甚至拒绝现代信息技术。教育经过了三个发展阶段:知识型——智力型——创新型。传统的知识型以"知识传授"为中心,以教师为主体,学生是被动知识的接受者。智力型着重培养学生的学习能力,发展学生的智力。我们的教育正处在第三阶段,即创新型,这是由国际格局和中国发展共同决定的,为了推进现代化建设,促进中国高新产业的发展,我国需要大量的创新型人才。学校作为人才培养的主要基地,需要锻造能够担负起教育职责的高水平教师,只有创新型教师才能培养出创新型学生。在"互联网+教育"时代,教师既参与信息教育的学习过程,在学校教学中又承担着将信息技术融入教学过程的职责。为此,教师要适应信息时代的变化,重视现代信息技术在教育领域的发展,提高教学效率,改变传统的教学模式。

(二)利用现代信息技术

现代信息技术与教育相互联系,相辅相成,在英语课程教学中更是如此。教师在重视现代信息技术的前提下,要主动、自觉地探索将现代信息技术与英语教学相结合的路径,充分利用现代信息技术的优势,结合英语教学的特点,科学高效地组织开展教学活动。在互联网、多媒体等媒介的支持下,教学内容不再局限于教材与课本,教师应学会收集和筛选优质网络教学资源,拓宽学生的学习渠道,利用在线课程、在线学习等方式优化教学效果,充分发挥现代信息技术对英语教学的支持与辅助作用。

现代信息技术应合理精准地贯穿于整个教学过程。课前,教师可利用各种通讯工具为学生提供丰富的教学资源,并提前告知学生下节课程的主要教学目标与教学内容,激活学生的已有知识和心理状态,并为后续课程打下基础。课中,教师可采取多媒体教学手段为学生创设相关的教学情境,并通过音频、视频、图片等教学材料为学生营造多感官同步学习的环境,促进学生听、说、读、写、看等技能的全面发展,保持学生的学习动机与热情,提升教学效率。教师还可利用 PPT、动画等教学手段呈现并不断复现教学过程中的重难点,将知识由繁化简,深入解析,确保本节课程教学目标的基本达成。课后,教师可将教学过程使用到的整套教学资料打包发送给学生,便于学生根据自身情况进行有针对性的复习。

二、现代信息技术下的英语教学的特点

(一) 教材多媒体化

教材多媒体化可以理解为教材、课本与多媒体技术的深度融合,比如常见的电子课本,有助于传统的教学内容从静态化、平面化朝着动态化、立体化的方向发展。教材多媒体化主要包括纸质教材多媒体化和电子资源两个方面。《普通高中英语课程标准(2017 年版 2020 年修订)》(以下简称"新课标")对语言能力这一概念定义为:在社会情境中,以听、说、读、看、写等方式理解和表达意义的能力,以及在学习和使用语言的过程中形成的语言意识和语感。传统的纸质教材很难适应新课标对学生提出的新要求,各种多媒体教材应运而生。运用各种多媒体技术,比如音频、视频、PPT、动画等形式对纸质教材内容进行扩充、改编、说明,使教学内容更加丰富、生动、形象。纸质教材的内容再也不是传统课本中一个一个的印刷体,而是呈现在学生眼前各种各样生动立体的英语学习情境。这种从静态到动态的过程,正是教材多媒体化的标志。除此之外,教材多媒体化的另一大趋势是教材配套网络资源的快速发展,网络习题、阅读材料、背景知识等音视频资源的出现在极大程度上丰富了教材的厚度与深度。

(二) 资源全球化

现代信息技术的快速发展,使每个人都能从各种终端设备中快速、低价地获取所需的

教学资源，从习题到音频，从动画到知识点讲解，应有尽有。只要有网络连接和平台设备，师生就能轻松获取国内外各种资源。教师和学生之间原有的知识鸿沟不复存在，信息技术搭建了一座师生相互沟通与理解的桥梁。教学资源可根据不同的标准进行分类，从受众看，可分为教师资源和学生资源；从来源看，可分为网页资源、书籍资源、期刊资源等。教师在备课、上课、课后反思过程中，都可以从网络上寻找符合学生发展特点和学习风格的教学资源，争取为学生带来优质的课堂；而学生也可以充分利用网络学习资源，自主开展课前预习、课后练习、查漏补缺等活动。

（三）教学个性化

在正式开展教学前，教师可借助现代信息技术对班上学生的已有知识水平、学习风格与特点等进行预估和判断，从而制定后续课程的教学目标，整理修订教学内容。整个教学过程尽管是在教师的主导下进行，却充分体现了"学生主体"的思想。此外，将现代信息技术应用于教育领域后，很多教学活动将不局限于课堂和学校，师生在网络空间也能开展丰富多彩的课程和学习活动。比如近几年兴起的线上一对一辅导活动，这些活动既是对课堂教学的一种补充拓展，同时学生也有机会接受基于自身情况的有针对性的教学，弥补了大班教学下教师难以满足众多学生需求的缺陷。

（四）学习自主化

自主学习将学生作为学习的主体，是通过学生独立地分析、探索、实践、质疑、创造等活动，不断发现问题和解决问题的过程。《基础教育课程改革纲要（试行）》中强调了将自主学习作为培养目标的重要性：改变课程实施过于强调接受学习、死记硬背、机械的现状，倡导学生主动参与，乐于探究，勤于动手，培养学生搜集和处理信息的能力、获取新知识的能力、分析和解决问题的能力以及交流与合作的能力。现代信息技术的发展为学生的自主学习构建了良好的教育生态环境，学生可随时随地获取教育资源，突破时空限制，同时根据自身的节奏调整学习进度。如何鼓励和支持教师开展技术环境下的教学创新，从传统教师主导的课堂转变为以学生为中心的课堂，促进学生自主学习和探究能力的发展，是世界各国教育体系密切关注和亟待突破的难题之一。

（五）任务多样化

在现代信息技术的支持下，学生可通过多种方式组织、呈现和完成学习任务，比如制作校园杂志、电脑文件处理、幻灯片演示等，这些任务的完成与现代信息技术的支持密不可分。在完成这些任务的过程中,学生可以学习到如何修正自己在语言知识方面的错误,并利用英语展开有意义的沟通交流。传统的教学模式中,课堂活动与课后练习的形式比较重复单一,大多是机械地操练,容易导致学生丧失学习兴趣,缺乏学习动机。教师可利用现代信息技术,为学生设计多种多样的活动形式,让学生在参与活动的过程中学习知识,寓教于乐。

三、现代信息技术下的英语教学的优势

(一) 优化教学内容

教学内容是教育者用来作用于受教育者的影响物,具有重要的教育价值。以往的教学内容基本由授课老师自行决定,教师自身所拥有的学科教学知识、持有的教学态度会对教学内容的处理过程产生较为主观的影响。在现代信息技术的帮助下,教师有机会观摩其他优秀教师的教学课件、教案、配套资源等。教师既可直接下载这些优质教学资源,针对班级学生的实际情况,将其运用到自己的课堂;教师又可通过对比其他优秀教师的教学资料,评估自己的教学内容和呈现方式,作出进一步改进。

(二) 更新教学方式

传统教学通常采用大班授课制,即使教育理念不断更新,也很难打破"教师—教材—教室"为中心的情况,经常出现教师"一言堂"的困境。在"互联网+教育"、移动学习等新技术、新思想出现以后,教育领域出现了较大的变革。"翻转课堂""微课""慕课"等形式多样的教学领域的新概念不断被引入课堂,在班级人数保持不变的情况下,越来越多的学校和教师开始探索个性化教学。以新冠疫情公共危机时期的英语教学为例,众多中小学校英语教师通过网络直播、电视录播等方式开展教学,学生自主学习受到重视。尽管网络教学乃疫情时期的无奈之举,其教学成效还有待进一步研究,但这种新的方式为教学注入了新的活力,也体现了现代信息技术下英语教学的个性化探索。

(三) 转变教育观念

在互联网技术高度发达的时代背景下,教育突破了时空限制。学生足不出户便能获取各种教育资源,在家也能接受教育。从横向来看,教育的场所扩大了,学生可以通过网络课程、远程教育等多种形式进行学习,打破了"以学校为中心""以教室为中心"的传统观念。从纵向来看,教育和学习不只是青少年的特权,人们越来越注意到终身学习的重要性。社

会的更新迭代、自我提升的需求都要求人们不断地自我学习。学校教育只是人一生接受的所有教育中的一部分,生命不息,学习不止。

(四)改善师生关系

在现代信息技术的帮助下,学生获取知识的途径增多,教师不再是知识的权威拥有者。师生角色发生了相应的转变,教师从传统课堂的讲授者、管理者转变为现代课堂的引导者、协助者,而学生则从知识的接受者变成学习的主动者。在课堂上学生拥有了更多的话语主动权,有机会和老师平等地交流,学生的参与意识和学习动机得到了激发,师生关系变得更加和谐融洽。与此同时,教师的教学工作减少之后,能利用更多的时间关注学生的心理健康,促进学生德、智、体、美、劳各方面的全面发展。

第二节　现代信息技术在英语学科的资源应用

现代信息技术在英语学科的广泛应用,特别是多媒体教学的普及与发展,给英语学习者提供了丰富的数字化教学资源,比如音频、视频、图像、电子书等。教师可利用现代信息技术资源种类多样、互动性强、获取便捷等优势,通过多种途径获取所需资源,以提升学生的听、说、读、写、看等能力为核心,为学生创设真实的英语学习情境,构建"以资源为导向"的课堂,从而促进教师、学生、教学资源三个层面的双向互动,最终达到学生核心素养的发展。

一、资源的分类方式

根据不同的标准,教学资源有多种分类方法,如图 13-1 所示:

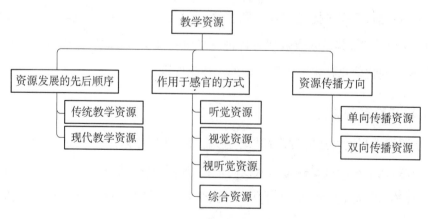

图 13-1　教学资源的分类

(一)按照资源发展的先后顺序

根据资源发展的先后顺序,可将教学资源划分为传统教学资源和现代教学资源。传统教学资源包括黑板、教科书、模型、标本等,是大众比较熟悉的工具。现代教学资源包括投影仪、视频、音频、计算机等,是现代信息技术在教育领域的新应用。

(二)按照作用于感官的方式

根据教学资源作用于感官的方式,可将教学资源划分为听觉资源,如录音、音频、广播等;视觉资源,如图片、动画、文字、模型等;视听觉资源,如视频、录影等;综合资源,如虚拟动画等。

(三)按照教学过程中信息传播方向

根据教学过程中信息传播方向,可将教学资源划分为单向传播资源,如课本、PPT、图片、视频等;双向传播资源,如师生互动系统等。

二、资源应用的原则

基于多媒体学习认知理论,梅耶(Mayer)在《多媒体学习》(*Multimedia Learning*)(2009)一书中共提出了10多条多媒体教学设计原则,目的在于充分利用人类有限的认知容量,帮助学习者积极进行认知加工——主动选择信息、组织信息和整合信息,最终实现意义学习(毛伟,盛群力,2017)。梅耶提出的多媒体教学设计原则主要包括三个部分共十条原则,为教师进行多媒体教学设计提供参考。具体设计原则见图13-2所示:

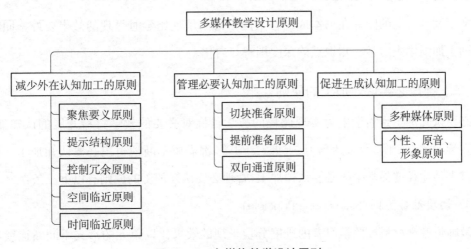

图13-2 多媒体教学设计原则

(一) 减少外在认知加工的原则

外在认知加工是指学生在学习过程中不为教学目的服务而产生的认知加工，比如阅读与教学无关的材料或被PPT中的图片所吸引而产生的认知加工都属于外在认知加工。在多媒体教学环境中，教师应尽量避免学生将过多时间和精力集中于与教学无关的活动，也就是减少没有必要的外在认知加工，引导学生将注意力集中于课堂和学习本身。减少外在认知加工共有五条原则：

1. 聚焦要义原则（Coherence Principle）

在多媒体课件中，教师应删除与达成教学目标无关的材料和设计，比如复杂的动画切换、声音特效等。课件设计应突出重点，符合学生的认知特点。

2. 提示结构原则（Signaling Principle）

在多媒体教学中，教师应利用图像、图表、思维导图等可视化的表达方式突出主要的学习材料，加强学习者对学习材料的理解，提升学习效果。

3. 控制冗余原则（Redundancy Principle）

研究表明，学生在动画加解说的多媒体学习环境中的学习效果比在动画、解说、文本三者结合的多媒体环境中更好。教师要注意控制教学材料的输入量和难度，避免造成学生的认知负担，对教学效果产生负影响。

4. 空间临近原则（Temporal Contiguity Principle）

文字和其对应的图片在书本或屏幕中相近的位置呈现比分开呈现时教学效果更好。比如，教师在编制试卷中阅读理解的题目时，将某一篇的阅读文本和对应的图片放在同一页试卷，能够减少学生翻页时造成的外在认知加工。

5. 时间临近原则（Temporal Contiguity Principle）

文字和其对应的图片在书本或屏幕上同一时间呈现比延时呈现的效果要好。同时呈现有助于加强学生对某一知识点的深度理解与内化。

(二) 管理必要认知加工的原则

必要认知加工是指学生为实现课程的教学目标对必要的教学材料开展的认知加工。学生在学习的整个阶段，包括预习、上课、复习等，都需要不断地付出必要认知加工。教师应通过多种途径增强学生的必要认知加工，管理必要认知加工的原则有以下三条：

1. 切块准备原则（Segmenting Principle）

教师将教学材料按照学习者的进度分块呈现的效果比以单元的形式不间断连续出现

的效果更好。这一原则考虑到了学习者的学习进度与认知特点,根据学习者的学习情况自定步调,更有助于学习者对知识的掌握。

2. 提前准备原则(Pre-training Principle)

教师将所学教学材料中主要概念的名称、特征提前呈现给学生,学习者的学习效果会更好。学生将课上一部分的必要认知加工转移到课前进行,避免了因为课上认知加工负担过重而影响学习效果。

3. 双向通道原则(Modality Principle)

学习者通过画面和画面解说进行学习比通过画面和文字进行学习的效果更好。画面和文字均属于视觉资源,画面解说属于听觉资源,画面和画面解说则是听觉和视觉资源的结合,双通道刺激有助于学习者的深层加工。

(三) 促进生成认知加工的原则

生成认知加工是指学习者在理解目前所学教学材料的基础之上,将其内容与之前所学的知识联系起来,达到知识迁移的认知加工。同必要认知加工类似,教师也应促进学生在生成认知加工方面的付出。促进生成认知加工有四条原则:

1. 多种媒体原则(Multimedia Principle)

学习者通过单词和图片相结合的形式学习比单独学习单词的效果要好。单词和图片同时呈现有助于学生将两者建立相关联系,这样学生在看见图片时也能回忆起对应单词的拼写与用法。

2. 个性、原音、形象原则(Personalization Principle、Voice Principle、Image Principle)

个性原则是指将多媒体中的语音信息以对话形式而非正式文体呈现时,学习者的学习效果更好;原音原则是指将多媒体中的语言信息用真人声音而非机器声音呈现时,学习者的学习效果更好;形象原则是指多媒体课件中呈现发出声音的真人形象时,学习者的学习效果会更好。这三条原则都强调了学生的社会存在感,对话、真人的声音和形象都会让学生产生一种亲身参与的感觉,从而更愿意投入学习活动。

三、资源应用的方法

(一) 发挥黑板的现代价值

在多媒体教学出现以前,黑板一直作为传统教学的必备工具,衡量一名好教师的标准之一是其板书的书写与设计。多媒体教学出现以后,有一部分教师上课完全依赖PPT课件,黑板似乎成为了可有可无的工具。但传统不等于过时,板书作为师生之间传递信息的媒介,承担着梳理总结、对比强调、启发诱导等功能。板书也是教学过程中必不可少的要素,好的板书能够吸引学生的注意力,对学生的学习效果有积极的影响。因此,如何在多媒体教学环境中发挥黑板的现代价值,值得广大英语教师在教学实践中不断探索。以下通过介绍板书设计的要求和形式,为广大英语教师设计板书提供参考。

1. 板书设计的要求

教师在设计板书时,应力求达到以下四点基本要求:

(1) 准确性

板书的内容是课本知识的浓缩与课外知识的拓展,教师应力求板书内容的准确无误。准确性是板书的一项基本要求,也是体现教师专业素养的条件。一方面,教师要注意书写内容的准确无误,避免错别字、语病句的出现;另一方面,教师要能够围绕教学目标、教学内容、教学重难点,抓住本节课关键的话题、功能、单词、句型等,准确、科学地呈现教材的内容。只有这样,才能加深学生对教学重点的理解与应用,减轻学习负担。

(2) 概括性

板书是对教学内容的浓缩,应具有较强的概括性。教师与学生常常容易陷入的一个误区是:认为板书内容越多越细致就越好。实则不然,教师应使用精简凝炼的语言呈现教学重难点,如果将课本内容一字不落地抄写在黑板上,反而容易导致学生难以分清主次,无法抓住关键的知识点。

(3) 启发性

英语教学的重要任务之一是启发学生深入思考,发展学生的创新思维和解决问题的能力。板书的书写过程和结果都应具有一定的启发性,发展学生的发散思维能力。教师在设计板书的过程中可以适当地留白,给学生积极思考的空间。留白主要有两大功能:其一是让学生总结回顾当堂所学知识;其二是让学生基于板书内容联想拓展所学知识。

(4) 美观性

除了满足前面四点要求外,板书的美观性也不容忽视。好的板书整体布局合理,结构清晰,字体优美,在传递教学信息的同时,给学生以美的享受。教师在平时应有意识地练习粉笔字,并学习如何进行板书的版面设计才能达到整体美观的效果。

2. 板书设计的形式

在教学实践过程中,英语教师设计了多种多样的板书形式。根据其呈现方式可划分为纲目式板书、表格式板书、图示式板书、对比式板书等四种板书形式。

(1) 纲目式板书

纲目式板书是一种比较常见的板书形式。基于从整体到细节的指导思想，教师引导学生查找文章行文的主要发展线索，归纳概括文章的框架结构。首先写出一级提纲，在一级提纲的指导下，进一步寻找第二级、第三级层级的知识点，最后再进行归纳整合，得出文章主旨大意。

比如，人教版(2019)《英语》高一必修二 Unit 1 新闻报道写作框架的板书可设计为下图 13-3 所示：

A News Report

1. Headline (lead sentence)
- Write a title to get readers' attention.
- Tell readers who, what, where, and why.

2. Body (tell readers the facts, details, and examples)
- Explain what the person or group does.
- Use relative clauses.
- Use quotes and paraphrases.

3. Ending
- Ending with a short summary to help readers remember the main idea.

图 13-3　纲目式板书举例

(2) 表格式板书

表格式板书是指教师将教学内容进行分项处理，最终以表格的形式呈现。表格既可以用于呈现某一事物的主要特点和内部逻辑关系，也可用于多个事物在不同维度的对比。在实际教学过程中，教师可列出表格的具体栏目，再指导学生根据表格内容进行文章的阅读和思考，最后师生共同完成表格的填写。比如，人教版(2019)《英语》高一必修二 Unit 2 Reading and Thinking 课文"A Day in the Clouds"教学片段的板书可设计为下图 13-4 所示：

Things the author sees	• Snow-covered mountains disappearing into clouds. • The antelopes moving slowly across the green grass.
Things the author hears	• Changing National Nature Reserve • Bad times for the Tibetan antelope • Measures to protect the Tibetan antelope • Effects achieved after years of protection
How the author feels or thinks	• Struck by their beauty • Changing our way of life • Existing in harmony with nature

图 13-4　表格式板书举例

(3) 图示式板书

图示式板书是指教师在书写文字的基础之上，结合符号、图形、线段等手段对课本内容进行解释说明的一种形式。思维导图和鱼骨图是图示式板书比较常见的两种表现形式，两者共同点在于通过基本的框架结构和简要的文字说明建立起课本内容的内在逻辑，训练学生的思维能力，同时加深对课本知识的理解。

比如，人教版（2019）《英语》高一必修二 Unit 1 Reading and Thinking 课文 "From Problems to Solutions"教学片段的板书可设计为下图 13-5 所示：

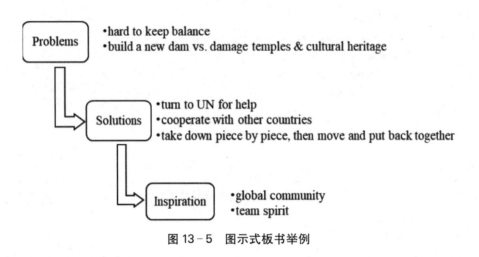

图 13-5　图示式板书举例

(4) 对比式板书

对比式板书是通过将课本内容中相互对应的几个方面整合并进行对比而形成的板书。教师可以归纳出这些方面共同涉及的维度，并让学生根据教材内容总结在不同维度的具体表现。教师也可以通过设计比较性的问题，引导学生进行探究性学习，在回答问题的过程中培养学生从多方面进行综合思考的能力。

比如，人教版（2019）《英语》高一必修二 Unit 3 Discovering Useful Structures 教学片段的板书可设计为下图 13-6 所示：

> Jan's life has been greatly improved by the Internet.
> Much has been written about the wonders of the World Wide Web.

> The Internet has greatly improved Jan's life.
> People have written much about the wonders of the World Wide Web.

图 13-6　对比式板书举例

（二）合理利用英语教育类 APP

在互联网和大数据的时代背景下，互联网＋教育、移动学习、人工智能等现代信息技术的出现促进了教育的信息化进程。移动 APP 作为一种基于移动终端的第三方工具，凭借其便捷性、互动性、易操作性在教育领域得到了广泛的应用，推动了学生学习方式的变革。教育类 APP 是指在移动设备上下载的为学生提供学习资源，帮助学生学习，满足学生的学习需要且具有一定的教育性的应用软件。

1. 英语教育类 APP 的分类

教育类 APP 不同的分类对应不同的功能，总的来说，英语教育类 APP 可分为中小学类、外语学习类和考试类三个类别。其中中小学类进一步划分为家校互动类、教学辅导类、题库资源类；外语学习类进一步划分为单词类、口语类、听力类、综合类；考试类即为中高考类。具体的分类见表 13－1。

表 13－1　英语教育类 APP 的类型

APP 分类		分 类 目 的
中小学类	家校互动类	实现家庭和学校的即时通讯和信息互享，构建家校沟通的互动平台。
	教学辅导类	帮助学生解决作业中的难题并提供线上学习辅导。
	题库资源类	为学生提供大量真题与模拟题练习，智能分析做题结果。
外语学习类	单词类	简化单词记忆，优化背词体验。
	口语类	为学生提供丰富的听说练习素材，帮助学生开展口语跟读训练并智能分析口语水平。
	听力类	提供各种类型的听力材料，具有实时收听和离线收听功能。
	综合类	可同时满足英语听力、口语训练、背单词和英语考试等方面的学习需求。
考试类	中高考类	为学生提供海量的考试资源和考试资讯。

2. 英语教育类 APP 的应用原则

（1）督导性

APP 装在学生的移动手机中，一部分自控力不强的学生可能将大部分时间用于上网休闲，而忽视了 APP 的教育功能。一方面，教师要在心理层面给予学生积极正向的引导，增强学生的自觉、自主意识，让学生从根本上认识到教育类 APP 的价值。另一方面，教师也应采取一定的强制手段监督学生的上网行为习惯，比如通过打卡、测试等方式提高教育类 APP 的使用效率。

(2) 精准性

教师应在展开学情分析和教学内容分析的基础之上，定位学生的需求与特点，精准选择并使用最适合的 APP 辅助教学。同时通过精准设计教学流程、教学策略、教学辅助手段等配合 APP 的使用，充分发挥教育类 APP 的最大优势，为学生的学习提供辅助性支架。

(3) 安全性

APP 在给师生带来便捷的同时，也会产生一定的不利影响。有些 APP 含有一定的广告和不健康内容，甚至会侵犯用户的个人隐私，对学生的学习和生活造成了一定干扰。因此，教师在选择或推荐 APP 时，必须事先确认 APP 的安全性，同时提高学生自觉防范的意识。

（三）尝试翻转课堂

翻转课堂是指在网络化教学环境中，课前教师制作并发布教学视频，支持学生课前的自主学习；在课堂教学环境中，师生通过一系列的活动内化吸收教学内容，比如答疑解惑、交流分享和合作探究等，这是有别于传统教学模式的一种新型教学模式。

1. 翻转课堂的特征

与传统课堂相比，翻转课堂具有以下特征：

(1) 改变师生角色与地位

传统教学中，教师作为知识的唯一拥有者，决定着教学内容、教学目标、教学过程、教学方法，在课堂上享有绝对权威。学生是被动的知识接受者，师生之间不是平等的对话关系。在翻转课堂中，教师承担着引导者和促进者的角色，教师主要负责引导学生利用视频自学，启发学生思考，并在课堂上解答学生的疑惑，组织学生之间的交流互动，为学生创造个性化的学习环境。与传统课堂相比，学生在翻转课堂中承担了更积极的角色，他们作为学习的主体，主动自学视频资料，并在课堂上参与讨论互动。可见，翻转课堂中师生的角色和地位都发生了改变，教师赋予了学生更多的学习自主权，师生关系变得更融洽和谐。

(2) 重新分配教学时间

翻转课堂倡导学生在课前自主学习教学视频，因此，教师在课堂上讲授知识的时间比重大幅度减少。课堂时间主要分配给学生，一方面学生可针对自学时遇到的重难点请教老师，教师在这一过程中解答不同学生的疑惑；另一方面教师针对视频教学内容，在课堂上给学生布置相关练习题，组织思考探究活动等，促进学生对知识的进一步内化吸收。此外，目前一节课时长大多是 40 分钟或 45 分钟，由于课堂教学时间减少，而学生课前自学时间增多,可以考虑减少课时,使学生有更多的时间进行线上视频的学习,减少课业负担。

(3) 体现新的教学理念

和传统课堂"以教师为中心"的理念相比,翻转课堂把关注的重点从教师转移到了学生,充分体现了"以学生为中心"的教学理念,促进学生的自主学习。课前,学生可根据自己的喜好和进度合理地选择学习时间和学习内容,同时记录自己的学习心得与学习过程中的重难点,调整自己的学习计划,优化学习过程。课中,教师根据全班学生的学习情况讲解重难点,解答大部分学生存在的疑问,同时基于每个学生不同的学习情况进行有针对性的辅导,学生除了请教老师外,还可以通过与同学讨论等方式解决问题,深入理解学习内容。总的来说,学生成为了学习过程的掌控者,拥有最大限度的学习自由,有更多的时间和精力进行自主学习。这种教学方式有效地避免了传统教学中学生对学习内容强制性思维的依赖。学生不只是掌握知识,更重要的是学会如何学习,他们的学习能力和学习成绩也相应地得到提升(Du, Yanxia, 2018)。

(4) 重整教学资源

传统课堂的教学资源主要是课本和配套的作业练习,教学资源单一且具有个体性,不同的学校可能为学生提供不一样的练习题,不利于资源的分享交流。翻转课堂以 10 分钟左右的微视频为主,同时配有课前导学和课后习题,可帮助教师丰富教学资源,补充教学内容。作为一种全新的学习载体,微视频不仅内容丰富,同时时长较短,有效避免了传统课堂学生注意力不集中、思维涣散的问题。同时,学生还可以根据自身的学习需求不断重播教学视频,及时查漏补缺和复习巩固。此外,视频和练习等资源直接由教师上传到网络,不同的学生都可以在网上获取,有利于教学资源的分享交流与优化发展。

2. 翻转课堂的教学模型

翻转课堂的教学模型分为课前活动和课堂活动两大部分,信息技术和活动学习是其重要组成部分。信息技术是该模型的技术支撑、前提条件,主要体现在微视频和网络社区等方面;活动学习是主要的教学形式,体现在协作探究和成果分享等方面。课前活动中,首先由教师创建教学视频,教师可自行录制或选取网络上优秀的开放教育资源;第二,教师根据视频制定课前练习,课前练习主要用于学习兴趣的激发和学习内容的巩固;第三,教师将视频上传到网络,学生根据自身需求自主观看视频;第四,完成视频部分的学习之后,学生完成老师布置的练习题目,促进知识的理解和内化;最后,针对视频学习和习题练习中的重难点,学生可在社交媒体上与老师和同伴进行互动交流。课堂活动中,教师首先和学生一起确定需要探究的问题;第二,教师给予学生充分的时间思考,探索如何解决问题,构建自身知识体系;第三,教师在自主学习的基础上对学生进行分组,共同探讨交流,促进合作学习;第四,需要探究的问题得到解决后,个人和小组的学习成果进行展示交流;第五,学生对整个学习过程进行反思,教师评价教学开展情况。

可见,基本的教学过程包括知识传授与知识内化两个阶段,传统的教学将知识传授放在课堂上进行,所有的学生在同一时间同一地点接受同样的教育,教师作为知识的传授者与课堂的管理者,具有绝对权威,学生是被动的知识接收者;知识内化过程主要通过学生课下完成教师布置的练习题目、实践活动等实现。翻转课堂恰好相反,教师将提前制作好的教学视频和课前练习发布在网络平台,学生在课下自学视频并完成练习,这一阶段主要是知识传授过程;课堂用于教师答疑、探索交流、作业练习等活动,促进学生的知识内化过程。

第三节　案例与解析

案例:人教版(2019)《英语》必修二 Unit 3 Listening and Speaking 基于现代信息技术的听说课教学设计

主题语境:人与社会——上网习惯调查	语篇类型:调查类访谈
设计教师:何欢	
内容分析	
该文本取自人教版(2019)必修二 Unit 3 Listening and Speaking 的听力部分,本单元的主题是人与社会,围绕有关互联网的话题展开。该板块的听力文本是调查类访谈,调查者通过同样的问题采访特定人群来获取信息,从而了解他们对该问题的看法、做法或者态度等。Sam 采访了 Anna、Paul 和 Joe,询问他们的上网行为习惯。具体的问题有两个:"How much time do you spend online everyday? What do you usually do online?"课程通过调查他人的网络使用情况,有利于学生提升对互联网的认识,同时可以帮助他们反思自己的上网行为,借鉴他人良好的上网习惯,戒除自己不良的上网行为。	
学情分析	
该校地处县城。学生来自高一年级,英语水平一般,尤其是听说能力比较弱,但班级学生学习热情比较高,上课努力认真。平时接触网络不多,但能熟练操作常见社交软件。	
教学目标	
在本课结束时,学生能够: (1) 开展一项网络问卷调查,了解同伴的上网行为习惯; (2) 准确理解听力文本内容的大意,定位细节信息; (3) 流畅地用英语阐述同伴和自己的上网习惯。	

续表

教学重难点及资源				
教学重点：通过网络问卷调查的形式了解同伴的上网行为习惯；理解听力文本内容。 教学难点：用英语流利地阐述同伴和自己的上网习惯。 教学资源：教材、电脑、多媒体、黑板和粉笔。				
教学过程				
步骤		教学活动	设计意图	时间
复习导入				
Step 1		The teacher shows some pictures of mobile products and asks several questions to trigger students' thinking.	通过询问学生使用数码产品的情况，自然引入本课话题，帮助学生做好情境准备。同时联系学生生活实际，激活背景知识。	3 mins
实践内化				
Step 2	Activity 1	The teacher asks students to look through the table first, then listen to the conversation and complete the table.	通过对不同人物使用网络情况的记录梳理，培养学生对听力文本中关键信息的获取、整理和归纳能力。	5 mins
	Activity 2	The teacher asks students to listen again and fill in the blanks to complete the sentences.	帮助学生理解细节内容，并抓住关键信息，为听力策略的学习做好准备。	5 mins
	Activity 3	The teacher has students listen again and judge how the words in italics are defined.	培养学生的听力策略——下定义的三种方式。	5 mins
	Activity 4	The teacher invites students to share the sentence patterns used to ask about online habits in the listening material and concludes from the four aspects: time spent online every day, online activities, reasons for using the Internet, idiomatic expressions.	帮助学生从不同方面总结询问上网习惯的常用句型，为后续设计问卷的活动搭建好语言支架。	5 mins
迁移创新				
Step 3		Design and complete online questionnaire: The teacher divides students into five groups and each group should design an online questionnaire based on the sentence patterns in Activity 4 and post it on online platform, then each student complete other groups' questionnaires.	通过小组合作共同设计调查同伴上网习惯的问卷，促进学生合作学习能力的发展；同时帮助学生学会使用现代信息技术软件的基本功能。	10 mins
Step 4		Students' presentation: The teacher shows some common expressions about proportion, comparison and summary to help students organize their speech.	通过统计问卷的结果，培养学生信息的收集、整合、阐释能力；邀请每个小组用英语分享问卷结果和小组成员的上网习惯，训练其口语表达能力。	7 mins

续表

步骤	教学活动	设计意图	时间
	Each group chooses a speaker to give the class a presentation about the questionnaire's results as well as their group members' online habits. The teacher and other groups, meanwhile, evaluate this group's performance based on the online mark sheet designed by the teacher.	其他小组成员在倾听的同时展开评价,促进其思维能力的发展。	
Step 5 Conclusion	The teacher concludes students' performance from the advantages and areas for improvements based on the results of mark sheet and tells students "use the Internet scientifically".	根据网络评分表总结学生在此次学习过程中的优点,并提示其需要进一步改进的地方;提醒学生科学上网,养成良好的上网习惯。	5 mins
Homework	Search for more information about how to use the Internet scientifically and share it next class.		
现代信息技术的使用			
1. 利用社交软件,创建网络社交平台。在该平台中,学生之间、师生之间可相互交流分享,加强互动; 2. 教师在网络上创建学生学习平台,通过平台提供教学材料,发布教学任务,引导学生在课外进行自主学习; 3. 学生按照小组为单位,创建各自的网上学习群组,便于学习活动的开展,促进学生的合作学习; 4. 使用网络问卷设计工具,将调查问题输入问卷设计工具,形成一份完整的问卷,并在线发放,最终进行数据统计。			

【案例评述】

本节课运用了多种现代信息技术,如电脑、智能手机、投影、网络平台、社交软件、网络问卷设计工具等。在现代信息技术的帮助下,教师为学生建立了网络学习平台和网络互动平台,突破了课堂空间的限制,同时整合了多种教学资源,改进了传统的教学方式,最终促进学生学习方式的变革。该案例主要体现了以下两个特点:

第一,该案例体现了英语教师在现代信息技术辅助下的课堂中所扮演的多重角色。首先是组织者,在本节听说课中,教师通过组织开展多种多样不同层次的语言学习活动,以小组或个人的形式,发展学生的核心素养,比如听力活动的开展与问卷的设计等。其次是引导者,在复习导入、实践内化、迁移创新等环节中,教师始终引导学生一步一步深入语言学习活动,总结语言使用规律,养成良好行为习惯,促进学生思维品质的发展。

第二,信息技术的使用提升了课堂效率,帮助每位学生深度参与英语课堂。在本节课中,借助网络问卷工具,班级的每位同学可以即时参与网络问卷的设计、发放与填写活动;借助屏幕白板,教师可以展示每个小组所设计的问卷,分享问卷填写结果,便于同学之间相互交流与借鉴;在评价环节,师生在听取每个小组的发言后借助网络评分表评价该小组的整体表现,可以即时反馈学生的优点和进一步提升的空间。总的来说,各种信息技术工具的使用在本节课堂中并不是可有可无的替代品,而是促进师生教学过程的催化剂。

本章小结

本章主要讨论了现代信息技术下的英语学科教学,包括三个部分:现代信息技术下的英语教学、现代信息技术在英语学科中的资源应用和现代信息技术下的英语教学活动案例与解析。随着"智能+教育"的提出,教育正在向信息化的方向发展,英语教学也不例外,新课标中明确规定教师在英语教学中必须重视并充分利用现代信息技术。教师必须及时调整教育思想与教育理念,才能实现教师角色的转变,完成新时代赋予教师的新使命。

参考文献

[1] Richard E., Mayer. Multimedia learning [M]. Cambridge: Cambridge University Press, 2009.

[2] 毛伟,盛群力. 梅耶多媒体教学设计10条原则:依托媒体技术实现意义学习[J]. 现代远程教育研究,2017(01): 26-35.

[3] Du, Yanxia. Discussion on flipped classroom teaching mode in college English teaching [J]. English Language Teaching, 2018, 11(11): 92-97.

推荐阅读书目

[1] 蔡龙权,吴维屏. 关于把信息技术作为现代外语教师能力构成的思考[J]. 外语电化教学,2014(01): 45-53.

[2] 杨静. 现代信息技术优化外语教学研究[M]. 西安:西北工业大学出版社,2019.

课后练习

判断题

1. 在"智能+教育"时代,教师应完全颠覆传统的教学模式,转变教育观念与思想。 ( )
2. "互联网+教育"背景下的学习方式将由知识传授型向互动对话型转变。 ( )
3. 梅耶提出的多媒体教学设计原则主要包括三个部分:减少外在认知加工的原则、管理必要认知加工的原则、促进生成认知加工的原则。 ( )
4. 在现代英语课堂中,板书已经不具备使用价值,教师可完全借助PPT等工具开展教学。 ( )

5. 翻转课堂的基本理念是指完全由学生进行自学。　　　　　　　　　　　　　　（　）

简答题

1. 你认为现代信息技术对英语教学最大的帮助是什么？请说明具体理由。
2. 结合具体的教学实践，请思考如何在英语教学中贯彻多媒体教学设计的原则（可举例说明）？
3. 请思考如何在目前的英语课堂教学中发挥现代信息技术的价值？

实践题

1. 请自主选择人教版(2019)《英语必修一》中的一个知识点或技能点，设计并制作一段不超过十分钟的微课视频。
2. 请自主选择人教版(2019)《英语必修一》中的某个教学主题，根据本章提出的多媒体教学设计原则，选择任意一种工具制作支持课堂教学的演示文稿。

附录
参考答案

第一章

判断题

1. ×（新课标将"情感态度"整合到了"文化品格"，"思维品质"是核心素养新提出的理念。）

2. √

3. √（在书面语篇中有效地应用"读"和"写"。）

4. √

5. ×（信息技术与英语课堂整合过程中的主体是课程，而不是信息技术，信息技术只是学生达到既定目标的一项认知工具。）

简答题

1. 教师在英语教学过程中可以通过对学生进行提问、思考问题、回答问题等步骤的英文训练培养学生的语言能力，循序渐进地引导学生用英文思考与回答，给学生增加创造英语对话的机会，提高语言的实际交流能力。教师可以帮助学生在丰富自身知识信念系统，发展其文化意识的同时，形成文化品格，在日常教学中要求学生对信息增加思考，对不同的文化现象进行合理的阐释说明。学生通过对不同外来文化例如节日进行异同比较和内涵分析，吸收外来文化的精华。教师对学生思维品质的培养可以通过课堂追问，即在上一次提问后继续展开提问，可以引发学生思考，培养其思维的深刻性，也可以在给出提示后，鼓励学生对阅读内容按照个性化的方式进行积极的自主思考，并与同伴相互探讨，合作学习，由此学生的自主学习能力和思维主动性将会得到发展和锻炼。教师在培养学生学习能力时可以引导学生在学习新知识的过程中独立观察思考，发散思维，探究事物的概念和实质，同时进行推断，综合分析，理清事物关系并将新的内容纳入原有的知识结构，形成一个相对清晰的概念。然后通过同伴或者小组合作活动分享交流，展示成果，再由教师进行深层次的精讲补充说明。

2. 只要提及三点建议，可简述文中内容中的三点，或者言之有理即可。

（1）建构系统化的目标体系，设置分布目标

首先，英语教师需要明晰英语学习的最终目标，并根据学校的学期教学进度计划将长期目标分为多个阶段性目标，再细化为课程目标，以此制定可行性和实用性较强的课题计划和课时计划。有了明确的目标引领，教师能够循序渐进地进行课堂教学，对学生的学习效果和快慢进度有清晰的评判标准。

（2）有意义的互动

课堂教学中高质量的师生互动，即在深入地提问、聆听和反思性的回应后及时给予课堂评价，具有互动性和共时性，是促进学生学习的重要手段。在语言教学过程中，教师的评价反馈既要关注学生语言内容表述的正误，又要鼓励学生积极拓展高阶思维，在学生表达个人观点和情感态度的同时培养文化品格。

（3）丰富的教学活动形式

教学情节的设置不是固定不变的，教学活动应当以学生为主体，围绕教学目标展开，调动学生主动性，根据学生的课堂表现和反馈进行调整完善，使学生积极主动地参与教学活动。同时教师也应将教学内容和活动与学生的兴趣、生活相结合，利用多样的教学形式和教学手段，转变思维模式创造丰富的活动形式。

3. 信息技术与课程整合的一种优势与需注意部分简述文中内容或言之有理即可。

优化教学环境。信息技术如网络、多媒体、计算机等通过多种信息传输方式，例如大量生动形象、色彩鲜明的动态画面及音频展现教学内容，刺激学生多种感官，营造新型振奋、愉悦的学习氛围和模式，充分激发调动学生学习英语的积极性和主动性，提高英语课堂教学质量和效率。信息技术为学生营造了一个新的学习环境，使英语教学不再局限于课本，提供了广泛充足、实时更新的教学资源和内容，这些多样化的学习内容也衔接了其他学科的相关知识，丰富了英语课堂的教学材料，为学生提供了更广阔的发挥空间。

在整合的过程中，其主体是课程，而不是信息技术，信息技术只是学生达到既定目标的一项认知工具，这就要求教师以课程目标为最根本的出发点，围绕如何促进学生学习开展教学，切勿以牺牲课程目标的实现为代价，再增设有关信息技术的新目标。同时，运用信息技术多媒体辅助的信息量不宜过大，内容要适度且有代表性，坚持教学中心内容，留有充足的时间进行师生交流和反馈。另外要避免计算机辅助教学"一刀切"、完全放弃传统的教学手段，要根据具体的教学内容选取最恰当的教学方式和媒体设备。

第二章

判断题

1. √
2. ×
3. ×
4. √
5. ×

简答题

1. 学科育人是落实立德树人根本任务的重要教学理念,要求教师将价值理念、思想道德教育的理论知识和精神追求等育人元素与各门课程和改革各环节、各方面有机融合,潜移默化地引导培养学生践行社会主义核心价值观,树立道路、制度、理论和文化四个自信和正确的人生观、世界观和价值观,培养有理想信念、社会责任感、科学文化素养、终身学习能力、自主发展能力、沟通合作能力的时代新人,实现立德树人润物无声的目标。

2. 英语学科课程教学内容丰富,涵盖面广,具有良好的感染力和情境性,在真实的情境中进行语言操练,可以培养与锻炼学生听说读写各方面的能力,且英语学科课程较其他课程更多地涉及到西方国家历史、政治、经济、哲学、文化、文学等领域,为英语教师的课程育人教学改革提供了更广阔的空间和思路。英语学科课程育人通过不同地域国家文化的碰撞和交流,提升学生的文化自信,培养其树立正确的核心价值观,形成批判性思维、良好的礼貌教养和人格品性,从文化自信、心理健康、职业素养、理想信念等多方面引领学生塑造正确的价值观和文化品格。通过不同的英语学习活动发展学生思维的准确性、灵活性、深刻性、批判性、开放性和创造性等,通过探究性项目,教师能促进学生动手与动脑相结合,提升了学生的探究能力。通过英语学习,学生的学习渠道从书本知识拓宽到真实世界,不再被动接受老师传授的方法与分享的资源,学会自我学习与自我探索,不断发展自己的学习能力,提高自己的学习兴趣,养成自己的学习习惯,提升自己的学习效率与效果,逐渐发展成一个学会自我学习、拥有终生学习能力的学生。

3. 从以下三个方面作答:

    (1) 创设真实情境,改变课程育人方式。在英语学习活动观的指导下设计并组织学习活动,引导学生利用所学知识在真实复杂的情境中解决实际问题,超越学科,走出教材,回归生活,实现课程育人方式的改变,引导学生推理论证、批判评价、创造想象,将在书本上所学知识灵活地用于创造性地解决新问题,形成正确的态度和价值判断。

    (2) 渗透教学设计,落实立德树人根本任务。英语学科的育人价值应渗透在教材遵循的教育教学理念、内容选取原则以及教学活动设计思路中,社会主义核心价值观也要融入其中。教师要根据教学需求选择话题,确定德育切入点,设计并组织活动,帮助学生在实践中领悟,在各个环节中贯彻好立德树人的理念。

    (3) 认真研读语篇,挖掘育人价值。在开展语言知识教学前,教师要按照 What、Why 和 How 三个维度加强语篇研读。要挖掘语篇背后蕴含的含义,包括作者通过语篇传递的情感、态度和价值观等,教师还要梳理语篇的逻辑结构,包括各个段落之间的关系以及段落内各个句子之间的关系。

设计题

1. 以下内容仅供参考:

    活动之了解并与外国文化比较中华文化:

Book 3 Unit 1 Festivals around the World
Festivals and Celebrations
Warming up and Reading 教学活动设计

基本信息	
课题	Book 3 Unit 1 Festivals around the World
教材	人民教育出版社 2019 年版

教学背景分析
学习内容分析 　　本单元的话题是世界各地的节日名称、由来及庆祝方式。通过对这个话题的讨论和学习,让学生在多样的东西方节日、文化中进行比较,并发现节日文化的共性、多样性和民族独特性,增进对多种文化节日的理解及对中国传统文化的热爱与传承。 　　本课是高中英语必修三第 1 单元,课题是 Festivals and celebrations。这是一节阅读课,在本单元中处于中心地位。本课的教学将淡化语言点和语法知识的简单传授,采用任务型教学法和小组合作探究学习法,扩大课堂语料输入量和学生的语料输出量,主要锻炼学生的听说与阅读能力。学生围绕这一话题,了解世界各地的不同节日及庆祝方式,同时加深对中国传统文化的理解与传承。 　　本节课特别关注英语学科核心素养中的思维品质的培养,在提高学生阅读能力的同时,注重学生对于课本知识的灵活运用及深入思考,同时提升学生对中国传统文化的了解和热爱,增强民族文化自豪感,引导学生重视传统文化,做好传统文化的学习与传承。能恰当运用多媒体教学引用视频、音频、图片辅助教学,做到听、说、读、写相结合,独立思考与合作学习相结合,以教师为主导,学生为主体,课堂生动有趣,输入与输出并重,效果达成度高。 学情分析 高一下学期学生具有以下两个特点: 1. 他们已经初步具备了略读、跳读等阅读技巧以及确定主题句、预测材料内容等阅读微技能,形成了基本的阅读策略。但是很多学生英语基础相对较弱,语言交际能力相对较差。 2. 很多学生求知欲旺盛,思维活跃,好胜心强,但学习缺乏主动性,有畏难心理。因此,教师要通过精心设计使他们感兴趣的活动,用活动教学的方法来调动学生的学习积极性,在师生互动、生生互动的过程中完成教学任务并达到目标。

教学目标及重难点
教学目标: 1. 语言能力:学生能熟练谈论节日及相关庆祝活动。 2. 文化品格:学生能了解中外各种节日,加强对中国传统文化的理解和传承。 3. 思维品质:学生通过对文章结构的把握,能熟练运用相关阅读技能把握文章细节。 4. 学习能力:学生通过小组讨论培养发展合作学习的能力。 教学重点: 掌握节日名称及相关庆祝活动,能熟练运用组织对话及文章,深入探究部分节日的深刻内涵,增强对节日的理解。 教学难点: 运用与节日相关的词组与句型进行对话和写作。

教学方式与手段
教学方式:启发式,合作探究式 教学手段:PPT,视频,音频,图片

教学流程
Step Ⅰ Warming up Step Ⅱ Reading (Read for the structure; Read for the main idea; Read for the details; Conclusion) Step Ⅲ Show time Homework

教学环节	学 生 活 动	设计意图
Step Ⅰ Warming up	Enjoy a short video about traditional Chinese festivals; Do a quiz about it. 〖In Chinese lunar calendar (农历) 1. The 15th day of the 1st month . . . 2. The 5th day of the 5th month . . . 3. the 7th day of the 7th month . . . 4. The 15th day of the 8th month . . . 5. The 9th day of the 9th month . . . In solar calendar (阳历) April 5th . . .	导入话题,引起学生兴趣。
Step Ⅱ Reading	**1. Read for structure** What's the structure of the passage? A. 　　　　　　　　　　B. **2. Read for main idea** What is the main idea of the passage? A. All festivals have been lasting for a long period. B. People like festivals just because they can eat a lot then. C. Different countries have different festivals. D. People celebrate festivals in the same way. **3. Read for details** **Para. 1 Read this paragraph and fill in the blanks.** Most ancient festivals would celebrate the end of the ＿＿＿＿ ＿＿＿＿, planting in ＿＿＿＿ and harvest in ＿＿＿＿. Today's festivals have many ＿＿＿＿: some are ＿＿＿＿, some seasonal and some for special ＿＿＿＿ or ＿＿＿＿. Read the passage carefully and fill in the chart with the information in the passage. 	Kinds of Festivals	Names of Festivals	Countries
Festivals to the Dead		
Festivals to Honour People		
Harvest Festivals		
Spring Festival				掌握文章结构以及主旨大意,根据结构把握文章重点。 体会古代节日与现代节日的不同,及现代节日的丰富性。 通过表格的填写学生能总体了解要学习的节日名称、庆祝目的、庆祝国家及庆祝活动。

续表

教学环节	学 生 活 动	设 计 意 图
	Para. 2 Festivals of the Dead 1. What are festivals of the dead usually for ? _____ _____ 2. Compare the festivals of the dead in Mexico, Japan and China. 〔Obon〕　　　　Qinlming Festival　　The Day of the Dead ∗_____　　　∗ clean_____　　∗_____ ∗_____　　　∗ light_____　　∗_____ ∗_____　　　∗ burn_____　　∗_____ ∗_____　　　∗ offer_____ **Para. 3 Festivals to Honor People** 1. Match the festivals with the proper people. National Festival　　The Dragon Boat　　Columbus Day USA On October 2 India　Festival China 2. Why do we hold festivals to honor these people? _____ _____	了解该节日的目的；对中国的清明节、日本的盂兰盆节及墨西哥的亡灵节的不同活动，对各国该节日进行对比；对亡灵节进行深入理解，能正确看待死亡。 了解三位名人的伟大事迹；深入思考纪念伟人的目的（该问题有难度，须给出必要的提示词，如：achievement, proud）。
	Para. 4 Harvest festivals　Making a dialogue Li Hua from China and Jack form Britain are talking about their harvest festivals. Make a dialogue in pairs according to the paragragh. Li Hua: Hi, Jack! Would you like some mooncakes? Jack: Mooncakes? What are they? Li Hua: A kind of traditional food eaten in _____. Jack: Mid-autumn Festival? I never heard it before. Please say more about it. Li Hua: Every year _____ _____ _____ Jack: Really? we also have a similar festival. In my country, we will _____ _____ Li Hua: That must be busy and lively. Jack: Of course. We also have competitions. _____ _____ _____ Li Hua: Interesting! Hope to see it someday. Jack: Welcome to my hometown! **Para. 5 Spring Festival** 1. Talk about all the cultural practices you know of at spring festival in China. _____ _____	通过组织对话的形式，提供示范支架学生学习，灵活运用语段内的有效信息，做到学以致用。 学生结合实际生活，总结春节期间活动。还须介绍给其他节日，拓展学生知识面。

续表

教学环节	学生活动	设计意图
Step Ⅲ Show time	2. What does Easter celebrate? _____ _____ 3. What's the right time order of the following festivals? a. Easter b. Cherry Blossom Festival c. Western carnivals A. c; a; b B. c; b; a C. a; b; c D. a; c; b Para. 6 What is one important reason to have festivals and celebrations? _____ _____ **Show-time** Discussion: Why should we hold Zhuge Liang Cultural Tour Festival every year? _____ **Zhuge Liang Cultural Tour Festival** Time: _____ Place: _____ Activity: _____ _____ _____ _____ Waiting for you in Yinan China!!! **Brief Introduction** Kongming/ Wolong statesman (政治家) military strategist(军事战略家) writer, engineer, inventor	总结节日的意义，重在考查学生理解与实际应用情况。 Show time 部分结合本单元话题及学生了解的名人，知识上做到学以致用，扩展思维，提高能力，情感上增强学生对传统文化和节日的热爱，提升自豪感（本部分难度较大，为得到较好效果，须给出关键词，帮助学生思考归纳）。

2. 以下内容仅供参考：

活动之用英语弘扬和传播的中华文化：

Book 3 Unit 1 Festivals around the World

Festivals and Celebrations

写作教学及朗诵比赛活动设计

基本信息	
课题	Book 3 Unit 1 Festivals around the world
教材	人民教育出版社 2019 年版

续表

基本信息		
写作题目	How to introduce a festival	
教学环节	学 生 活 动	设计意图
Step Ⅰ 引入文化 主题,激活 背景知识	教师提供关于中国传统节日的英文及图片提示,要求学生说出图片对应的节日名称,并引导学生从该节日的历史由来及民间活动进行介绍。鼓励学生踊跃参与猜测。	利用图片猜测节日的形式能够有效激趣,是学生较容易接受的方式,激发学生的图式背景知识,同时也输入了一些有用的句型和词块,如 The festival is about .../It derives from ... 等。句型和词块的呈现为之后的篇章学习和基于主题的输出搭建了支架。此环节的教学主要在"词或句子"层面展开。
Step Ⅱ 掌握句型 结构,搭建 内容支架	此环节教师组织学生讨论关于如何介绍节日的时间、意义和主要活动,并总结归纳,为学生的写作提供与写作题目相关的词汇和句型结构,为学生写作搭建内容支架。 1. About the time ● The Spring Festival falls on the first day of the lunar calendar ... ● The Mid-Autumn Festival is celebrated on the fifteenth day of the eighth lunar month ... ● The Dragon Boat Festival takes places on ... 2. About the purpose/meaning ● ... is meant to celebrate the coming of spring ... ● ... is intended to celebrate the harvest in autumn. ● ... is meant to honor a great poet ... ● People celebrate the holiday in memory/in honor of ... ● In ancient times people set off fireworks with the purpose/intention of driving away a monster named Nian. ● People threw sticky rice dumplings into the river to save Qu Yuan's body so that fish would not eat it. And this custom has remained unbroken for centuries. ● People hang lanterns and paste couplets, which is a symbol of happiness and good luck.	本堂课的写作任务是"介绍节日",推荐信的写作核心是"该节日的意义、主要人物以及主要活动",学生需要在写作之前积累大量的相关素材。简短的"头脑风暴"之后,学生的口头产出及教师最后提供归纳总结的句型,为最后的写作输出打下了基础。此环节的教学主要在"句子层面"展开。

教学环节	学 生 活 动	设计意图
	3. About the activities • Visit relatives and friends 走亲访友 • Set off fireworks 放爆竹 • Paste couplets 贴春联 • Admire the moon 赏月 • Eat/enjoy the mooncakes 吃月饼 • Dragon boat races 赛龙舟 • An occasion for family reunion • Give Hongbao/lucky money to children • Spring Festival gala 春节联欢晚会 • Be dressed in new clothes 穿新衣 • Lion dance performance 舞狮子 • Family reunion dinner/New Year's Eve dinner 年夜饭	
Step Ⅲ 学习写作 范式，搭建 文化语篇 支架	此环节学生阅读范文，积累相关词块。接着，引导学生研读并把握范文的写作目的，提炼写作内容，梳理框架结构，分析语言特点等，为学生写作搭建语篇支架。 范文如下： 一个英文网站面向中学生征稿。请你写一篇英文稿件，介绍中秋节及这个节日里的主要活动。 1. 它是中国的传统节日之一； 2. 家人团聚； 3. 赏月，吃月饼； 4. 还有旅游、访友等其他活动。 中秋节 the Mid-Autumn Festival 农历 lunar calendar 赏月 enjoy the full moon 月饼 moon cake The Mid-Autumn Festival 1. 农历八月十五是中国的中秋节。 The Mid-Autumn Festival falls on the 15th of the eighth month of our Chinese lunar calendar. 2. 作为中国的传统节日之一，它深受人们喜爱。 As one of the traditional Chinese festival, it has been enjoying great popularity in our country. 3. 通常不论多忙，我们都会尽量回家过节。 Usually, no matter how far away or how busy we are, we will try to come home for the celebration. 4. 中秋夜的月亮格外地明亮。 The moon that night looks the brightest in the whole lunar month. 5. 我们最享受的是一起赏月的时光。 What we love most is the time we enjoy the full moon together. 6. 月亮高高地悬挂在天空，我们坐在一起吃月饼，吃水果，聊天。 With the beautiful moon up in the sky, we sit together and eat moon cakes and fruits, sharing our stories. 7. 除了这些传统的项目，我们还会做很多其他事情，如旅行，走亲访友。 In addition to these traditional activities, we have a wider range of choices such as traveling and visiting our relatives or friends.	此环节以"语篇"形式呈现，让学生从宏观的角度把握节日介绍的正确书写范式。实践证明，采用语篇形式训练学生的语块调用、组织能力和基于信件类型的套句使用能力能很好地促进学生的写作能力。此环节教学主要在"语篇层面"展开。

教学环节	学 生 活 动	设计意图
Step Ⅳ 创设写作情景,培养自觉传播中华传统文化的意识	仿照范文设计下题目,学生可以自行选择介绍喜欢的中国传统节日,介绍已列信息要点,或从以下题目二选一:Allen是美籍华人,他想了解更多关于中国春节和清明节(Tomb Sweeping Day)的细节,你是他的朋友,下面表格的信息是你在网上找到的,信息包括该节日的时间与历史地位、主要活动与细节、节日的目的、节日的假期。 (在学生写作时,教师走到他们中间适时提供指点、帮助) 春节写作内容: | 时间	每年农历的第一天 | |---|---| | 历史地位 | 我国最重要的传统节日,历史悠久 | | 主要活动 | 家人团聚 | | 活动细节 | 人们团聚吃年夜饭、看春晚(Spring Festival Gala)、穿新衣、放鞭炮、去亲朋好友家串门拜年。 | | 假期 | 从2020年起成为法定假日,放假十天 | **Conclusion** Adequate? Smooth, not abrupt? **Eye contact and facial expressions** Focus on the audience? Contact with all members of the audience? Friendly facial expression? **Gestures and other movements** Hands free and expressive? Body posture relaxed rather than stiff? No distracting body movements? **Voice/Pronunciation** Good volume? Confident? Relaxed? **Pace** Not too fast or too slow? Smooth rather than halting or hesitant? **Other comments**	此写作任务采用学生自行选题方式,让学生基于节日介绍应使用的体裁,以中国传统节日为主题进行变式训练,力求体现本堂课所学。生活化的写作任务赋予学生展示自我的机会,同时也培养他们自觉传播优秀传统文化的意识。此环节的教学主要在"语篇层面"展开。

续表

教学环节	学 生 活 动	设 计 意 图
	清明节写作内容： | 时间	通常是每年的4月4—6日
---	---
历史地位	我国传统节日之一，历史悠久
主要活动	扫墓纪念先人
活动细节	人们携带酒、食品、纸钱（paper money）、花等物品到墓地，对墓地简单清理，将食物供祭在亲人墓前，再将香和之前焚化，然后叩头行礼祭拜(kowtow to ...)。
假期	从2020年起成为法定假日，放假一天		
Step Ⅴ 同伴互评， 教师点评	这是一堂写作课，结合高考写作要求和本堂课的特点，引导学生从以下几个方面对同伴的作品进行评价，同时对部分学生的作品进行点评。 1. 是否覆盖了写作要求的所有要点； 2. 是否切合文章的主题； 3. 语言是否准确； 4. 内容是否连贯； 5. 是否基于"读者需求"合理并有效推荐。	学生不仅能学习到他人作品的闪光点，意识到自己作品的不足之处，而且在同伴互评和教师点评过程中进一步加深对写作要求的理解。
Step Ⅵ 熟读朗诵，弘扬文化	教师和学生从以下方面对学生进行评价和建议，给予学生时间练习，最后进行朗诵展示比赛。 	展示者：		分数：			
---	---	---	---	---	---
Standards		Make a check in the appropriate column			Comments
		Good	Ok	Needs Work	specific problems noticed
Topic information Interesting? Suitable for this audience?					
Introduction Adequate? Attention-getting?					
Organization Clear organization strategy? Used organization indicator? Statement(s) when appropriate?					
Linking words Smooth, coherent speech flow? Correct use of time expressions and other connectors?							

第三章

判断题

1. ×

2. √

3. √

4. ×

5. ×

简答题

1. 语音意识包括对语音及其在语言运用中作用的认识以及语感意识,而语音能力则主要指的是将语音知识运用于真实交际的能力,包括通过听辨音来推测说话者的情感、意图和态度,通过语调升降传达话语目的等。

2. 语音学习环境主要为母语,且教学过程中缺乏运用英语的真实语境;教学方法较为单调枯燥,无法激起学生学习语音的兴趣;课本中的语音材料不够真实,与真实的语言使用情境差异大;教师及学生对语音的学习重视不够等。

3. 语音教学方法可以分别从听音和发音两个方面来说明。就听音教学方法而言,教师可以采取听录音—看口型—模仿—听音—辨音等方法;就发音教学而言,教师可以采用拼读、朗读、绕口令、情境模拟等方法。此外,语音教学方法的选择依据不同学段而有所变化。对于低年级的学生而言,以趣味性原则为主,常以游戏等形式开展语音教学;对于高年级学生而言,实践性原则更为重要,更注重准确性与流畅性。

教学设计题

1. 以下内容仅供参考:

教学目标	
在结束本课学习时,学生能够: (1) 能识别反义疑问句并朗读; (2) 能关注到反义疑问句中的升调与降调; (3) 能依据说话者的升、降调来推测说话者的意图或态度。	
教学重难点及资源	
教学重点:准确使用反义疑问句中的升调与降调。 教学难点:依据升调与降调判断说话者的意图或态度。 教学资源:粉笔,录音,黑板。	
教学过程	
步骤	教学活动
复习导入	
Step 1	T asks Ss a tag question like below: *Good weather*, *isn't it*? T shows the picture of the gym and then interacts with Ss to check whether they have understood the tag question and give right answers.

续表

实践内化	
Step 1	T presents the dialogue on PPT and asks Ss to read it aloud by themselves.
Step 2	Ss work in pairs and try to act it out in front of the whole class. T invites another pair to give comments on the presentation and makes them try again.
Step 3	The first pair is supposed to underline the different parts. T writes them down on the blackboard.
迁移创新	
Step 1	One student of the first pair will go to the stage and mark the different points with marks like "↑"or"↓"to separately represent rising tone and falling tone.
Step 2	Ss will have a discussion and choose the right one with reasons(the speaker's attitude and their tone change). After this, T will play the recording to check the answers.
Step 3	Ss are supposed to divide the tag questions into two groups(positive/negative; be/do) and then try to make a summary. T invites Ss to act it again.
Step 4	T presents other tag questions in different situation and asks Ss to mark rising or falling tone, illustrating why(the attitude of the speaker).
Homework	Based on the dialogue on the book, continue to add details to the dialogue on the current situation with two tag questions(positive/negative; be/do).

第四章

判断题

1. √

2. ×

3. √

4. ×

5. √

简答题

1. 口头语篇中常见的类型有对话、访谈、演讲、辩论、讲座、报告等形式。

2. 听力微技能包括听取关键词，区别细节信息，辨别说话人的意图或态度等。听力微技能的教学方法包括以下：审题并从题干中把握主题，有目的性地听并做关键词的记录；根据说话者身份或题目选项精听区别性的信息；反复听录音，与同伴交换意见，根据说话人的语调、措辞等推测态度或意图。

3. 基于表格5-1可知，语篇知识在口语表达技能的内容要求中体现如下：必修课程中包括使用非文字手段描述个人经历和事物特征，在口头表达中借助连接性词语、指示代词、词汇衔接等语言手段建立逻辑关系，根据表达目的选择适当的语篇类型，根据表达的需要选择词汇和语法结构；选择性必修课程中包括运用语篇衔接手段，提高表达的连贯性；根据表达意图和受众特点，有意识地选择和运用语言；根据表达的需要，设计合理的语篇结构。

教学设计题

1. 以下内容仅供参考:

教学目标
在结束本课学习时,学生能够: (1) 掌握生词与短语 bathe, keep away from, ensure, displace, restrain, flap; (2) 描述程序与方法; (3) 听取大意与细节。
教学重难点及资源
教学重点:准确描述做一件事的步骤与过程。 教学难点:向他人介绍为动物做清洁的具体过程。 教学资源:粉笔,录音,黑板。
教学过程

步骤	教学活动
复习导入	
Step 1	Begin the class by sharing a fantastic experience of keeping pet, then give students 1 minute to think about one of their unforgettable experience of bathing a pet. And they can share it with the whole class by telling the steps, unexpected events and matters that need attention.
Step 2	Present some new expressions first, like bathing a dog, keeping away from dirty, ensuring that by making up a short paragraph — "People love playing with pets, but they also need to bath them to keep away from dirty. People check the weather to ensure that it's suitable for the pets to bathe. The container used should be just wider than the pet. And there are so man things need to do in the progress step by step."
实践内化	
Step 1	Before playing the tape for the first time, remind students that during listening they should not pay much attention to specific words or expressions but all they need to do is to get the main idea of it. After listening, invite some students to tell the class what happened, and why it happened. Then ask students to listen to the dialogue for the second time with a filling task on the PPT. {{TABLE_INNER}}

Inner table (Step 1):

Bathe a Bird	
Purpose of bathing a bird	Keep away _____ dirty
Steps of bathing a bird	First, check the weather to _____ that it's sunny and warm.
	_____, select a bathing _____, which is deep enough to be half full and still _____ each bird entirely, except for the head. A narrow _____ also restrains their _____.
	_____, towel-dry it carefully by putting a dry bath towel and pressing without _____. The bathing should keep a shorter time because bird does not like _____.

续表

迁移创新		
	Step 1	Students need to work with their desk mates to do the dialogue with the help of the chart on the PPT. Then they will be divided into groups of 4 to design a progress for bathing cats, dogs and rabbits. They need to determine the temperature conditions, containers, bathing steps and the drying ways. Two groups will be invited to share their progresses.
	Step 2	Make a brief conclusion to the class and ask students.
	Homework	Send emails to the teacher which includes a 100-word short passage which introduces a specific process step by step, of which the theme can be determined by themselves.

2. 以下内容仅供参考：

教学目标		
在结束本课学习时，学生能够： (1) 通过多次听从而理解访谈的主要内容并进一步获取细节信息； (2) 制定规则并阐述依据；学会约束自我，增强家庭责任感。		
教学重难点及资源		
教学重点：能够总结访谈内容的主要信息点和细节。 教学难点：能够尝试制定规则并给出依据。 教学资源：教材、视频、图片、黑板和粉笔。		
教学过程		
步骤		教 学 活 动
复习导入		
	Step 1	T makes a survey about Ss' pastimes at home. Ss recall the memory of things they do in spare time at home and share with classmates.
实践内化		
Step 2	Activity 1	According to the result of the survey, T introduces some household chores that Ss can do to kill time. Ss look at the pictures and tell the chores.
	Activity 2	T asks Ss to do exercise 1, P.68 and then tick items that fits Ss. After checking answers, Ss try to summarize the category these things belong to-household chores.
	Activity 3	Ss listen to the tape and complete the fact file from the survey(exercise 2, P.68). After that, T asks Ss to think about excuses or benefits of (not) doing chores.
	Activity 4	Ss listen to the second part of the interview and complete the first part of the table; T asks Ss to infer the psychologist's view on doing chores.
	Activity 5	Ss listen again and find ways to get children to do chores.

		续表
迁移创新		
	Step 3	T presents 3 situations normally seen in teenagers' life and inspire Ss to think about them. Ss try to make house rules to take responsibility and try to explain accordingly.
	Step 4	Ss share rules and find out what are the shared ones.
	Homework	Discuss with roommates and make rules for the dormitory, putting it up behind the door and post the picture in WeChat group.

第五章

判断题

1. √

2. ×（文本解读应从语篇的"what""how""Why"方面进行。）

3. ×（教师在设计课堂活动时，教师应考虑不同性质的阅读活动。）

4. ×（培养学生的阅读技能是阅读课的教学目标中的一方面。）

5. ×（教师可以结合教学实际适当整合调整阅读教学内容。）

简答题

1. 言之有理即可；文本解读可以从文本语言、结构、内容和文体等方面展开。

2. 结合自身经历，言之有理即可。

3. 言之有理即可；例如读后环节常见的活动有小组讨论、辩论、角色扮演等。请结合实际教学经历展开思考。

教学设计题

1. 以下仅供参考：

本文"A Roman Holiday"主要讲述 Eleanor 去罗马度假的所见所闻以及旅行途中的感受。语篇结构为总分总模式，第一段叙述了旅行的时间、地点，第二至五段分别指出罗马之行中最爱的一些内容：罗马的古迹、如画般的风情和建筑、当地特色美食以及购物场所。最后一段表达了作者热爱旅游以及对未来旅行生活的向往。本文语言上使用表示关系的连系动词介绍罗马这个城市的特色，以一般现在时呈现其语言形式；用大量行为动词描述作者的游历过程，用表示心理活动的动词（fascinating, breathtaking, and etc.）表达作者的感受，这些动词均以一般过去时呈现，体现游记的语言特征。全文的主题意义在于从旅行中感悟人生，感受美好的生活，培养学生在旅行中发现美和传播美的意识。

2. 以下设计仅供参考：

主题语境:人与自我——生活与学习(旅游)		语篇类型:游记		
授课时长:两课时(40分钟)				
内容分析				
本文"A Roman Holiday"(《罗马假日》)主要讲述 Eleanor 去罗马度假的所见所闻以及旅行途中的感受。语篇结构为总分总模式,第一段叙述了旅行的时间、地点,第二至五段分别指出罗马之行中最爱的一些内容:罗马的古迹、如画般的风情和建筑、当地特色美食以及购物场所。最后一段表达了作者热爱旅游以及对未来旅行生活的向往。本文语言上使用表示关系的连系动词介绍罗马这个城市的特色,以一般现在时呈现其语言形式;用大量行为动词描述作者的游历过程,用表示心理活动的动词(fascinating, breathtaking, and etc.)表达作者的感受,这些动词均以一般过去时呈现,体现游记的语言特征。全文的主题意义在于从旅行中感悟人生,感受美好的生活,培养学生在旅行中发现美和传播美的意识。				
学情分析				
本班学生对学习英语有较高热情,阅读水平属于中上层次。学生较为活泼,愿意参与到课堂活动中来。但学生在语言学习方面发展不够全面,在使用英语阅读策略方面不足。对旅游这个话题也不陌生,并有着相关旅游经历。				
教学目标				
在结束本课学习时,学生能够: (1) 掌握游记类语篇的文体特征和要素,包括旅游景点、旅途见闻和人物感受等; (2) 巩固猜测、推断、寻读、略读等阅读策略; (3) 树立起在旅行中发现美和传播美的意识。				
教学重难点及资源				
教学重点:能掌握游记类语篇的文体特征和要素,包括旅游景点、旅途见闻和人物感受等。 教学难点:引导学生运用相关阅读策略读懂文章,并能讲述自己或他人的旅游经历。 教学资源:教材、多媒体、学案、黑板和粉笔。				
教学过程				
步骤		教学活动	设计意图	时间
复习导入				
Step 1		Make a survey: If you have an opportunity to travel to any of the following places, where would you like to go? Why?	通过调查学生旅游经历,激发学生的背景知识,激活相关语言,如:tourist attractions, historical sites 等。	2 mins
实践内化				
Step 2	Activity 1	Look and discuss: Look at the title. Can you guess what kind of passage it is? What do you know about Rome?	通过让学生观察思考标题,提高学生的预测能力。 通过询问学生对罗马的了解,引出相关话题经典词汇,为学生扫除生词障碍。	3 mins

步骤	教学活动	设计意图	时间
Activity 2	Skimming: Skim the passage quickly and answer following questions. What's the text type of this passage? How many parts can the text be divided into? What's the general information about her travel?	通过让学生把握文本类型和文本结构，提高学生的略读（skimming）能力。 引导学生梳理文章结构，明白游记的语篇结构，提高学生整合信息的能力。	4 mins
Activity 3	Tick (√) the things Eleanor did in Rome. Explain why she liked them. List the things Eleanor loved about Rome. How did Eleanor feel? Please find out her feelings and evidences from the paragraph. Where do you think Eleanor would go next? Why? Why does Eleanor love visiting capital cities?	通过完成列清单（listing）、打钩（ticking）等一系列阅读活动，帮助学生锻炼跳读（scanning）和精读（careful reading）的能力。	15 mins
迁移创新			
Step 3	Work in group and retell the text according to the pictures. Read the text more closely and deduce what kind of person Eleanor might be. Discuss with your classmates and write down your guess about Eleanor according to her travelogue. Summarize the features of a travelogue.	学生通过复述，能够迅速掌握文章内容。 通过对文章特定信息的挖掘，找出主人公的隐藏信息，锻炼学生推断的能力。 帮助学生了解游记的特点。	15 mins
Step 4 Conclusion	Self-evaluation & summary	学生通过对照自我评价表，来反思今日所学。课堂小结再次帮助学生巩固新知。	1 min
Homework	1. Write your travelogue based on your experience and try to use what you've learned today. 2. Read the text. Underline the new words and expressions you don't know and look them up in the dictionary.		

第六章

判断题

1. √

2. ×（以读促写具有综合性、可操作性、灵活性的特征。）

3. ×（结果教学法关注结果，不符合写作教学规律。）

4. √

5. √

简答题

1. 结合本章所学和新课标相关内容，言之有理即可。
2. 结合自身经历，言之有理即可。
3. 言之有理即可；可从过程性教学法、结果教学法等方面展开。

教学设计题

1. 以下仅供参考：

Teaching content
This lesson is from senior high school, and the topic of the writing is "We can learn all we need on the Internet". Students should write a paragraph giving the opposite view.
Teaching objectives
Students can master the basic structure of an argumentation. Students can develop their writing strategies such as outlining, drafting and giving supports. Students can express their own opinions about the Internet's effects on teaching and learning. Students can develop their critical thinking when discussing a topic.
Teaching key and difficult points
Teaching key point: Students can get more points and supporting details of opposite view about "We can learn all we need on the Internet". Teaching difficult point: Students can express their own opinions about the Internet's effects on teaching and learning.

Teaching procedures			
	Learning activities	Teaching purpose	Time
Step 1	Pre-writing: 1. Provide students with two clips of video about the Internet's effect and the teacher's effect on teaching and learning. 2. Provide the short essay and students read them. 3. Students work in groups of 4 to lists their opinions about disagrees when learning is entirely controlled by the Internet. 4. Students share their opinions in class guided by the teacher. 5. The teacher teaches the format of an argumentation like related transitional words.	Group discussion can strengthen their cooperative spirit and their imaginative ability can be developed. Moreover students will get the ability to write an email to express their ideas.	8 mins
Step 2	While-writing: Students need to write their opposite views.	Students will cultivate their ability of write an article within certain minutes and their good habits of writing will be formed as well.	7 mins

步骤	Learning activities	Teaching purpose	Time
Step 3	Post-writing: 1. Make self-editing and exchange with deskmates to do peer-editing. 2. The teacher shows an sample and make a summary.	Editing can provide a perfect writing for students, meanwhile the comments will help students learn more from others and improve their writing ability promptly.	5 mins

2. 以下设计仅供参考：

主题语境：人与自我——生活与学习（旅游）		授课类型：口语与写作课	
授课时长：一课时（40分钟） 设计教师：任媛			
内容分析			
本课由"猜测城市名"的游戏导入，引出本节课要介绍的五个城市，复现主阅读语篇中学习到的词块，并归类补充其他相关的词块，为之后的说和写作铺垫。接着，学生通过"德国留学生Emily Chen选择最佳旅行目的地"事由进行角色扮演，展开小组讨论，合适地选取所学词块，口述旅游景点和经历，同时在口语交际中运用社交策略，积累常用句式表达，学会流利、自然地加入小组讨论。之后，学生在讨论中提炼出介绍旅游目的地的框架，并选择词块中的语言，以"我眼中的最佳旅游目的地"为题进行话题写作。最后，在给出范文的过程中，学生通过引导认识结尾句的功能，并能熟练写出有逻辑的结尾句。			
学情分析			
本班学生对学习英语有较高热情，愿意参与到课堂活动中来。学生对旅游这一话题也不陌生，有话可说，有话可写。但在语言规范与相关输出上还有所欠缺。			
教学目标			
在结束本课学习时，学生能够： (1) 通过使用相关表达自然地、恰当地加入小组讨论； (2) 表达个人观点，从名胜古迹、历史、饮食等方面提供个人建议； (3) 以"我眼中的最佳旅游目的地"为题进行话题写作，并恰当运用结尾句。			
教学重难点及资源			
教学重点和难点：在小组讨论中表达自己心目中的最佳目的地，并整合小组思路，有条理地在写作中进行语言输出。 教学资源：教材、多媒体、学案、黑板和粉笔。			
教学过程			
步骤	教学活动	设计意图	时间
复习导入			
Step 1	Warm-up: Ask some students to read the clue and others to guess the city. Write down city name and the key words and phrases on the blackboard.	介绍五个城市，激活学生相关背景知识。	3 mins

续表

		实践内化		
Step 2	Activity 1	Ask students to list the key aspects of each city that impress them most. Write down the possible impressive aspects of each city on the blackboard — location, tourist attractions, culture, shopping, food, etc.	引导学生学习目标词汇和表达，为口语输出作铺垫。	12 mins
	Activity 2	Introduce Emily Chen to students by giving some background information about the German student. Ask students to do the role-play within pairs to recommend the best city for Emily. Use as many words on the blackboard as possible and adverbial clauses if possible. A sample will be given. 1. Based on the background information of Emily Chen, can you recommend one city that suits her best? Why? 2. This time you're working in groups of four, and how can you join in a discussion?	帮助学生自由表达对某一景点的看法，并学会如何自然地加入小组对话，为后面的写作活动作铺垫。	10 mins
迁移创新				
Step 3		Ask students to write a paragraph on the topic of "Best Tourist Destination in My Eye" to impress Emily with 60–80 words based on their travel experiences or group discussion by using as many words on the blackboard as possible. A sample will be given first.	引导学生将口头表达转化成书面表达。	15 mins
Homework		1. Modify the paragraph by using the checklist. 2. Choose or write the proper concluding sentences for the paragraphs. (See Students' Worksheet)		

第七章

判断题

1. ×（对于接受性词汇，只要求学生达到理解水平；而对于产出性词汇，才会要求学生在口语、写作中进行运用。）

2. √

3. √

4. ×（词汇使用频率和词汇在教学中的地位与作用都是确定词汇教学方法的重要依据。）

5. ×（课型不同，词汇教学的目的、重点等也不同，需要具体情况具体分析，采取最恰当的词汇教学方法。）

简答题

1. 结合自身或他人经验，言之有理即可。

2. 可结合具体教学实践，言之有理即可。

3. 言之有理即可。如，母语翻译法主要适用于那些需要借助母语才能理解的词汇，英英释义法帮助学习者通过英语去解释英语，以地道的方式理解词汇。

教学设计题

1. 以下答案仅供参考：

   At the end of this class, students will be able to：

   (1) Read and spell the following words and phrases: *legend*, *athlete*, *master*, *champion*, *honor*, *glory*, *medal*, *strength*, *failure*, *determination*, *determined*, *positive*, *set an example*, *lose heart*, *give up*.

   (2) Properly use the words and phrases to talk about the athlete they admire with their classmates.

   (3) Appreciate the sportsmanship of the living legends of sports.

2. 以下答案仅供参考：

   Retell：

   Retell the stories of Lang Ping and Michael Jordan by using the vocabulary you have learned in the text. In the table below some useful words and phrases are listed for your reference.

N.	Adj.	Phrases
legend athlete master champion honour glory medal strength failure determination	determined positive	set an example lose heart give up

(Purpose：To help students consolidate their understanding and use of the new words and expressions; at the same time, review the general idea of the text.)

第八章

判断题

1. √

2. ×（经济原则是效率原则的内涵之一，强调简洁、直接、易懂。）

3. √

4. ×（即使采用任务型方法进行语法教学，也不能过分关注任务而忽视了语法这一教学核心。）

5. ×(既要重视文化背景下语法表达的得体性,又要保证语法运用的准确性。)

简答题

1. 结合具体教学情景,言之有理即可。

2. 可围绕新课标指导下的三维语法观来谈一谈,言之有理即可。

3. 结合语法教学,言之有理即可。如,从语法教学的材料选择、学生基础情况、语法活动的设计等方面考虑,激发学生的学习动机。

教学设计题

1. 以下答案仅供参考:

紧扣单元主题"自然灾难"、主题语境"人与自然"。可基于课本第52页的练习2展开设计一项缺词填空活动。可以对习题进行一定的改编,辅以与句子描述情境一致的图片,让学生运用 that、which、who、whose、whom 或者"/",在一定的文字提示下,对图片展示的灾难情境进行口头描述,进一步操练、掌握所学语法。

2. 以下答案仅供参考:

One foreign journalist interviews you about what makes you feel most touched and who you respect most in the earthquake. If you were one of the people who survived the earthquake, what do you want to say to the soldiers or medical workers who saved hundreds of lives in the earthquake? In your interview, please describe the most touching moment you remember and tell us who you would like to show your gratitude most and why.

Please write something about what you want to say to the foreign journalist. Pay attention to the proper use of restrictive relative clauses.

第九章

判断题

1. ×(学习理解类活动、应用实践类活动和迁移创新类活动。)

2. ×(注重输出。)

3. √

4. ×(量化与质性评价相结合。)

5. ×(目标不是越多越好。)

简答题

1. 学习理解类活动、应用实践类活动和迁移创新类活动。

2. 新课程标准提出指向学科核心素养的英语学习活动观,明确活动是英语学习的基本形式,是学习者学习和尝试运用语言知识,提升语言技能,培养文化意识,精进学习策略的主要途径。过去课堂中并不缺少活动,而是活动脱离语境,缺少逻辑,因此无法实现语言学习工具性和人文性的统一。从定义来看,课堂活动是为实现特定教学目标选择或设计的一系列师生理解、模仿、产出和互动目标语的有意义的活动。为了实现有意义的课堂活动,教师应确保课堂活动的目标化、真实性、可行性和多样性。教师应有效分析课堂文本,寻找核心素养的落脚点,进而实现课堂活动观的三大关键词:素养化、活动化和情境化。

3. 整合学习活动要素,转变课堂活动理念;基于课型设计方案,确保落实活动理念;采用多元评价方式,增加活动评价体系;课后体现活动反思,促进教师专业发展。

操作题

1. 言之有理即可。从不同维度进行评价:课堂活动的分类;课堂活动的原则(目标化、真实性、可行性和多样性);课堂活动的基本要素(活动目标、活动程序、活动材料、活动要求、活动形式、活动时间、活动成果、活动评价及活动顺序)以及核心素养(语言能力、文化意识、思维品质、学习能力)的落地实施等。如:课堂活动的分类:呈现型活动、练习型活动、交际型活动分布均衡,个体活动、小组活动和集体活动阐述较为模糊。课堂活动的原则:目标明确;真实性较高,符合学生认知水平,能够激发学生的表达欲和创造性;活动设计较为多元,但是新颖性不够。课堂活动的基本要素:基本齐全,缺少活动时间、活动成果、活动评价等内容。核心素养的落地实施:语言能力主要培养了学生的表达能力;文化意识主要针对的是文本内容中的性格类型和职业发展;思维品质主要涉及的是学生对自我的认知和人生发展的愿景;学习能力体现在学生的合作能力上。

2. 略

第十章

判断题

1. ×(启发式教学有利于充分发挥学生的主观能动性。)
2. √
3. √
4. √
5. ×(合作学习分组还应该考虑到互补原则。)

简答题

1. 优缺点言之有理即可;如何改进当前的英语教学方式可结合本课的内容:转碎片化教学为整合式教学,注入式教学为启发式教学,创设有关联性、综合性、实践性的学习活动。

2. 言之有理即可;策略教学原则要求教师在上课时传授学生学习策略,并进行策略联系;迁移教学原则要求教师注重新知和旧知的联系,采取一系列迁移训练。

3. 言之有理即可;可从课前、课中、课后三方面出发,分别对学生、教学目标等进行分层。

设计题

1. 以下设计仅供参考:

主题语境:人与自然——自然灾害	语篇类型:科普说明文
设计教师:LL	

教学目标分层设计	
Students' English proficiency	At the end of the class, students are able to:
Low	Understand what happened during the Tangshan earthquake.
Medium	Understand the process of Tangshan earthquake and experience the emotions of the article.
High	Retell the process of earthquake using their own words.

教学提问和辅导分层设计	
Learning tasks: Scan the text to find the numerals. Then write down what happened using those numerals.	
Students' English proficiency	Teachers can use the following strategies after asking questions:
Low	Provide some learning strategies, such as telling students the paragraph range of the article required for the task, or prompting numerals and conjunctions in the article.
Medium	Provide certain event numerals and conjunctions, ask students to retell the events.
High	Help students retell the events using their own words.

课后作业分层设计	
Routine tasks	1. Recite the key words and sentences of the article 2. Read this passage carefully; pay attention to the pronunciation and intonation.
Task for consolidation	Write down your opinions of Tangshan earthquake.
Optional task	Search the Internet to know more about Tangshan earthquake' history and share your findings with classmates.

2. 以下思维导图仅供参考:

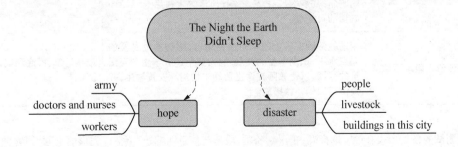

第十一章

判断题

1. √

2. ×（按照评价功能的不同，学生评价可以分为形成性评价、总结性评价和诊断性评价。）

3. ×（教学评价的意义还包括促进学校改进办学。）

4. ×（教学目标的设计不仅要关注设计是否合理，还要考查教学目标是否符合课程标准的基本要求，是否与单元教学目标相适应，是否考虑到学生的接受能力以及自身发展的需求，是否符合教材内容特点，是否具有层次性等；其次，还应查看教学目标是否表述清晰，以及是否能够直观地指导教学。）

5. √

简答题

1. 英语教学评价应遵循以下原则：第一，目标性原则，即评价目标要符合课程标准的要求，指向学科核心素养，并充分考虑学生的特点；第二，主体性原则，即明确学生在评价过程中的主体地位，适时开展自评和互评活动，促进学生自我发展；第三，过程性原则，即课程评价应当将重心放在学生的学习过程、认知过程和成长过程以及教师在过程中的指导和帮助上；第四，多样性原则，即评价活动要能够采取多样的评价方法，囊括多元的评价主体，从多个视角和多个维度，对不同的教学元素开展评价；第五，发展性原则，即评价活动要立足于学生的长远发展，鼓励学生通过调整自我学习计划不断进步；第六，动态性原则，即从教学过程的动态性出发，开展因时、因地、因事、因人而异的课程评价活动。

2. 终结性评价、形成性评价与诊断性评价的区别如下表：

评价类别	评价时间	评价功能	常见形式
形成性评价	教学活动中	及时掌握学生的学习情况；对学生所学知识的掌握程度、学习能力、学习策略、学习态度等内容进行系统性评价。	评价量表、成长记录袋、学习日志等。
终结性评价	教学活动后	对学生成绩给予综合评定；为学生的阶段性学习提供总体反馈；为学生掌握知识的程度和达到教学目标的程度提供证明；帮助学生确定后继学习的起点；为教师制定新的教学目标提供依据；预言学生在后继学习中成功的可能性。	口试、纸笔测试等。
诊断性评价	教学活动前	帮助教师确定学生的学习准备情况，明确学生发展的起点水平；识别学生的发展差异，辨别造成学生学习困难的原因，以便教师在课堂活动中恰当地安置学生，并提供相应的补救措施。	成绩记录、摸底测试、智力测试等。

3. 阅读测试的常见形式有单项选择题、正误判断题、段落与信息匹配题、填空或完形填空题、简答题、排序题、信息转换题和读写综合题。

操作题

1. 以区分"other""the other""others"和"another"为例,可设计词汇语法随堂测试如下:

Choose the best answer:

1. Some boys are cleaning the window, and _____ are sweeping the floor.
   A. other   B. others   C. another   D. the other
2. Mr. Smith won't be available today. I'm afraid you have to make it _____ day.
   A. another   B. other   C. the other   D. others
3. One of the two computers is for you, and _____ is for David.
   A. other   B. the other   C. another   D. others
4. Excuse me. The shirt is too big for me. Could you bring me _____ one?
   A. other   B. another   C. the other   D. others
5. Are there _____ ways to solve the problem?
   A. another   B. other   C. the other   D. another

Fill in the blanks:

1. Some people like to stay in home in their free time. _____ like to travel.
2. The police office is on _____ side of the street.
3. Please give us _____ ten minutes to finish all the tasks.
4. Mr. Turner bought two bikes. One was for his wife, and _____ was for his son.
5. There's no _____ way to do it.
6. Tom couldn't take part in the basketball match, so the coach found _____ boy for us.

---

2. 略

第十二章

判断题

1. ×(书写教学日志要尽量实事求是,保证客观性而非主观随意。)
2. √
3. √
4. √
5. ×(行动研究法作为一种反思方法将教育实际中存在的问题作为研究主题加以解决,教师在行动中反思,在反思中行动。)

简答题

1. 教学反思简单来说是教师对教育教学实践进行的总结归纳与整理,并从教学实践中发现问题、解决问题的过程。通过教学反思,教师一方面能够吸取以往的经验为今后的教学提供参照;另一方面教师能够在行动中反思,在反思中行动,在反思与行动中获得专业成长。教学反思的主要方法包括书写教学日志、进行微格教学、开展行动研究以及教师之间的相互讨论。

2. 教学反思中的针对性原则是指教师在进行反思的过程中要克服面面俱到的心理,反思的内容要具有针对性,不能够泛泛而谈。对某一类教育教学问题要及时进行归纳总结梳理,找到问题的共性与特性,从而快速解决问题。行动性原则则是指教师在进行教学反思的过程中不能仅仅是停留在思考层面上,思考与行动要相结合,力求在反思中行动,在行动中反思。

3. 利用行动研究法进行反思的主要步骤包括:(1)发现教学中的某一问题;(2)分析问题并制定行动计划;(3)将行动计划进行实施;(4)对实施结果及时进行反思与评价,若问题没有得到解决,重新优化行动计划并进行反思,直到问题解决;(5)撰写行动研究报告。

操作题

1. 略
2. 略

第十三章

判断题

1. ×
2. √
3. ×
4. ×
5. ×

简答题

1. 根据自身实际情况回答,言之有理即可。
2. 本书中介绍了梅耶提出的多媒体教学设计原则,包括三大部分共十条原则,具体内容见下图所示。教师可结合自身的教学经验,谈一谈在 PPT 的设计与使用过程中如何应用这些原则。

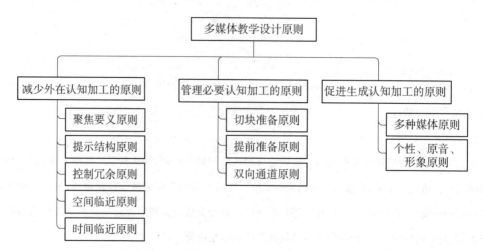

3. 教师可从情感态度与具体使用两方面谈一谈自己在英语教学中应用现代信息技术的心得与感悟。提示：首先，教师对待现代信息技术的态度应由被动接受转变为主动探索，只有意识到现代信息技术给英语课堂带来的巨大潜力，教师才能真正愿意在自己的课堂中不断尝试并作出改变。其次，教师可结合实际谈一谈自己在使用过程中如何最大限度地发挥现代信息技术的价值（如：根据实际情况对比不同技术工具的优劣并作出最佳选择；在网络下载并使用形式多样的数字化教学资源）。

实践题

1. 微课具有短小精悍、针对性强、主题明确等特点，能够丰富教育教学的内容与形式，可应用于新课导入、课前预习、练习讲解、课后拓展等多个教学环节。教师在制作微课时应尽力满足以下标准：①讲解准确清晰，语言富有亲和力，深入浅出，启发引导性强；②内容呈现形式与讲解新颖；③媒体应用合理，能有效支持内容表达；④使用文字、标注、变焦等提示性信息促进学生理解重难点；⑤注重实用提问、测验等交互形式；⑥视频清晰流畅，声画同步。教师可通过以上标准自主评价是否达到了微课的基本要求。

2. 演示文稿的制作应尽量满足本书所提出的多媒体教学设计原则，教师可自主选择某一教学主题制作全新的演示文稿，也可根据这些原则修改、调整已有的演示文稿。